오래된 우표,
사라진 나라들

오래된 우표,
사라진 나라들

비에른 베르예 지음 | 홍한결 옮김

LANDENE SOM FORSVANT
1840-1975

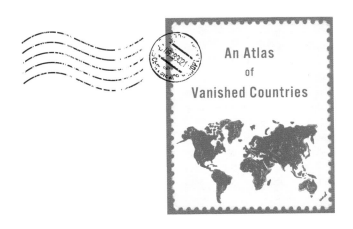

An Atlas
of
Vanished Countries

흐름출판

머리말

역사와 삶은 복잡한 것이니,
단순함과 일관성을 추구하는 사람이
도전할 분야가 아니다.

— 재레드 다이아몬드[1]

세상 속의 자기 위치를 안다는 것, 그것은 제게 늘 삶의 의미와도 같았습니다.

저는 여름마다 일주일씩 휴가를 내어 유럽의 해안을 따라 도보여행을 합니다. 마음을 활짝 열고, 눈을 크게 뜨고 걷습니다. 만灣이나 부두가 나오면 하나하나 꼼꼼하게 훑습니다. 모래 해변을 따라, 둑길을 따라, 폭풍이 몰아쳐도, 태양이 이글거려도, 뚜벅뚜벅 걷습니다. 덴마크 북쪽 끝의 히르트스할스에서 시작해 프랑스 르아브르 부근의 생발레리앙코에 가기까지 11년이 걸렸습니다. 남서 방향으로 직선거리 1,000km가 조금 넘는 해안길을 걸으며, 걸음걸음 마주치는 풍광과 냄새와 소리를 모두 제 마음속 지도에 아로새겼습니다. 저는 느릿느릿 그러나 확실하게, 지구를 정복해 가는 중입니다.

그러다가 한 가지 아쉬운 사실을 차츰 깨닫게 됐습니다. 이렇게 세계 일주를 하기는 어렵겠다는 걸 말이죠. 물론 작전을 바꿔서 앞으로 남은 평생을 날마다 걸으며 사는 방법도 있지만, 체력적인 면이나 여타 면에서 불가능하겠지요. 이런 현실을 깨닫고 두 가지 보조 프로젝트에 착수했습니다. 둘 다 세상이 제게 찾아오게 하는 방법입니다.

하나는 저희 집 아래에 있는 조약돌 해변에 떠밀려오는 잡동사니를 수집하는 것입니다. 플라스틱, 나무, 무엇이든 상관없습니다. 물건의 질이 좋거나 모양이 예쁜가 하는 것은 부차적인 관심사입니다. 가장 중요한 기준은 그 물건에 풍파를 견뎌온 여정이 새겨져 있느냐 하는 것입니다. 그 여정을 제가 마음속에서 재구성할 수 있으면 더 좋고요. 그렇게 하나하나 밝혀낸 이동 경로가 점차 지구 전체를 뒤덮어갑니다. 제 주옥같은 소장품 중에는 몽골 문자가 찍혀 있는, 조류와 따개비가 다닥다닥 붙은 깡통도 있습니다. 몽골에서 온 것일 수도, 몽골어를 쓰는 러시아의 투바 공화국에서 온 것일 수도 있겠지요. 어느 쪽이건 내륙 국가에서 온 것이니, 예니세이강에 실려 시베리아를 종단하여 북극해로 떠내려 왔을 겁니다. 이 녀석은 그 내력도 범상치 않지만, 금상첨화인 건 따지 않은 깡통이라는 점입니다. 물론 놀랄 일은 아닙니다. 맥주나 청량음료 캔은 안에 든 탄산가스 덕분에 더러 내용물이 담긴 채로 해안에 밀려오곤 합니다. 이 몽골 문자가 적힌 캔은 내용물이 무엇인지는 모르겠지만, 한 가지 확실한 건 제가 죽기 전까지는 따보지 않을 거라는 겁니다.

또 하나는 우표 수집입니다. 오래된 우표라고 다 모으지는 않습니다. 제 목표는 1840년 영국에서 세계 최초의 우표 '페니 블랙'이 발행된 이래로 지구상에 존재했던 모든 국가와 정권에서 발행된 우표를 하나씩 다 모으는 것입니다. 저는 사용하지 않은 새 우표에는 별 흥미가 없습니다. 손을 많이 탄 우표, 세월이 묻어나는 우표일수록 제겐 귀중합니다. 저는 이따금씩 우표들을 꺼내, 냄새를 맡아보고 어루만져봅니다. 핥아볼 때도 있습니다. 그러면 퍽퍽해진 고무풀, 전분, 아교의 맛이 납니다. 어떤 경우에는 뭐라 설명하기 힘든, 저보다 먼저 누군가가 핥으면서 남긴 듯한 맛이 느껴지기도 합니다. 오래전 지구 어느 한 구석에서 누군가가 먼저 느꼈던 인상들이 스쳐가고, 저도 함께 그 느낌에 젖어봅니다.

이렇게 동시에 세 방향으로 대대적인 협공 작전을 펼치면서, 저는 지구와 삶을 정복해가고 있습니다.

지금 보고 계신 이 책은, 세 분야 중 제가 점점 중요하게 여기고 있는 우표 수집이 단초가 되었습니다. 내용은 지금 이 세상에 없는 나라들의 이야기입니다. 이 방면에는 이야깃거리가 참 많습니다. 나라 구실을 하려면 우표 정도는 발행해줘야겠다고 생각한 정권이 세계 역사상 1,000개가 넘습니다. 그중에는 오보크, 써당, 주비곶처럼 대부분의 독자가 생전 처음 들어볼 법한 희한한 이름도 있었습니다. 그런가 하면 간혹 뭔가가 연상되는 이름도 있습니다. 비아프라라는 이름에서 기아 사태, 보팔이라는 이름에서 가스 사고를 떠올리는 분도 있을 것입니다. 대개는 안타까운 사건들이지요. 나라 이름 하나하나는 대개 수수한 느낌이 들지 모르지만, 그 이면에는 예외 없이 조작과 무력행사의 역사가 숨어 있습니다. 사실 국민들을 더 행복하게 해주려는 목적으로 영토를 갈랐던 경우는 한 번도 없었으니까요. 아프리카나 중동을 보면 이게 얼마나 막장으로 치달을 수 있는지 여실히 드러납니다. 식민 지배국은 부족들이 이미 차지하고 있던 영역에 맞추어 영토선을 그은 경우가 거의 없습니다. 또 발칸반도에서는 동서양의 열강들이 정치적 각축을 벌인 결과 서로 다른 민족들이 뒤섞이게 되었습니다. 그 탓에 지금까지도 유혈분쟁이 그치지 않습니다.

우표에 사용된 도안은 그 속내를 꽤 고스란히 내비치고 있어서, 획일적·남성적 군주제 문화에 대한 위풍당당한 묘사, 각종 군사 정복과 온갖 국가적 영웅들을 기념하는 이미지 등이 수두룩합니다(날개를 펼치는 공작새나 가슴을 치는 고릴라로 표현해도 딱 좋을 것들입니다). 행동생태학에서는 이런 것을 전형적인 과시 행위로 규정하고는 주목적은 권력 획득이며, 필수요소는 과장과 자기기만이라고 지적할 테지요.[2]

이렇게 보면 남자들이란 테스토스테론의 노예인가 싶기도 합니다. 그렇게 보일 때가 많은 건 사실입니다. 하지만 전쟁을 하는 이유가 그뿐만은 분명 아닙니다. '따분함'이라는 이유도 있습니다. 물론 '진취적 기상'으로 포장되는 것이 보통이지요. 우리는 모두 살다 보면 가끔씩 뭔가 특별한 게 필요해집니다. 우리의 존재를 더 키워줄 무언가를 추구합니다. 결과가 좋을지 나쁠지, 승리일지 패배일지는 모르지만요. 황제나 대통령이나 카리스마 넘치는 총리는 자기가 하고 싶은 일을 벌일 수 있습니다. 일단 일을 벌이면 그 동력이 상층에서 하층으로 전파되어 일개 병사에게까지 이릅니다. 여자들도 무자비한 권력에 몸을 맡기는 도취감을 좇아 이런저런 일에 적극적으로 나서곤 합니다. 그 역시 목적은 인류를 위해서가 아니라 자기 자신을 위해서입니다. 전쟁을 마치고 집에 돌아오는 이들의 기분은 대개 허망합니다. 무언가에 속아서, 한낱 자존심 대결 그 이상도 이하도 아닌 지루한 싸움에 말려들었다는 자괴감이 밀려듭니다.[3]

물론 왕이나 지도자나 힘 있는 정치가가 테스토스테론이나 따분함을 이유로 들어 전쟁과 정복 행위를 정당화할 수는 없습니다. 대신 자국의 소비를 유지하거나 늘리려면 시장을 개척하고 원료를 확보해야 한다는 등 물질적 필요를 충족하는 쪽으로 이유를 들지요. 아니면 이웃 나라 주민들을 독재로부터 해방시켜야 한다거나 더 좋은 정치체제와 종교를 안겨주어야 한다고 주장하기도 합니다. 하나같이 복잡하게 꼬이기 십상인 문제들입니다.

나라를 새로 세우는 이유가 무엇이건 간에 불변의 진리가 하나 있습니다. 며칠이든 100년이든 얼마 동안은 꿍꿍이가 먹혀들지만, 그 뒤엔 늘 몰락이 기다리고 있다는 사실입니다. 이는 그 누구도 막을 수 없는 필연입니다.

저는 세 가지 자료에 기초해 조사를 벌였습니다. 우표, 목격담 그리고 후대의 역사적 해석입니다.

우선 우표는 그 나라가 실제로 존재했다는 구체적 물증이므로 핵심 증거가 됩니다. 하지만 우표는 거짓말을 하고 있다는 것 역시 분명합니다. 어느 나라든 자신을 이상적인 모습으로 보여주려고 항상 애를 씁니다. 즉 실제보다 더 믿음직스럽고, 진보적이고, 자애롭고, 위엄 있고, 통치력이 뛰어난 모습으로 보이고 싶어 하지요. 그러므로 우표란 일종의 정치적 선전으로 보아야 하며, 진실의 전달이란 항상 부차적인 과제일 뿐입니다. 그렇다 해도, 눈앞에 놓인 우표의 두께, 색깔, 질감, 냄새, 맛 등의 구체적 특성은 늘 믿을 만한 사료가 됩니다.

그다음으로는 목격담이 있습니다. 사건을 직접 목격한 이들이 적은 글입니다. 이런 자료들은 수학 교과서에 나오는 기본 공식처럼 이 책에서 특별히 중요하게 다루고 있습니다. 이를 통해 진실에 근접한 이미지를 마음속에 그려볼 수 있습니다. 하지만 이런 자료에 대해서도 경계를 늦추어선 안 됩니다. 여기에도 속임수는 숨어 있으니까요.

마지막으로 가장 신뢰도가 떨어지는 자료는 역사가와 소설가가 전하는 간접적 지식입니다. 여기엔 정치적 의도가 깔린 것도 있고 그렇지 않은 것도 있습니다. 이는 사후에 이루어진 해석과 분석이라 할 수 있습니다. 이런 자료들은 비판적으로 읽으려고 노력했습니다만, 어쩔 수 없는 한계도 많았습니다. 역사가들은 무미건조한 서술과 날짜를 잔뜩 늘어놓는 경향이 있고, 소설가들은 사건을 이상화해 그리는 경향이 있기 때문입니다.

독자 여러분이 제 해석을 검토하고 더 풍부한 경험을 하실 수 있도록 추가로 읽어보실 만한 추천 자료도 실어 놓았습니다. 몇몇 나라는 관련된 음악과 영화도 추천해놓았고, 간혹 요리 레시피를 적어 놓기도 했습니다. 이 책을 쓰는 동안 저는 다양한 현지 음식을 먹으며 몸으로 역사를 느껴보려 노력했습니다. 그중 가장 효과적이었던 레시피들만 소개했습니다.

마지막으로, 이 책을 쓰는 데 도움을 주신 모든 분들께 감사의 말씀을 드리고 싶습니다. 세계의 모든 사서분들께 감사드리지만, 특히 소피아 레르솔 룬, 라르스 모겐센, 스티안 트베이텐, 아네트 로센베르그, 안나 파라 베르게, 마리 로센베르그, 스반힐 나테르스타, 트론 베르게, 다그 로알크밤, 훌리오 페레스, 게르드 욘센 님에게 고맙다는 말씀을 드립니다.

그리고 본문을 읽으시기 전에 한 가지 유념해 주었으면 하는 것이
있습니다. 이 책은 여행안내서가 아닙니다. 다시 말해 독자가 책을
손에 들고 사라진 나라나 왕국의 자취를 찾아 탐험에 나서는 데 도움
을 주기 위해 쓴 책이 전혀 아닙니다. 이 책에 소개된 곳들은 대개 패
키지여행으로 갈 만한 곳이 아니라 교통편을 여러 번 갈아타고 장시
간 복잡하게 이동해 가야 하는 곳입니다. 기후 자체가 견딜 만한 수
준을 훌쩍 넘어서서 모험에 나설 엄두조차 나지 않을 수도 있습니다.
이 책을 잠자리에서 읽는 동화 모음집 정도로 봐주시길 바랍니다. 꿈
을 살찌우고 잠에 솔솔 빠져드는 용도로 쓰시면 좋지 않을까요?

노르웨이 리스타에서
비에른 베르예

차례

1945~1975

일러두기

1. 이 책에 등장하는 인명이나 지명 등 고유명사의 표기는 기본적으로 국립국어원의 외래어 표기법, 표기법 시안, 표기원칙을 따르되 일부 고유명사는 널리 통용되는 표기를 따랐습니다.
2. 프랑스어나 독일어, 스페인어, 이탈리아어 등은 영어식 표기 대신 원어 표기를 우선적으로 병기했습니다.
3. 인용된 도서나 영화, 문헌에 대해서는 한국에 출간되지 않거나 소개되지 않았더라도 독자의 이해를 돕기 위해 역자가 임의로 제목을 번역했습니다.
4. 도서나 잡지, 논문 등은 『 』, 영화 등은 「 」로 묶어서 표기했습니다.

1840~1860

"우리는 거센 폭풍에 휘말려 밴디먼스랜드 북서쪽으로 떠내려갔다. 위치를 측정해보니 남위 30도 2분이었다. 선원 열두 명은 과로와 식중독으로 죽었고, 남은 선원들도 극도로 쇠약한 상태였다."

조너선 스위프트의 『걸리버 여행기』에 나오는 구절이다. 몇 문단 뒤에는 배가 난파하고 주인공 걸리버가 어느 해안으로 표류해 목숨을 건지는 장면이 나온다. 그곳은 릴리퍼트라는 나라로, 키가 15센티미터밖에 안 되는 소인들이 살고 있었다.

밴쿠버섬

뉴브런즈윅

덴마크령 서인도 제도

코리엔태스

헬리골랜드
× ╌╌▶ 슐레스비히
×

양시칠리아 왕국

엘로베이·애노본·코리스코
×

라부안
×

밴디먼스랜드

나무로 지은 신전들

Vancouver Island

사내는 담배 한 개비를 꺼낸 다음 담배 케이스는 재킷 주머니에 넣고 접
이의자에 등을 기댄다. 방금 본 광경이 믿기지 않는다. 섬 전체가 하나
의 커다란 바위덩어리 같다. 그리고 남북 방향으로 거대한 숲이 뒤덮고
있다. 젊은 귀족 찰스 배럿레너드는 '자이스' 쌍안경으로 섬을 정탐하고
있었다. 뉴질랜드 동쪽의 태평양에서 가장 큰 섬, 밴쿠버섬이었다.

그는 크림전쟁에 용기병으로 참전해 험난한 복무를 마치고, 동료
장교 나폴리언 피츠스텁스와 함께 유람 여행에 나선 길이었다. 꽤 큼
직한 외돛대 범선을 갑판에 실어 왔고, 순종 불독 한 마리를 포함해
개도 몇 마리 데려왔다. 때는 1860년 늦여름, 두 사람은 제임스 쿡 선
장이 1778년에 유럽인 최초로 발을 들여놓았던 이 섬을 배로 일주해
볼 생각이었다.

섬의 남단, 목조 주택이 옹기종기 모여 있는 행정 중심지인 빅토
리아 앞바다에 범선을 띄우고 동쪽으로 나아간다. 본토에 면한 조지

아 해협을 따라 섬을 먼저 훑을 생각이다. 순풍이 불고 햇볕이 쨍쨍하다. 배꼬리에는 '왕립 템스 요트 클럽'의 깃발이 펄럭거린다. 두 사람은 곧 아메리카 원주민들과 첫 조우를 하게 된다. 원주민들은 눈동자가 검고 피부가 구릿빛이며 얼굴이 넓적하다. 광대뼈가 두드러졌고 평생 자르지 않는 검은 머리에는 윤기가 돈다. 그리고 예외 없이 "알록달록한 괴상한 옷"을 입고 있다.[1] 한 추장이 불독을 물물교환하자고 한다. 배럿레너드는 일언지하에 거절하고 대신 바지 한 벌을 보여주며 관심이 있느냐고 묻는다. 본드 가街의 '힐스 상회'에서 만든 바지이지만 추장은

국가	밴쿠버섬
연대	1849~1866
인구	30,000명
면적	31,285km²

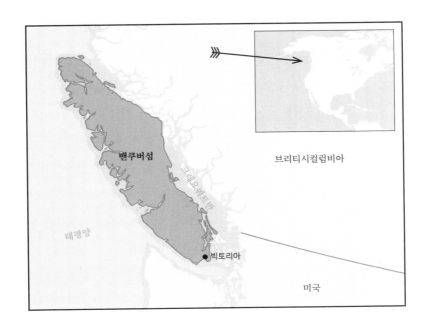

밴쿠버섬

브리티시컬럼비아

크레오워트만

태평양

빅토리아

미국

시큰둥하다.

배가 크레요쿼트만에 이르자, 해안선을 따라 이어진 평야에서 원주민 마을 몇 개가 금방 눈에 들어온다. 두 사람은 이곳의 전통가옥을 보고 놀라움을 금치 못한다. "집들을 보자 처음 스톤헨지를 보았을 때와 같은 경이로움이 느껴졌다."[2]

집은 하나하나가 기차역만큼 크고, 지름 1미터가 넘는 기둥으로 얼기설기 골조가 짜여 있다. 박공지붕과 네 벽은 쐐기 모양으로 넓적하게 쪼갠 널빤지를 촘촘히 덮어놓았다. 놀랍게도 이들은 유목생활을 한다. 부족마다 보통 마을 두세 개를 지어놓고 이동하며 생활한다. 마을을 떠날 때마다 골조는 그 자리에 그대로 두고 널빤지만 챙겨 간다.

모피 교역소

1800년대 중반에 밴쿠버섬에 살던 아메리카 원주민은 3만 명이 넘었다. 콰키우틀족, 누트카족, 그리고 살리시어를 사용하는 다양한 부족들이었다. 그들은 수렵채집 생활을 하면서 영국 허드슨베이회사Hudson Bay Company에 수달, 말코손바닥사슴, 비버, 다람쥐의 가죽을 공급하기도 했다. 대금으로 칼, 냄비, 바늘과 실을 받기도 했지만 모포를 받는 것이 가장 기본이었다. 모포는 이 섬에서 화폐나 다름없었다. 모포는 허드슨베이회사에서 특별히 제작한 것으로 모포 한 장의 가치는 그 크기와 줄무늬의 양에 따라 정해졌다.

1670년에 설립된 허드슨베이회사는 당시 아메리카 대륙 북부와 북극 지방을 아우르는 넓은 지역에서 모피 교역을 독점하고 있었다.

1846년에는 밴쿠버섬에 교역소를 차리고 그곳의 지명을 빅토리아로 붙였다. 그리고 곧바로 밴쿠버섬의 모든 수출입 거래를 도맡는 10년 계약을 따냈다. 회사의 현지 지사장인 제임스 더글러스는 밑바닥에서부터 시작해 그 자리에 오른 사람이었다. 우람한 체격에 덥수룩한 눈썹, 길게 기른 수염은 권위가 넘쳐 보였다. 그는 아메리카 원주민들과 좋은 관계를 맺고 있었다.

회사가 막대한 수익을 거두고 있다는 소식이 바다 건너에까지 전해지자, 1849년에 영국은 이 섬을 공식적인 식민지로 삼기로 했다. 32세의 귀족인 리처드 블랜샤드가 식민지의 초대 총독으로 파견되었다. 블랜샤드는 좋은 학교를 나오고 더글러스보다 교양이 훨씬 풍부했다. 아니, 적어도 본인의 생각엔 그랬다. 블랜샤드의 임무는 이곳에 능률적인 행정체제를 구축하면서 영국으로부터 원활한 이민이 가능하도록 기반을 닦는 것이었다. 하지만 임무는 큰 난관에 부딪혔다. 허드슨베이회사는 어떤 변화도 원하지 않았던 것이다. 회사 측은 섬에 정착민들이 몰려드는 것을 원하지 않았다. 천혜의 사냥터인 광대하고 울창한 숲을 그대로 유지하는 동시에 모피를 공급해주는 원주민들과도 좋은 관계를 계속 유지하고 싶었다.

이제 더글러스와 블랜샤드의 대립이 불가피했다. 지역 실세 대 공권력이라는 고전적인 대결 구도였다. 블랜샤드는 회사의 머리글자인 HBC가 '기원전부터 이곳에 있었던Here Before Christ'의 뜻으로 읽힐 수도 있다는 것을 알게 되었다.[3] 블랜샤드는 주민들이건 공무원들이건 누구나 매사에 한목소리로 반대하니 이에 맞서 싸울 수단이 없었다. 결국 첫 대결은 블랜샤드의 패배로 끝난다.

곤욕을 겪던 블랜샤드는 원주민들에게 화풀이를 한 것으로 보인다. 그는 원주민 문화에 대한 경멸감을 굳이 감추지 않았다. 그는 원주민들이 질서가 없고 비합리적이며 "미개인들이란 하나같이 불쑥화를 터뜨리는 성향이 있으니"[4] 이를 막으려면 엄격히 다스려야 한다고 보았다. 원주민들이 연루된 경미한 폭력 소동이 몇 번 일어나자, 블랜샤드는 징벌 원정에 나섰다. 그는 실제 범행자를 가려내기 위해 시간과 노력을 허비하지 않고, 그냥 부족 전체를 공동 처벌했다. 그는 마을 몇 개를 깡그리 불태웠다. 그 결과는 파멸적이었다. 섬의 원주민과 백인 간의 모든 협력이 중단될 위기가 한동안 계속되었다.

블랜샤드가 사임 압박에 굴복했는지, 아니면 모든 것에 넌더리가 났는지는 알 수 없다. 어쨌든 그는 총독에 취임하고 2년이 지나지 않아 자리에서 물러났다. 영국으로 돌아간 그는 기회만 되면 이곳 식민지에 대해 불평하고 험담했다. "일개 모피 교역소에 지나지 않는 곳"이라고도 했다.[5]

총독 자리를 이어받은 사람은, 놀랍지 않게도 제임스 더글러스였다. 그는 허드슨베이회사의 지사장직을 유지한 채로 총독직을 수행했다. 원주민들과의 협력을 재개할 것을 촉구하고, 자신이 "숲의 자녀들"이라 부르던 원주민들과의 우정을 계속 키워나갔다.[6] 그동안 새로 이주해 왔던 소수의 정착민들은 체념하고 본토로 돌아갔다. 섬의 분위기는 훨씬 좋아졌고, 이 지역의 원주민과 백인 간의 대립은

1860: 영국 빅토리아 여왕의 흉상.

당시 북아메리카의 다른 지역에 비해 월등히 적었던 것으로 기록
된다.

또 하나의 빅토리아 여왕 우표

런던의 식민행정 당국에 편지를 보내 우표가 필요하다고 했던 것
도 제임스 더글러스였다. 그는 비용을 아끼기 위해 인접한 식민지인
브리티시컬럼비아와 공동으로 우표를 발행할 것을 건의했다. 종류는
한 가지면 충분할 것이라고 했고, 도안으로 자기가 그린 스케치를 첨
부했다. 수효는 우표 240장이 들어가는 전지 100장이면 될 것이라고
했다.

우표는 1860년 런던의 델라루라는 인쇄소에서 인쇄했다. 색은 밝
은 적색이고 액면가는 2.5펜스이며 도안은 빅토리아 여왕의 초상화

다. 그러나 여왕의 모습은 (뒤에 소개되는) 밴디먼스랜드의 우표에 비해 훨씬 원숙하고 위엄 있게 묘사되었다. 흰 안구와 처진 눈꺼풀이 그리스 여신의 흉상 느낌을 주면서 오만하고 쌀쌀한, 범접하기 어려운 인상을 자아내고 있다. 군주다운 모습이다. 그럼에도 내가 가진 우표는 원래의 생동감을 다소 잃은 느낌이다. 햇볕에 오래 노출되어 있었는지 색이 많이 바랬다.

본토에서 금이 발견되자 모든 관심은 그쪽으로 쏠렸다. 1865년 밴쿠버섬의 재정이 파탄나자 다음 해에 밴쿠버섬을 브리티시컬럼비아에 합병하기로 했다. 1871년, 밴쿠버섬을 포함한 브리티시컬럼비아는 캐나다의 한 주가 되었다.

책 매슈 맥피(Matthew Macfie), 『밴쿠버섬과 브리티시컬럼비아: 역사, 자원, 전망에 관하여(Vancouver Island and British Columbia: Their History, Resources and Prospects)』(1865)

찰스 배럿레너드(Charles Barrett-Lennard), 『브리티시컬럼비아 여행: 밴쿠버섬의 요트 일주 이야기 수록(Travels in British Columbia: With a Narrative of a Yacht Voyage Round Vancouver's Island)』(1862)

마거릿 호스필드(Margaret Horsfield), 이언 케네디(Ian Kennedy), 『토피노와 크레요쿼트만의 역사(Tofino and Clayoquot Sound: A History)』(2014)

처참한 빈곤, 나약한 귀족들
The Two Sicilies

고기, 케이크, 과일에 밀가루처럼 하얀 모차렐라 경단을 덕지덕지 붙인 데다 정어리, 소의 양胖, 올리브 열매를 얹어 마치 베수비오산처럼 원뿔 모양으로 쌓아 올린 음식 무더기가 한낮의 햇살에 번들번들 반짝이며 나폴리의 성 앞 자갈길에 놓여 있다. 예포 한 발이 울리자 이를 신호로 굶주린 군중이 일제히 달려든다. 뒤룩뒤룩 살찐 귀족들이 발코니에 서서 팔을 흐느적거리며 무심하게 박수를 친다. 엄청나게 비대한 몸집의 왕, 페르디난도 1세만이 유독 큰 관심을 보이며 초조하게 난간을 손가락으로 두드린다.[7]

페르디난도 1세는 1759년 여덟 살의 나이에 왕위에 올랐다. 이제 이십대 초반인 그의 주관심사는 어떻게 하면 다음번 연회를 더 화려하고 멋지게 열까 하는 것이었다. 왕은 성대한 연회를 열 때마다 막대한 부의 부스러기나마 백성들에게 맛보게 했으니, 그조차도 백성들에게는 감지덕지한 기회였다.

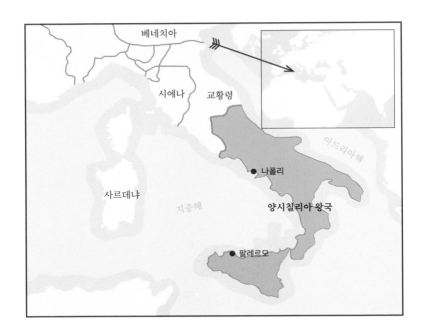

나폴리 왕국과 시칠리아 왕국을 양시칠리
아 왕국이라는 이름으로 묶어서 한 명의 왕
이 통치한 경우는 이전에도 더러 있었으나,
1735년 페르디난도 1세의 부왕인 스페인의
카를로스 3세가 그러한 체제를 본격적으로

국가 양시칠리아 왕국	
연대 1816~1860	
인구 8,703,000명	
면적 111,900km²	

부활시키며 나폴리를 왕국의 수도로 삼았다. 북쪽으로 교황령까지
뻗은 영토는 유럽의 나라치고는 꽤 큰 편이었다.

　그러다가 1799년 나폴레옹이 옛 나폴리 왕국 땅을 점령하면서 왕
국은 다시 둘로 갈라졌다. 페르디난도 1세는 시칠리아로 도피해 막
강한 영국 해군의 비호를 받으며 지냈다.

페르디난도 1세는 빈 회의의 의결에 따라 1816년 왕위에 복위했으나, 당시 다른 유럽 국가들의 보편적 사례에 따라 영국식 사회 개혁을 단행할 것을 약속해야 했다. 그러나 왕은 약속을 금세 잊고는 이전과 다를 바 없는 통치를 계속해나갔다. 왕을 수반으로 하는 행정부는 철저히 귀족들로 구성되었으며 상류계급의 이익 외에는 아무것에도 관심이 없었다.

도시민들 사이에 불만이 번져나갔고, 이내 시칠리아와 나폴리 양쪽에서 모두 봉기가 일어났다. 페르디난도 1세는 공포정치로 맞서며 첩자와 밀고자, 마구잡이 처벌을 동원해 소요를 진압했다. 후대의 왕들도 이런 통치 방식을 그대로 답습했으며, 특히 페르디난도 2세는 1849년 팔레르모 봉기를 진압하면서 무자비한 대포 공격을 퍼부어 '포격왕'이라는 별명을 얻기도 했다.

멀리서 봐야 아름답다

영국 작가 줄리아 캐버나는 1850년대에 양시칠리아 왕국을 방방곡곡 누비며 여행했다. 그녀가 어릴 적부터 꿈꿔온 소원은 에트나산과 베수비오산 등을 오르고, 하늘거리는 무명 드레스 차림으로 지중해 연안의 풍경 속을 거닐고, 역사 속의 정복자들이 남긴 수많은 유적과 성당 등을 돌아보는 것이었다. 그러나 낭만은 금세 시들해졌고, 캐버나의 여행기는 끝없이 마주치는 불의와 가난, 문맹과 퇴보의 기록으로 숨 돌릴 틈이 없었다.

나폴리에서 시칠리아로 가기 위해 배의 출항을 기다리던 작가는,

승객 몇 명이 선미 갑판에 모여 한 소년을 구경하고 있는 것을 보게 된다. 작은 배의 노를 저으며 이 배 저 배를 오가는 소년은 기껏 아홉 살쯤 되어 보이는 앳된 모습에 누더기 차림이었지만 "영리한 얼굴" 이었다고 작가는 적고 있다. 소년은 배의 가로대 위에 중심을 잡고 서서, 타란텔라 춤을 추더니 짧은 연극을 공연한다. 그러고는 광대 흉내를 내고 짧은 아리아를 부르고는 마지막으로 가상의 자객이 찌르는 칼을 가슴에 맞는 시늉을 하더니 배 바닥에 고꾸라져 눈을 하얗게 까뒤집는다. 그러고는 잠시 가만히 있다가 몸을 솟구쳐 일어나는데, 이제 손에는 모자를 들고 있다. 동전 몇 닢을 승객들이 던져준다.

마침내 배가 출항해 나폴리만을 떠나자 줄리아 캐버나는 안도의 한숨을 내쉰다. 그러고는 이렇게 적는다. "차츰 멀어져가는 나폴리의 모습은 멀리서 훨씬 더 나아 보였다."[8]

동화 속의 왕국

민생고가 더 극심했던 곳은 도시 지역이었다. 시골에서는 주린 배를 움켜쥐고 잠자리에 드는 일이 더 적었다. 시골 사람들의 삶은 수백 년간 이어온 봉건제도 하에서의 생활 방식 그대로였다.

나폴리 바로 남쪽에 위치한 칠렌토 지역은 깎아지른 듯한 해안 절벽 위에 야생 올리브나무와 고무나무와 도금양나무가 즐비하고, 그 위로 참나무와 산사나무 숲이 울창했으며, 더 위로 나무가 자라지 않는 산봉우리에는 만년설이 덮여 독특한 경관을 이루었다. 붉은 기와 지붕을 얹은 황갈색 집들이 다닥다닥 모여 마을을 이루고 있었다. 산중턱이나 언덕배기에 위태롭게 매달린 듯한 마을은 대개 가파른 성곽으로 둘러쳐져 있었다. 성당의 첨탑과 비둘기 사육탑이 눈에 띄는 가운데, 그 모든 것을 굽어보는 곳에 귀족의 성이 군림하듯 자리 잡고 있었다. 구불구불한 골목길과 좁은 자갈길로 접어들면, 하수 도랑이나 밤에 가축을 가두어두는 지하실에서 악취가 뿜어나와 코를 찔렀다.

칠렌토의 마을들은 지금도 옛 모습을 간직하고 있다. 다만 이제 냄새는 나지 않는다. 마치 더 낡지도 않고 새로워지지도 않는 동화 속의 왕국처럼, 시간이 정지한 듯한 느낌의 마을들이다. 예전에도 아마 그랬을 것이다. 이곳의 마을들은 모두 나폴리의 중앙권력에 복종했지만 서로 간에는 늘 옥신각신 싸웠다.

밀 맛이 나는 우표

양시칠리아 왕국은 1858년 자체적으로 우표를 발행한다. 우표는 모두 주황빛을 띤 갈색으로, 아마도 북쪽의 시에나 지역에서 나는 싸구려 흙 안료를 아마인유에 개어 잉크로 썼을 것이다. 도안은 뒷다리로 일어선 말과 트리스켈리온이라는 문양(사람 다리 세 개가 회전대칭 형태로 배열된 우스꽝스러운 그림)으로 이루어져 있다. 소인 때문에 잘 보이지 않는 이 문양은 시칠리아가 고대 그리스의 식민도시 '마그나 그라이키아'에 속했던 시절로 그 기원이 거슬러 올라간다. 그 모양은 시칠리아섬의 삼각형 모양에서 착안한 것으로 알려져 있다. '무효'를 의미하는 'ANNULLATO'가 찍힌 것을 보면 실제로 편지에 사용

된 적이 없는 시범적인 발행 우표다. 그래서 접착제도 아직까지 조금
남아 있다. 맛을 보면 밀 맛이 약간 난다.

아픈 영광

1859년 프란체스코 2세가 양시칠리아 왕국의 왕으로 즉위했다가
1860년 주세페 가리발디의 반란군에 의해 축출되면서 왕국은 붕괴
한다. 사르데냐 왕국의 지원을 받은 가리발디는 1,000명의 병력을
이끌고 1860년 5월 11일 시칠리아 서해안에 상륙해 시칠리아 의용
대원 3,000명을 지원군으로 확보한다. 팔레르모로 진격한 그는 이후
메시나 해협을 건너가 나폴리 역시 점령하기에 이른다.

시칠리아 출생의 이탈리아 작가 주세페 토마시 디 람페두사는 이
이야기를 들으며 성장했다. 그의 소설『표범』은 팔레르모 함락 직전

을 배경으로 혼란을 겪는 귀족 돈 파브리치오 코르베라의 이야기를 그리고 있다.[9] 팔레르모의 여타 귀족 집안과 마찬가지로 주인공 역시 가족과 함께 성에서 하인들과 입주 사제를 거느리고 살았다. 성의 천장에는 로마 신들의 프레스코화가 그려져 있었고 성 주변은 널따란 정원이 둘러싸고 있었으며 연철 담장이 쳐져 있었다. 어느 날 주인공은 그 정원에서 고약한 악취를 맡는다. 제5명사수연대 소속이던 젊은 군인의 시신에서 나는 냄새였다. 군인은 산로렌소 전투에서 부상을 입고 정원에 숨어 들어와 홀로 레몬나무 아래에서 죽음을 맞은 것이었다.

그 후 며칠 밤 동안 코르베라 가족은 가리발디의 군대가 남쪽과 서쪽의 산봉우리에 화톳불을 점점 많이 밝히는 것을 긴장감 속에서 지켜본다. 왕에게 아직 충성을 바치고 있는 도시에 무언의 위협이 드리운다. 그러다가 주인공의 조카 탄크레디가 반란군에 가담하기 위해 불쑥 집을 나서다가 서재에서 불독 벤디코와 함께 앉아 있는 삼촌과 마주친다. 조카는 삼촌에게 자신의 생각을 설득하려 한다. "우리가 지금 가담하지 않으면 역도들이 나라를 공화국으로 만들어버릴 거예요. 변화를 조금이라도 막으려면, 변화를 받아들여야 해요. 무슨 말인지 아시겠어요?" 돈 파브리치오는 대답 대신 개의 한쪽 귀를 세게 꼬집고, 개는 깨갱거린다. 주인의 손길은 영광이지만, 아픈 것은 아픈 것이다.[10]

탄크레디는 그날 저녁 식탁에서 가족에게 작별을 고하고, 가족들은 동요한다. 돈 파브리치오는 가족들을 열심히 달랜다. 왕실 친위대의 머스킷총이란 참으로 무력한 물건으로, 덩치만 컸지 총신에 강선이 파여 있지 않아 총알의 위력이 미약하기 짝이 없다고 설명한다. 이후 난리 중에 모두 살아남은 탄크레디와 가족들은 통일된 이탈리아 왕국이 수립되고 사르데냐 국왕인 비토리오 에마누엘레 2세가 초대 국왕으로 즉위하는 것을 지켜본다.

순식간에 개혁이 단행되면서 보편교육, 사회보장, 의료 서비스가 실시된다. 그럼에도 이탈리아 남부는 여전히 북부에 비해 빈곤을 면치 못하고, 많은 남부 주민들이 미국으로 이민을 떠나기에 이른다. 그곳에서는 마피아가 고국 동포들 가운데 특히 흉포한 이들을 두 팔 벌려 환영하고 있었다.

책   줄리아 캐버나(Julia Kavanagh), 『양시칠리아 왕국의 어느 여름과 겨울(A Summer and Winter in the Two Sicilies)』(1858)

주세페 토마시 디 람페두사(Giuseppe Tomasi di Lampedusa), 『표범(Il Gattopardo)』(1958)

수전 손택(Susan Sontag), 『화산의 연인(Volcano Lover: A Romance)』(1992)

영화   루키노 비스콘티(Luchino Visconti) 감독, 「들고양이(Il Gattopardo)」(1963)

한때의 섬나라 왕국, 폭격 연습장이 되다
Heligoland

'성스러운 땅'이라는 의미의 헬리골랜드는 독일 북서쪽 해안에서 70킬로미터 떨어진 작은 섬 두 개로 이루어졌다. 옛날에 큰 군도가 있던 자리가 지금은 흔적만 남은 것으로 추정된다. 로마의 역사가 타키투스가 서기 98년경에 쓴 인류학 저서 『게르마니아』에 따르면, 헬리골랜드는 독일에서 북해로 흘러드는 엘베강의 하구를 떡 가로막고 있어 양쪽으로 좁은 물길만 흘렀다고 한다.[11] 그리고 일설에 따르면, 9세기경에 이미 섬 안에 아홉 개의 교구와 두 개의 수도원이 있었다고 한다.

섬은 북해의 파도에 조금씩 침식되어 계속 크기가 줄었고, 이따금 큰 덩어리가 통째로 사라지기도 했다. 1720년의 폭풍해일은 급기야 섬을 두 쪽으로 갈라놓았다. 작은 섬에는 깨진 조개껍데기가 널려 있는 모래벌판만 남았다. 큰 섬은 바다 위에 우뚝 솟은 사암 덩어리로 남아, 북서쪽에서 밀려오는 파도를 맞아가며 세월을 견뎌왔다. 큰 섬은 면적 1제곱킬로미터에 최고점의 해발고도가 60미터이며, 언덕배기에는 풀이 드문드문 나 있다.

해적들의 본거지, 도선사들의 거점

헬리골랜드는 언뜻 별 쓸모가 없는 섬처럼 보인다. 하지만 독일의
큰 강 몇 개가 바다로 흘러드는 어귀이자 막강한 한자동맹 도시들이
바다로 진출할 길목에 위치해 있어 주변에 늘 탐내는 세력이 많았다.
한때는 해적들의 본거지 역할을 하다가, 나중
에는 선박을 안내하는 도선업과 고기잡이의
거점이 되었다. 몇백 년간 덴마크에 이어 여
러 독일 공국의 지배를 차례로 받은 헬리골
랜드는, 덴마크가 나폴레옹과 동맹을 맺은 후

국가	헬리골랜드
연대	1807~1890
인구	2,200명
면적	1.7km²

1807년에 아무 저항 없이 영국에 넘어갔다. 당시 영국은 유럽 대륙으로 통하는 관문이자 교역의 거점을 이곳에 확보해야 했다.

이 시기의 헬리골란드는 당시 유럽 땅의 북부를 거의 장악한 나폴레옹 군대에 대한 첩보 활동의 거점으로 쓰이기도 했다. 도선업 수요는 거의 사라졌지만 일부 도선사들은 영국인들의 배를 안내하며 생계를 유지했다. 도선사들 중에는 눈감고도 항해할 수 있을 만큼 부근의 물길에 능숙한 이들이 많았다. 그들은 시시각각 위치와 모양을 바꾸는 이곳 모래톱의 특성을 훤히 꿰고 있었다. 엘베강 하구의 쿡스하펜이든 브룬스뷔텔이든, 아니면 아예 강을 따라 쑥 들어가야 하는 글뤽슈타트든, 말만 하면 어디로든 데려가줄 수 있었다.

소녀의 기억에 남은 섬

1850년, 영국 장교의 딸인 M. 레스트레인지가 『헬리골랜드』라는 책을 낸다.[12] 1820년경 이 섬에서 보냈던 어린 시절을 소재로 한 책이었다. 책 어디에도 저자의 정확한 이름이 나오지 않는 것을 보면 그녀는 사람들 앞에 나서는 것을 대단히 꺼리는 인물이었던 듯하다.

책은 저자와 여동생이 부모를 폐렴으로 잃은 안타까운 사연을 담고 있다. 특히 부모의 생애 마지막 날들이 인상적인 필치로 기록되어 있다. 그밖에도 자매가 섬에서 보낸 안락했던 어린 시절이 그려진다. 당시 장교의 가족은 작은 집 한 채를 받고 하인과 요리사를 두는 등 풍족한 생활을 누렸다. 매주 우편선이 두 끼니분의 신선육을 실어다 주었고 밀가루, 오트밀, 완두콩, 쌀, 럼주도 일반 가정에서 원 없이 쓰고 남을 만큼 가져왔다. 그뿐 아니라 이국적인 각종 교역품도 넘쳐났다. 전직 도선사들이 영국의 여러 식민지에서 독일로 밀수품을 들여왔고, 더 품질 좋은 독일 물건은 밖으로 밀수출했다.

책에는 본섬의 두 마을 이야기도 나온다. 서쪽 고지대의 오버란트, 그리고 항구가 있는 남동쪽 저지대의 운터란트다. 운터란트의 부두 시설은 대형 선박 전용이었고, 고깃배는 뭍으로 바로 끌어올렸다. 건물들은 주로 폭이 좁고 삐죽한 3층 또는 4층 집이었으며, 가파른 지붕 아래의 창으로 좁은 길이 내려다보였다. 원래 프리슬란트인(네덜란드, 독일, 덴마크의 북해 연안 지방에 거주하던 게르만계 민족 - 옮긴이)들의 전통 가옥은 붉은 벽돌집이지만 이 섬에는 목조 가옥이 많았다. 내구성이 의심스러운 사암 외에 건축에 쓸 만한 자재가 거의 없었기 때문이다. 모든 자재는 본토에서 실어 와야 했고, 벽돌은 무게가 많이 나갔다.

헬리골랜드의 일상

섬사람들의 주요 생활 무대는 두 마을을 잇는 가파른 계단길이었다. 그곳에서 남자들은 담배를 피우고 한담을 나누며 빈둥거렸고, 여자들은 빵바구니며 물양동이를 들고 바삐 계단을 오르내리거나 서쪽 능선 위에서 풀을 뜯는 양과 염소의 젖을 짜러 지나다녔다. 여자들은 긴 다홍색 치마에 겨울에는 망토를 덧입고는 동여맨 두건 틈으로 눈과 코만 빼꼼 내놓았다. 그런가 하면 "남자들은 여자들의 페티코트만큼이나 통이 넓고 거친 천으로 만든 바지를 입는다. 상의에는 커다란 나무 단추를 달고, 목은 훤히 드러내며, 머리에는 꽉 끼는 작은 모자를 쓴다."[13]

섬사람들은 길에서 마주치면 "안녕하세요"라고 인사하고, 지나치면서 "저를 잊지 마세요"라고 또 한번 인사한다. 이 섬에서만 쓰이는 프리슬란트어의 방언인 할룬더어로 보통 인사한다. 여자들 이름은 특이하게도 카테리노, 안노, 마리오 등 항상 '오(o)' 모음으로 끝난다.

이곳의 고요한 일상이 시끄러워지는 때는 1년에 단 몇 번, 봄과 가을에 개똥지빠귀, 찌르레기, 멧도요 등의 철새가 찾아올 때다. 그때는 너나없이 하던 일을 멈추고 사냥에 나선다. 남녀노소 모두 뜨개실이며 곡괭이며 삽을 집어 들고 부랴부랴 능선을 오르거나 모래벌판을 건너 새를 잡으러 간다.

영국군이 떠난 자리에 휴양지가 들어서다

나폴레옹전쟁 중에 섬 주민들은 번영을 누렸다. 하지만 전쟁이 끝나고 1814년에 킬조약(1814년 나폴레옹전쟁 후 덴마크, 스웨덴, 영국이 맺은 평화조약 – 옮긴이)이 맺어진 후로는 밀수로 재미를 볼 수 없게 되었다. 1821년에는 마지막 영국 군인들이 섬을 떠나면서 교역 활동도 전면 중단되었다. 창고는 텅텅 비어갔고 상인들은 섬을 떠났다.

헬리골랜드 주민 2,200명은 아무도 이주를 원하지 않았다. 그때 주민들 사이에서 관광업을 한번 해보자는 이야기가 나왔다. 언뜻 황당해 보이는 제안이었지만 아무 근거 없는 이야기는 아니었다. 바로 몇 년 전에 영국 의사들이 해수욕이야말로 건강에 가장 이로운 활동이라고 발표한 터였다. 그리고 해수욕은 찬 바닷물에서 해야 한다고 했다. 헬리골랜드에 그 무엇보다 풍부한 게 있다면 바로 사시사철 차가운 바닷물이었다. 주민들은 관광업에 운명을 걸어보기로 했다. 1826년 무렵 섬은 이미 영국, 프로이센, 폴란드, 러시아의 부유층이 즐겨 찾는 해수욕장이자 휴양지가 되어 한창 주가를 높여갔다.

헬리골랜드의 세 가지 색

헬리골랜드는 영국의 입장에서 점차 전략적으로 중요하지 않은 지역이 되어갔지만, 결국은 자체 우표를 발행하기에 이른다. 영국의 속령에서 발행한 우표가 대개 그랬듯, 당시 재위 중이던 빅토리아 여왕의 모습을 도안에 담았다. 이 우표의 가장 주목할 만한 특징은, 복잡한 제작 과정과 정밀한 인쇄술을 요하는 2색 인쇄를 채택했다는 것이다. 이곳의 우표는 늘 흰색 종이에 붉은색과 녹색으로 인쇄되었다. "녹색은 땅이고, 붉은색은 절벽이며, 흰색은 모래이니, 이는 곧 헬리골랜드를 이루는 색들"[14]이라고 어느 작가가 적었다. 우표에는 여왕의 흰색 실루엣이 돋을새김되어 있다. 내 우표는 손을 워낙 많이 타서 찢어진데다 기름기로 번들거린다. 손바닥 사이에 넣어 따뜻하게 덥힌 다음 표면을 살살 긁으면 기름 냄새가 미미하게 난다. 1867년에 발행된 이곳 최초의 우표로, 액면가는 영국 실링화로 표기되어 있다. 1875년 이후에는 독일의 페니히화로 표기가 바뀐다. 독일 본토와 점차 관계가 개선되어간 덕분이다.

1869~1871: 돌을새김된 영국 빅토리아
여왕의 실루엣.

그러다 1890년, 마치 보드게임 「모노폴리」라도 하듯, 영국은 헬리
골랜드섬과 동아프리카 연안의 잔지바르섬을 맞바꾸자고 독일에 제
안한다. 독일은 거래를 받아들이고 곧바로 섬의 이름에서 'i'를 빼버
린다. '헬리골랜드'가 '헬골란트Helgoland'로 바뀐 것이다. 나중에 독
일은 이 섬에 해군 기지를 짓고, 섬은 양차 세계대전 당시 군사 요지
가 된다. 그 와중에도 관광업은 계속 융성했다. 물리학자 베르너 하
이젠베르크는 꽃가루 알레르기와 알레르기성 비염으로 크게 고생하
다가 이 섬에서 오랫동안 요양한 뒤에야 비로소 양자역학 이론을 수
립할 수 있었다고 한다.[15]

문명의 마지막 흔적

제2차 세계대전 막바지에 섬은 영국군의 공습으로 초토화된다. 종

전 후에 섬은 다시 영국에 넘어간다. 이 무렵 섬의 풍경은 흡사 달 표면을 방불케 했으니, 생명 없는 녹황색 땅만이 그 명맥을 유지하고 있었다. 이제 섬은 기껏해야 비행기와 군함의 폭격 및 포격 연습장으로 쓰일 뿐이었다.

1952년에 섬은 다시 독일에 양도된다. 이제 섬에는 이따금씩 패여 있는 폭탄 구덩이 외에 아무런 역사의 흔적이 남아 있지 않다. 아마 내 우표에서 나는 냄새는(생선 내장 냄새인지 기름내인지는 모르겠으나) 한때 이 섬에 존재했던 문명의 마지막 흔적 중 하나가 아닐까 싶다.

책 M. 레스트레인지(M. L'Estrange), 애나 마리아 웰스(Anna Maria Wells), 『헬리골랜드와 유년기의 추억: 실화의 기록(Heligoland or Reminiscences of Childhood: A Genuine Narrative of Facts)』(1850)

알렉스 릿세마(Alex Ritsema), 『헬리골랜드의 과거와 현재(Heligoland, Past and Present)』(2007)

이주민들의 장밋빛 환상
New Brunswick

영국 식민지 뉴브런즈윅에서는 모두 열한 장의 우표를 발행했다. 그중 1860년에 발행된 우표에는 세계 우표 역사상 최초로 증기선이 등장한다. 영국 앨런해운회사의 대서양 횡단 여객선인 '헝가리호'로 보인다. 헝가리호는 바로 전해에 진수된 뒤, 곧바로 이민자들을 싣고 대서양 항해에 나섰다. 이민 행렬이 급증한 것은 아일랜드의 감자 농사가 역병으로 흉작을 거듭하면서부터였다. 항해에는 보통 36일이 걸렸으나 폭풍우에 대비해 그 두 배의 기간을 버틸 만큼의 식량과 식수를 배에 싣게 되어 있었다. 대서양 횡단에 나서는 배들은 보통 항해의 적기인 늦봄에 출항했다.

1860년, 대서양을 건너온 헝가리호는 저녁 어스름 속에서 거센 풍랑에 맞서며 접안을 시도한다. 때는 2월 중순이었으니, 상당히 이른 시기에 떠난 항해였다. 시정이 좋지 않아, 배는 노바스코샤 남단, 케이프세이블섬의 위험천만한 모래톱에 좌초하고 만다. 예전부터 난

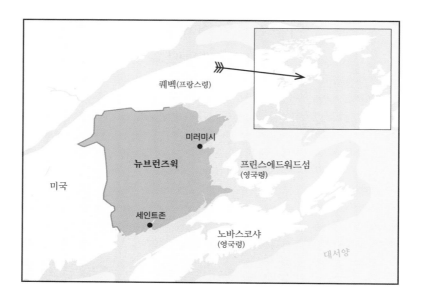

파 사고가 잦았던 곳이었다. 전복된 배에 생
존자들이 매달린 모습이 건너편 육지에서 육
안으로 보였지만, 강풍과 높은 파도에 구조대
의 접근은 불가능했다. 배에 탄 205명 모두 목
숨을 잃었다.[16]

국가	뉴브런즈윅
연대	1784~1867
인구	193,800명
면적	72,908km²

　바다가 잔잔할 때 무사히 도착했던 이민자들에게도 이곳의 첫인
상은 별로 좋지 않았다. 피오르의 물줄기는 늘 짙은 해무에 뒤덮여
있었고, 간만의 차는 16미터에 달했다. 삭막하고 황폐한 해안선은 노
르웨이의 서해안을 연상시킨다고 M. H. 펄리는 적고 있다. 그는 이
곳에 도착한 이민자들이 느꼈을 법한 절망감을 다음과 같이 묘사
했다.

화강암 등의 단단한 암석으로 이루어진 황량한 절벽과 경사진 해안, 시종일관 끝없이 펼쳐진 소나무 숲은 암담한 적막감을 자아내고, 바위투성이 해변에는 곤궁함과 척박함이 깃들어 있는 듯하다.[17]

더없이 살기 좋은?

그러나 영국 이민 당국의 선전책 역할을 하던 펄리는 곧이어 긍정적인 말을 늘어놓는다. 해안에서 조금만 들어가면 대서양 기후의 장점이 빛을 발하면서 큰 변화가 일어난다는 것이다. 그러고는 영국 의회에 제출하려던 보고서를 인용한다. "뉴브런즈윅의 기후, 토양, 잠재력은 아무리 칭찬해도 과하지 않다. 세계 어디에도 이토록 풍광이 아름다운 곳은 없다."[18] 여기에 펄리의 동료인 측량사 알렉산더 몬로도 이렇게 화답한다.

> …살기 좋은 기후, 농경에 더없이 적합한 토양, 광대한 해안과 잔잔한 강줄기를 따라 무한히 뻗어 있는 양질의 수목 자원, 막대한 광물 자원 그리고 가히 독보적인 연안 및 하천의 어장.[19]

원주민과 이주민

이곳 생활이 마냥 좋지만은 않았음을 짐작할 수 있는 대목도 등장한다. 몬로는 차마 칭찬만 늘어놓을 수는 없었던지, 폭설과 한파는 1년에 네 번을 넘기는 일이 거의 없다고 말한다. 그러면서 기온이 낮기 때문에 이곳의 눈은 잉글랜드의 눈에 비해 무게가 절반밖에 안 나간다는, 별 위안이 되지 않는 말을 덧붙인다. 또 늑대와 곰으로 인한 피해에 대해서도 언급한다. 그리고 토착민인 미크맥족에 대해 지나가듯 언급한다. 그들은 이미 정복당한 상태지만 1700년대에 프랑스군과의 전투에서 참패를 당한 이후 지금까지 증오와 환멸에 차 있다는 설명이었다.

미크맥족은 유목민이었다. 여름에는 바닷가에서 고기를 잡고, 알을 채취하고, 덫을 놓아 기러기를 잡았다. 겨울에는 내륙으로 들어가 말코손바닥사슴을 사냥했다. 고기는 말려서 보관했고, 가죽으로는 옷과 도구 그리고 오두막의 바닥 깔개를 만들었다. 오두막은 돔 모양으로, '위그웜'이라 불렸다. 팔뚝 굵기의 전나무 줄기 여러 개를 휘어서 뼈대로 삼고, 자작나무 껍질을 가느다란 실뿌리에 꿰어 지붕을 이었다. 매서운 겨울을 나기 위해 안쪽에는 마른풀을 엮은 거적을 대서 단열 처리를 했다.

이주민들이 쏟아져 들어오는 와중에도 미크맥족은 옛 생활 방식을 대체로 유지한다. 이주민들과 거리를 두고 살아가지만, 새로운 문명의 영향을 피하지는 못한다. 사냥 구역은 점점 줄어들고, 술은 너무 쉽게 구해지는 세상이 된다.

이주민을 환영하는 댄스파티

이민선이 정박하는 곳은 세인트존의 항구다. 세인트존은 자그마한 목조 주택들이 모여 있는 임시 정착촌으로, 일대에서 가장 중요한 마을로 급부상한다. 전염병 전파를 막기 위해 승객들은 도착 후 48시

1860: 영국 앨런해운회사의 '헝가리호'로 추정되는 대서양 횡단용 증기선.

간 이상 배에 머물러야 한다. 이때 이상 증상을 보이는 사람은 마을의 검역소에 격리 수용된다.

　"가족이 없는 정신병자, 백치, 불구자, 맹인, 병약자"가 승객 중에 발견되는 경우 선장은 한 명당 75파운드의 벌금을 내야 한다. 그 사람의 3년간 거주 비용이다. 다른 승객들은 검사소를 곧바로 통과하여 머물 곳을 찾아간다.

　이주 첫날 저녁, 사람들은 교회 옆에 마련된 회관에서 댄스파티를 연다. 이주민 가운데는 세인트존과 미러미시의 조선소에 일자리를 얻는 사람도 있고, 내륙으로 이동하는 마차 행렬을 기다리는 사람도 있다. 마차 행렬이 나타나면 아무 마차에나 훌쩍 올라탄다. 그리고 노섬벌랜드, 글로스터, 켄트 등지로 이동한다. 어느 곳에서나 매달 땅을 파는 경매가 열린다. 시세는 에이커당 3실링. 땅값은 공공 도로에서 일을 하여 갚을 수도 있다.[20]

새 스코틀랜드

서기 1000년경에 레이프 에이릭손의 빈랜드(바이킹 전설에 나오는 이상향으로 여기서는 캐나다의 뉴펀들랜드섬과 미국 버지니아주 사이의 어느 지역을 뜻한다 - 옮긴이) 탐험대가 이 지역에 도착했던 것이 거의 확실해 보이지만, 공식적으로 캐나다를 처음 발견한 것은 1534년 프랑스 탐험가 자크 카르티에다. 프랑스가 내륙 지역에서 아메리카 원주민을 정복하는 동안, 영국은 연안의 몇몇 섬을 점령하여 '노바스코샤'(라틴어로 '새 스코틀랜드'라는 뜻) 식민지를 건설했다. 영국은 영토를 점차 서쪽의 본토로 넓혀나갔고, 1784년에는 뉴브런즈윅을 별도의 식민지로 분리했다. '뉴브런즈윅'이라는 이름은 독일 북부에 위치한 브라운슈바이크Braunschweig 공국의 이름을 딴 것이다. 그곳은 영국 국왕 조지 1세가 유년기를 보낸 곳이다. 서쪽으로 미국 메인주와의 경계선은 1800년대에 이른바 '아루스투크 전쟁'을 치르는 과정에서 비로소 확정되었다(아루스투크 전쟁은 이름은 거창하지만 법적인 분쟁에 불과했다).

뉴브런즈윅은 1867년에 캐나다의 주로 편입되었다. 많은 주민이 이 결정에 반대하면서 앞으로 뉴브런즈윅이 캐나다 중앙 지역에 비해 찬밥 취급을 받을 거라고 예상했고, 이 예상은 처음에는 적중했다. 그러나 20세기에 접어들 무렵, 종이 수요가 폭증하고 임업이 활황을 맞으면서 상황이 완전히 바뀌었다.

뉴브런즈윅은 현재 캐나다에서 유일하게 두 개의 공용어를 인정하는 주로서, 학교에서는 영어와 프랑스어 모두 모국어로 가르치고 있다. 2만 명에 달하는 미크맥족도 이 지역에 계속 거주하고 있다. 임업 및 관련 산업이 여전히 큰 비중을 차지하고 있지만, 동쪽 바다는 생태계 균형이 깨져 물고기가 자취를 감추고 말았다.

책 알렉산더 몬로(Alexander Monro), 『뉴브런즈윅: 노바스코샤와 프린스에드워드섬의 개요를 포함한 이 지역의 역사, 자치구, 지리, 산업 소개(New Brunswick: With a Brief Outline of Nova Scotia and Prince Edward Island, Their History, Civil Division, Geography and Productions)』(1855)

M. H. 펄리(M. H. Perley), 『뉴브런즈윅 이주민을 위한 안내서(A Hand-Book of Information for Emigrants to New-Brunswick)』(1857)

윌슨 D. 월리스(Wilson D. Wallis), 루스 소텔 월리스(Ruth Sawtell Wallis), 『캐나다 동부의 미크맥 원주민(The Micmac Indians of Eastern Canada)』(1955)

제빵사가 만든 우표
Corrientes

노르웨이의 작가이자 언론인인 외브레 리크테르 프리크는 1900년대 초에 아르헨티나의 코리엔테스주를 두루 여행하고, 그곳을 배경으로 한 스릴러 소설 몇 편을 썼다. 그의 작품 『콘도르』에는 '팜파스'로 불리는 드넓은 초원을 묘사한 대목이 나온다. 물결치는 초록 융단 위에 야생화가 흐드러지게 피어 있고, 엉겅퀴가 곳곳에 삐죽 솟아 있는 모습이다.

엉겅퀴는 키가 몇 미터에 달해 흡사 작은 나무와도 같았으며, 풀이 무성한 들판 위에 깔린 모습이 거침없이 진격하는 갑옷 차림의 전사들을 연상시켰다. … 설치류의 일종인 비스카차가 땅속에 굴을 파고 있다. 그리고 원주민 꼬마 말고는 사람을 건드리지 않는 유인원, 흡혈박쥐, 작은 악어 등이 코리엔테스의 광활한 늪지대를 배회한다.[21]

과연 스릴러물의 배경으로 적당한 곳이다. 실제로 그로부터 10년 후에 같은 노르웨이인인 게오르크 베델얄스베르크가 이곳에서 강도에게 돈을 털리며 고생하기도 했다. 그가 신고하려 하자 현지 총독이 그를 조용히 한쪽으로 데리고 가더니, 이마에 땀을 송골송골 흘리며 이렇게 설득한다. "코리엔테스 주민들은 공화국 전체에서 가장 악질이라오. 대부분 집시 민족이라서, 비겁하고 음흉하고 복수심이 강하다오."[22]

　1800년대 초에 곳곳에서 일어난 반란과 해방전쟁에 힘입어, 아르헨티나는 300년간의 스페인 식민지배에서 벗어나 독립에 가까운

국가	코리엔테스
연대	1856~1875
인구	6,000명
면적	88,199km²

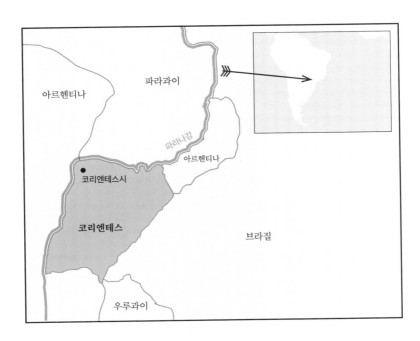

상태를 쟁취했다. 그러나 뒤이은 아르헨티나의 역사는 평온함과는 거리가 멀어, 큰 충돌과 내전이 그치지 않았다.

특히 내륙의 주들과 연안의 주들은 하천 개발과 윤택한 팜파스 초원의 배분을 놓고 극심한 내홍을 겪었다. 갈등은 1854년에 아르헨티나 헌법이 통과된 후에도 계속되었다. 결국 아르헨티나는 저마다 상당한 자치권을 갖는 주들의 느슨한 연합체로 자리를 잡아갔다.

그중 한 곳이 아르헨티나의 북동쪽 끝, 내륙 지역에 위치한 코리엔테스였다. 이곳은 산비탈이 완만하게 경사져 있어서 담배와 목화 경작에 적합했지만, 기온이 높고 강우량이 많아 축산업에는 적합하지 않았다. 코리엔테스는 이 지역에서 가장 큰 도시의 이름이기도 했다. 코리엔테스시는 일찍이 1588년에 파라나강 동쪽 둑의 능선 위에 건설된 유서 깊은 도시다. 그 이름은 '산 후안 데 베라 데 라스 시에테 코리엔테스'를 줄인 것이다. '시에테 코리엔테스(일곱 물줄기)'는 이 지역을 흐르는 강줄기를 따라 일곱 곳의 땅이 돌출되어 있고 그 주변에 거센 급류가 흐르는 것을 가리킨다.

이 도시는 예수회 선교사들이 서쪽의 안데스산맥과 북쪽의 아마존강 수원 근처에 위치한 선교지들을 오가는 길목에 자리 잡고 있어서 한때 유동 인구가 많고 융성했었다. 1800년대 도시는 상당한 규모로 성장해, 성당이 두어 개 있었고 파스텔색의 벽돌집들이 몇 구획에 걸쳐 있었다. 집들은 거의 단층이었고 모두 낯익은 스페인 식민지 스타일의 건축양식이었다. 유일하게 눈에 띄는 특징은 무성한 나무들이었을 것이다. 자카란다나무와 오렌지나무가 주를 이루었고, 나무들에 꽃이 활짝 필 때면 그야말로 장관을 이루었다.

농사와 풍요의 여신 케레스

1856년에 코리엔테스주는 아르헨티나의 주들 가운데 처음으로 자체 우표를 발행한다. 연안에 위치한 부에노스아이레스주와 강을 통한 교역권을 놓고 갈등이 새롭게 불거진 터였다. 코리엔테스주는 자체적인 우편제도를 갖춤으로써 온전한 자치 정부임을 과시하고자 했다. 또한 당시 8센타보(1센타보는 100분의 1페소) 미만의 지폐와 동전이 품귀 사태를 빚고 있기도 했다. 따라서 주정부는 우표를 발행함으로써 우편용으로도 쓰고 지급 수단으로도 쓰기로 했다.

몇 년 전부터 주의 인쇄소장을 맡고 있던 파블로 에밀리오 코니에게 우표를 인쇄하는 임무가 주어졌다. 하지만 그는 인쇄판을 만들어본 경험이 없었다. 그때 마티아스 피페트라는 영리한 제빵보조사가 나타나, 이탈리아에서 판각기술자의 견습공으로 일해본 적이 있다고 한다.[23] 일을 맡기고 보니, 엠파나다(군만두와 비슷한 스페인의 전통 음식 - 옮긴이) 굽는 일에 싫증이 나서 우표 인쇄에 무조건 자원한 것이 아닌가 의심스러웠다.

도안은 1849년에 발행된 프랑스 최초의 우표를 본떠서 로마 신화에 등장하는 농사와 풍요의 여신 케레스의 옆모습을 표현했다. 도안을 그렇게 정한 이유는 분명치 않다. 그러나 어떤 이유에선가 코리

1860: 로마 신화에 등장하는 농사와 풍요의 여신 케레스.
1849년에 발행된 프랑스 최초의 우표를 본떴다.

엔테스 주정부는 계몽된 프랑스공화국과의 유대를 부각시키고자 했다. 어쨌거나 완성된 우표는 본뜨려 했던 원래 우표와 그리 닮지는 않았다. 머리에 단 포도송이는 많이 단순화되었고, 여신의 코는 이마에서 곧게 아래로 떨어진다. 그리고 여신의 눈빛은 신성해 보인다기보다 뭔가로 골치가 아픈 듯하다. 8등분된 목판 위에 판각을 거듭하면서 매 작품마다 조금씩 질이 좋아지긴 했다. 파블로 에밀리오 코니는 작업 결과물이 마음에 들지 않았지만, 시간이 부족했기에 달리 선택의 여지가 없었다.

진품보다 나은 위조품

당시 코리엔테스에는 종이가 심각하게 부족했기에 포장지를 잘게 잘라 연한 청색, 회청색, 녹청색으로 우표를 인쇄했다. 사탕수수 재질의 이 포장지는 원래 다른 곳에서 수입된 물건들을 싸고 있던 것이었다.

최초에 발행된 우표들은 액면가가 하단의 여백에 찍혀 있었지만, 얼마 후인 1860년에는 그 숫자를 인쇄판에서 거칠게 긁어 지워버린다. 대신 색깔로 액면가를 표시하기로 하면서, 기존의 색에 분홍색과 연노란색이 추가된다. 내가 가진 우표는 이때 인쇄된 것이다. 분홍색이고, 아마 3센타보짜리였던 것으로 보인다.

코리엔테스의 우표는 1878년에 아르헨티나의 우편사업이 국영화되면서 제작이 중단된다. 그전에도 후에도 위조 우표가 널리 유통되었다. 위조 우표는 거의 예외 없이 진품보다 품질이 우수했다. 따라서 내가 가진 우표는 진품일 가능성이 꽤 높아 보인다.

20세기의 코리엔테스

20세기 들어 코리엔테스주는 농업 지역으로서 그 중요성이 점점 커졌다. 그럼에도 아르헨티나에서 무척 빈곤한 지역에 들었다. 인구의 2퍼센트가 토지의 50퍼센트를 소유하고 있었다. 몇몇 큰 지주 가문이 사소한 토지 개혁도 극렬히 저지하면서 버티고 있었다. 그중 가장 강력한 로메로 페리스 가문은 1800년대 말부터 담배 산업을 통째로 지배하다시피 하면서 주를 마치 개인사업체처럼 운영하고 있었다.[24]

1991년, 일련의 선거가 논란 속에서 치러지자, 지역 주민들과 아르헨티나의 중앙 정치인들 모두 사태를 더는 두고 볼 수 없었다. 주

지사였던 타토 로메로 페리스는 공금 횡령 혐의로 기소되었고, 감옥
에 들어갔다.

책　조지프 크리센티(Joseph Criscenti), 『사르미엔토와 그의 아르헨티나(Sarmiento
and his Argentina)』(1993)

외브레 리크테르 프리크(Øvre Richter Frich), 『콘도르(Kondoren)』(1912)

게오르그 베델얄스베르그(Georg Wedel-Jarlsberg), 『나의 카우보이 시절(Da jeg
var cowboy)』(1913)

요리　소고기와 카사바로 만든 엠파나다(10개 분량)

반죽: 카사바 뿌리 500g, 옥수수 전분 180g, 소금

소: 녹색 피망 50g, 양파 100g, 마늘 1쪽, 버터 25g, 다진 쇠고기 250g, 완숙 달걀 1개,
커민 가루 1/2작은술, 소금, 후추

반죽 만들기: 카사바 뿌리를 다듬어 소금물에 삶은 다음 으깨어 부드럽고 걸쭉하게
만든다. 옥수수 전분과 소금을 넣고 뭉쳐질 때까지 반죽한다.

소 만들기: 녹색 피망, 양파, 마늘을 버터에 살짝 볶다가 다진 쇠고기를 넣어 함께 볶
는다. 소금, 후추, 커민 가루로 양념한다.

엠파나다 만들기: 반죽을 지름 13cm 정도의 원형 틀로 찍어낸다. 소를 넣고, 다진 달
걀을 채운다. 반으로 접어 가장자리를 붙여준다. 노릇하게 기름에 튀긴다.

남쪽 바다의 허름한 낙원, 폭음하는 사람들
Labuan

라부안은 보르네오섬 북서쪽 해안에서 8킬로미터 거리에 위치한 섬이다. 섬 북쪽에 있는 높이 148미터의 나지막한 부킷쿠봉산을 제외하면, 전체적으로 평탄한 지형이다.

영국이 눈독을 들이고 있던, 무인도나 다름없던 이 섬은 열대우림이 울창하게 우거져 있어서 비집고 들어가기조차 어려운 곳이었다. 굳이 들어가려면 복잡한 미로 같은 늪지대를 헤치고 지나가는 길밖에 없었다. 그러나 항구로서의 입지 조건이 좋았고, 당시 남중국해 일대를 휘젓던 해적들을 견제하기에 적합한 요충지였다. 여기에 부킷쿠봉산 부근 지표에서 석탄 매장층까지 발견되자, 영국은 더는 고민하지 않았다.

1846년 크리스마스를 앞두고, 브루나이 술탄이던 오마르 알리 사이푸딘 2세가 라부안과 그에 인접한 작은 섬들을 영국에 넘기는 조약에 서명했다. 막강한 위세를 떨치던 술탄은 라부안을 그리 큰 손실로 여기지 않았지만, 어쨌든 모종의 압력에 굴복했을 것으로 추정된다. 후에 브루나이는 영국 군함들이 술탄의 왕궁을 포격하겠다고 협박하는 통에 서명하지 않을 수 없었다고 주장한다. 하지만 술탄이 이 섬을 영국에 내준 것은 조폭에게 이른바 '보호비'를 미리 상납하는 것과 같았다고 보면 아마 정확할 것이다.

섬의 동해안에는 행정도시가 신속히 건설되었다. 이 도시에는 빅토리아라는 이름이 붙었다. 당시 대영제국이 거느린 세계 각지의 땅에서 수없이 찾아볼 수 있었던 꽤 진부한 이름이었다. 빅토리아에서는 바다 건너 브루나이 해변에 부서지는 파도가 어렴풋이 보였고, 더 내륙 쪽으로 솟아 있

국가	라부안
연대	1846~1906
인구	9,000명
면적	92km²

는 높이 4,000미터의 산봉우리도 보였다. 당국의 독려로 이주민들이 정착하기 시작했다. 그중에는 어쩔 수 없이 이주한 사람들도 있었다. 홍콩과 싱가포르에서 이송된 죄수들이 그런 경우였다. 곧 섬에는 9,000명이 넘는 주민들이 살게 되었다.

쓰디쓴 토닉워터

라부안섬의 단점은 곧 드러났다. 우기에는 계절풍이 불면서 해일이 주거 지역을 수시로 덮쳤다. 그러고 나면 수많은 건물을 다른 곳에 다시 지어야 했다. 기후는 예상보다 습했고 건기라도 별반 차이가 없었다. 무엇보다도 너무 더웠다. 여름철에는 기온이 섭씨 30도를 꾸준히 웃돌았다.

이 모든 기후 조건은 말라리아 모기가 번성하기에 딱 적합했다. 많은 사람이 병에 걸려 죽었다. 유일한 치료제는 '퀴닌'으로, 기나나무 껍질을 갈아 탄산수에 타서 마시는 것이었다. '토닉워터'라고도 부르는 이 쓰디쓴 물은 진과 섞으면 삼키기가 훨씬 수월했다.

당연히 라부안은 영국 해군에 전혀 인기가 없었다. 배에서 땔 석탄을 구하거나 군인들이 휴가를 보낼 곳은 이곳 말고도 많았다. 라부안에는 점차 사람의 발길이 끊어졌다.

당시 라부안에 호랑이가 살았다면 지금은 멸종된 자바호랑이라는 종류였을 것이다. 호랑이들은 숲가를 배회하면서 식민 정부가 서서히 황폐화되어가는 것을 지켜보았을 것이다.

완벽한 섬

술에 절고 병마에 시달리며 피폐해진 주민들 가운데 그나마 상태가 온전한 사람들은 갖가지 문제에 대해 논쟁을 벌인다. 영국 속령의 지위를 유지하는 문제, 지역 사업을 일구어 보르네오 시장에 진출하자는 황당무계한 전략 등을 논한다. 초대 영국인 행정관 제임스 브룩은 재능은 없지만 열의는 대단한 사람이었다고 한다. 그와 함께 일했던 이들은 "내 친구 브룩은 사업에 대해서라면 황소가 깨끗한 셔츠에 대해 아는 정도밖에 모른다"고 했다.[25]

그러나 영국은 다른 속령들처럼 이곳에도 겉으로는 번듯한 식민지의 외양을 유지하고 있었다. 그러다 1879년, 스웨덴 귀족 출신인 과학자이자 탐험가 아돌프 에리크 노르덴셸드의 탐험대가 포경선을 개조한 베가호를 타고 항구에 정박한다. 베가호는 북극해 항로를 최초로 항해하고 고국으로 돌아가는 길이었다.

노르덴셸드의 눈에 비친 라부안은 모든 것이 완벽했다. 그는 섬의 석탄 채광 사업을 침이 마르게 칭찬하며 이 섬이 보르네오섬의 지질 조사용 전진 기지로 안성맞춤이라는 판단을 내린다. 해안선을 따라 탐사에 나선 그는 버려진 어부의 집들을 발견한다. 말뚝 위에 지은 수상 가옥이었다.

가옥들은 밀물 때는 바닷물에 둘러싸였고, 썰물 때는 풀 한 포기 없는 모랫바닥 위에 덩그러니 놓였다. 집에 들어가려면 바다 쪽으로 걸쳐진 2~2.5미터 높이의 사다리를 올라가야 한다. 집의 외양은 고국에

서 볼 수 있는 해변의 창고와 똑같고, 만듦새는 매우 허술하다. 바닥
은 달각거리는 대나무살 몇 개를 얼기설기 얽어놓은 것이 다였는데,
너무 얇아서 발을 디디면 꺼질 것만 같았다.[26]

노르덴셸드는 집들이 지어진 위치를 의아하게 생각하면서, 나름
대로 이렇게 이유를 추정해본다. "아마 해변 쪽이 내륙 쪽보다 모기
가 기승을 덜 부리는지도 모른다."[27]

노르덴셸드가 영국인들의 꾐에 넘어간 경우라면, 몇 년 후에 등장
한 이탈리아 작가 에밀리오 살가리는 현실과 더욱 동떨어진 환상의
세계를 펼쳐 보인다. 유명한 해적 모험 소설 『산도칸 – 몸프라쳄의
호랑이들』을 필두로 발표된 연작소설은 수백만 부가 팔려나가며 큰
인기를 모았다. 살가리의 소설은 19세기에서 20세기로 넘어가는 전
환기에 남중국해에 대한 유럽인들의 인식을 크게 높였다.

이탈리아의 쥘 베른이라고 불리는 살가리는 정교한 지도를 통해
이 지역을 빠삭하게 파악하고 소설을 썼다. 그러나 그의 이야기에는
극적인 장면이 간혹 과하게 담겨 있기도 하다. 풍랑이 몰아치는 바다
와 장엄한 밀림을 배경으로 펼쳐지는 모험담 중에는 라부안의 내륙
에서 벌어지는 황당무계한 호랑이 사냥 같은 것도 있다. 하지만 이
연작소설의 중심 테마는 사랑이다.

제3권 초반에 '라부안의 진주'라고 불리는 여인이 등장한다. 그녀
의 모습은 다음과 같이 묘사된다.

그녀는 아담하고 늘씬하며 우아했고, 몸매는 환상적이었으며, 허리는 한 손에 잡힐 듯 가냘팠다. 장밋빛의 건강한 얼굴색은 갓 피어난 꽃과 같았다. 얼굴은 조막만 하여 감탄을 자아냈고, 눈은 바다처럼 푸르렀다. 비길 데 없이 청아한 이마 밑에는 부드러운 아치 모양의 눈썹이 서로 맞닿을 듯 나 있었다.[28]

영국 혈통의 해적왕 산도칸은 걷잡을 수 없는 사랑에 빠진다. 하지만 고작 몇 챕터 뒤에 라부안의 진주는 병으로 시름시름 앓기 시작하고, 산도칸이 이루지 못한 사랑을 위해 벌이는 힘겨운 싸움은 그 후의 이야기 전체를 관통하는 주제가 된다.

소설가이자 철학자인 움베르토 에코에 따르면, 에밀리오 살가리는 위대한 문학작품을 쓰려던 것이 아니었다. 살가리는 그저 대중이 현실에서 도피할 환상의 세계를 제공하고자 했을 뿐이다. 살가리의 소설은 단순히 키치(통속적인 B급 예술 – 옮긴이)로 치부하기에는 너무나 진정성이 넘친다고 에코는 지적한다.[29]

낭만과는 거리가 먼

1864년부터 발행된 라부안의 우표들은 살가리가 유럽 대중의 마음에 심어놓은 낭만적 선입견을 강화한다. 런던에서 제작·인쇄된 이 우표들에는 위용을 자랑하는 동물들이 근사하게 그려져 있다. 내 우표에 그려진 것은 느릿느릿 기어가는 바다악어다.

그러나 그 후 라부안이 겪은 변화는 낭만과는 거리가 멀다. 건물들

1894: 북보르네오에서 같은 해에 발행한 우표 위
에 가쇄. 도안은 바다악어다.

은 황폐화되고, 석탄회사는 문을 닫고, 식민 정부에는 행정관을 포함
해 단 세 명의 관료만 남았다. 1907년 1월 1일, 라부안의 시대는 막을
내리고, 이 섬은 부근의 더 큰 영국령인 '해협식민지'의 관할 구역으
로 편입된다. 섬은 그런 형태로 통치되다가 1963년 말레이시아에 이
양되어 말레이시아 사바주의 일부가 된다.

책 스티븐 R. 에번스(Stephen R. Evans), 압둘 라만 자이날(Abdul Rahman Zainal), 로
드 웡 켓 응에(Rod Wong Khet Ngee), 『라부안섬의 역사(The History of Labuan
Island)』(1996)
에밀리오 살가리(Emilio Salgari), 『산도칸 – 몸프라쳄의 호랑이들(Le Tigri di
Mompracem)』(1900)

범스칸디나비아주의와 울려 퍼지는 진군가
Schleswig

1863년 크리스마스를 앞두고 노르웨이의 극작가 헨리크 입센은 「곤경에 처한 형제」라는 시를 썼다. "파멸에 처한 민족의 조종弔鐘이 울리고 / 친구들은 하나같이 등을 돌린다 / 막은 내리고 노래는 끝났는가? / 이것이 우리 덴마크의 끝인가?"³⁰ 입센은 노르웨이 국민들이 덴마크를 수호하기 위해 일어나기를 바랐다. 당시 덴마크는 영토 일부를 독일연방에 빼앗길 위험에 처해 있었다. 문제의 영토는 슬레스비(덴마크어: Slesvig)로, 지금의 슐레스비히(독일어: Schleswig)였다. 양면이 바다로 둘러싸인 땅으로, 동쪽으로는 기름진 풀밭과 아늑한 만이, 서쪽으로는 드넓은 황야와 습지 그리고 북해의 바닷바람이 몰아치는 개펄이 자리하고 있었다. 이후에 화가 에밀 놀데는 이곳의 풍경을 소재로 수많은 작품을 남기기도 했다. 파랑·분홍·빨강·진녹색 물감으로 거칠게 붓을 가로 그은 그림들 속에는 늘 사람은 없고 적막한 풍경뿐이다.

당대의 북유럽 지식인들 가운데는 입센과 같은 범스칸디나비아주

의자들이 많았다. 노르웨이에서는 입센과 함께 작가 비에른스티에
르네 비에른손이 대표적인 인물이었고, 덴마크에서는 두 시인 니콜
라스 그룬트비와 아담 윌렌슐레게르가 운동을 주도했다. 1840년대
에 시작된 범스칸디나비아주의 운동은 북유럽 국가들의 공통된 역
사적·언어적·민족적 뿌리를 강조하는 낭만적 국민주의 운동으로,
목표는 스칸디나비아의 국가들을 하나의 연
합체로 묶는 것이었다. 범스칸디나비아주의
의 핵심 사상은 1846년 시인 요한 벨하벤이
크리스티아니아(지금의 오슬로)의 학생들 앞에
서 한 연설에 잘 드러나 있다. "고대의 풍경을

국가	슐레스비히
연대	1864~1867
인구	409,907명
면적	9,475km^2

상상해봅니다. 우리가 우리 스칸디나비아인들의 삶의 원천에 더 맞닿아 있던 그 시절의 모습을."[31]

제1,2차 슐레스비히 전쟁

슬레스비의 탁 트인 지형은 전투를 벌이기에 더없이 적합했다. 그러나 슬레스비는 약 2,000년 동안 거의 방치된 채로 덴마크와 그 남쪽에 위치한 세력(게르만족, 프랑크족, 색슨족, 신성로마제국 등) 사이에서 일종의 정치적 중간지대이자 완충지대 역할을 해왔다. 때로 이 지역은 덴마크계, 프리슬란트계, 독일계 주민들의 거주 지역을 기워 만든 조각보 같은 모습이었다.

그러다 1700년대 초에 대북방 전쟁이 치러지는 동안 덴마크가 남쪽으로 엘베강 유역까지 이르는 영토를 점령하면서 슬레스비뿐 아니라 홀슈타인까지 손에 넣게 되었다. 두 곳 모두 공국의 지위를 유지하면서 덴마크의 통치를 받게 되었고, 이 지역은 그와 같은 상태로 100년 넘게 평화를 누렸다.

그사이 유럽에는 자유주의와 국민주의 운동의 물결이 일었고, 1848년 프랑스 2월 혁명으로 그 분위기는 절정에 이르렀다. 이는 슬레스비와 홀슈타인에 거주하던 독일계 주민들의 희망에 불을 지폈다. 그들은 점점 큰 규모로 집회를 열고, "슐레스비히-홀슈타인! 바다로 둘러싸인, 독일 전통의 수호자"로 시작하는 국가를 이중창으로 부르며 단결심을 고취했다. 슬레스비와 홀슈타인의 정치 지도자들은 덴마크 국왕 프레데리크 7세에게 사절단을 보내 완전한 자치권을 요구했다.

평소에는 무관심으로 일관하던 프레데리크 7세는 이들의 요구를 거절하고는 오히려 지역 내의 모든 학교에서 덴마크어를 강제로 쓰게 하는 등 더욱 엄격한 통치에 나섰다. 이는 1848년에 제1차 슐레스비히 전쟁이 발발하는 원인이 되었고, 전쟁은 1850년까지 이어졌다. 독일연방에 속한 프로이센의 대규모 군대가 진격해 들어왔지만, 러시아가 덴마크 편에 가담하겠다고 으름장을 놓자 진군을 멈추어야 했다. 러시아의 니콜라이 황제는 프로이센이 발트해 인근 지역에서 세력을 키울 빌미를 주고 싶지 않았다. 만일 프로이센이 강대국으로 발돋움하기라도 하면 큰일이었다.

주민들을 달래기 위해 프레데리크 7세는 슐레스비와 홀슈타인 두 지역에 모두 자치권을 좀더 확대해주기로 약속했다. 하지만 슐레스비의 고토르프 성城에서 출생한 크리스티안 9세가 왕위를 이으면서 약속을 급작스레 파기하더니, 1863년 말, 슐레스비를 덴마크에 완전히 통합시켜 단일한 헌법, 이른바 '11월 헌법'을 준수하게 한다는 결정을 내렸다. 이는 프로이센이 다시 선전포고를 하는 계기가 되었다. 이번에는 막강한 오스트리아까지 프로이센과 연합하여 공격해왔다. 제2차 슐레스비히 전쟁의 시작이었다.

플루트와 작은북

노르웨이 국민들은 입센의 외침에 호응했고, 덴마크를 지원하자는 목소리가 곳곳에서 터져 나왔지만, 노르웨이 의회는 분쟁에 개입하지 않는다는 결정을 고수했다. 그럼에도 자원하여 전쟁터로 떠나는 이들이 있었으니, 그중에는 크리스토페르 브룬이라는 젊은 신학자도 있었다.

프로이센군은 규모도 컸고 무기도 덴마크군보다 앞서 있었다. 게다가 이례적인 혹한에 슬레스비의 드넓은 습지가 얼어붙은 덕분에 프로이센군은 거침없이 진격해 올라왔다. 1864년 4월 중순경 크리스토페르 브룬이 뒤펠의 전장에 도착했을 때, 덴마크군은 다네비르케 방벽으로부터 막 퇴각해온 참이었다. 다네비르케는 유틀란트반도의 가장 좁은 '목' 부분을 가로지르는, 흙으로 쌓은 30킬로미터 길이의 방벽이었다. 뒤펠에는 좀더 현대적인 방어 시설이 갖춰져 있었다.

브룬은 거의 하루도 빼먹지 않고 릴레함메르의 어머니에게 편지를 쓴다. 하지만 순식간에 피비린내 나는 전쟁터가 된 뒤펠의 실상에 대해서는 함구한다. 편지는 유머러스했다.

포탄의 파편을 피하는 느낌은 눈싸움할 때 눈덩이를 피하는 느낌과 별로 다를 게 없었어요. … 우리는 둔덕 뒤로 연신 몸을 던지다가, 상황이 모두 끝나고 나면 서로의 모습에 웃음을 터뜨리곤 했지요.[32]

프로이센군은 몇 주 동안 참호에 포격을 퍼부은 후, 4월 18일 아침 공격을 개시한다. 대규모의 군악대가 병사들과 함께 진군한다. 작곡가 고트프리트 피프케가 이끄는 군악대는 특별히 작곡된 「뒤펠 강습 진군가」라는 곡을 전투 내내 연주한다. 포탄 하나가 군악대 바로 옆에 떨어지자, 대원들이 대부분 주춤하며 연주를 멈추었지만 플루트와 작은북 소리만 끊기지 않고 이어진다. 후에 곡을 개작하면서 이와 같은 효과를 의도적으로 넣게 되었고, 곧 독일의 모든 군악 연주에서 이 효과는 필수 요소가 되었다.[33]

본격적인 전투는 몇 시간 만에 끝나고, 덴마크군은 패배하여 도주한다. 낙담한 크리스토페르 브룬은 덴마크의 한 섬에 마련된 임시 주둔지에 도착하자마자 어머니에게 편지를 쓴다. "이 사람들이 우리가 수없이 연설로 들었던, '생존을 위해 투쟁에 나선' 국민들이란 말인가요?"[34]

브룬은 노르웨이의 집으로 돌아와 성직자의 길을 걷는다. 후에 그는 자유주의 신학자가 되어 노르웨이의 '민중고등학교' 운동에 큰 역할을 한다.

프로이센군은 북으로 계속 진격해 유틀란트반도 전체를 점령하지만, 이는 실력을 과시하려는 목적이 컸다. 프로이센군은 곧 콜링 바로 남쪽의 옛 슬레스비 국경까지 철수했다. 프로이센은 슬레스비 공국이 자유로운 독립국이라고 선언하고, 이름의 철자도 '슐레스비히'로 바꿨다.

얼마 지나지 않아 슐레스비히 공국은 자체 우표를 발행한다. 덴마크는 이미 이 지역에서 우표를 두 차례 발행했었다. 한번은 슬레스비와 홀슈타인에서 공동으로 쓰인 우표였고, 또 한번은 덴마크에서 일반적으로 쓰인 우표였다. 새로 발행된 우표 시리즈의 도안은 동전을

1865~1867: 타원 안에 액면가가 표시된
도안의 우표. 슐레스비히 공국 발행.

닮은 단순한 형태였다. 액면가는 실링으로 표시되어 있다. 매우 독
일스러운 깔끔하고 꾸밈없는 디자인으로, 꼭 필요한 것 외에는 들어
있지 않다. '허세 따위는 필요 없다. 누구도 우리를 위협하지 못한다.
덴마크를 철저히 무찔렀으니까'라고 말하는 듯하다.

내가 가진 진홍색 우표는 1867년 소인이 찍혀 있다. 같은 해에 슐
레스비히와 홀슈타인의 우편 행정이 통합되면서 공동의 우표를 사
용하게 된다. 그러나 1년 후에 두 공국이 북독일연방에 편입되면서
또다시 새로운 우표가 나온다. 그리고 1871년에 독일제국이 수립되
면서부터는 일반적인 독일 우표가 사용된다.

1920년에는 이 지역의 일곱 번째 우표가 등장한다. 독일이 제1차
세계대전에서 패하고 이 지역의 독일 잔류 여부를 묻는 주민투표가
실시되기 전에 발행된 우표다. 덴마크가 투표의 조건을 정하게 되었

다. 독일계 주민이 많이 거주하는 슬레스비 남부와 홀슈타인에서는 승산이 없었다. 덴마크는 슬레스비의 나머지 지역을 중부와 북부로 나누어 투표에 부치기로 결정한다. 투표 결과 슬레스비 중부는 주민의 80퍼센트가 독일 잔류를 지지했고, 북부는 주민의 75퍼센트가 덴마크 귀속을 지지했다. 그 결과 유틀란트반도 남쪽으로 플렌스부르크까지의 땅은 덴마크에 반환된다. 만약 투표 지역을 하나로 묶었더라면 덴마크는 이곳을 모두 잃을 뻔했다.

책 크리스토페르 브룬(Christopher Bruun), 『진리와 정의의 수호군: 1864년 덴마크-프로이센 전쟁 중에 쓴 편지(Soldat for sanning og rett: Brev frå den dansk-tyske krigen)』(1864)

음악 고트프리트 피프케(Gottfried Piefke), 「뒤펠 강습 진군가(Düppeler Sturmmarsch)」(1864)

부랴부랴 팔아넘긴 노예섬
Danish West Indies

상상을 초월할 만큼 광활한 바다 한복판에서 여러 달을 쉬지 않고 항해한 끝에 비로소 눈앞에 나타난 조그만 섬들. 이곳에는 아프리카에서는 한번도 보지 못한 정교하고 우아한 집들이 즐비했다. … 북적거리는 샬롯아말리에의 구불구불 이어진 좁은 길들. 불빛이 환한 크리스천스테드의 반듯하게 직각으로 뻗은 길들. 아케이드 상점가와 보도블록이 깔린 광장. 높이가 몇 층에 이르는 웅장한 저택. 삐죽삐죽 높이 솟은 교회의 첨탑. 말이 끄는 사륜마차들. 그리고 곳곳에서 눈에 띄는, 하늘하늘한 실크와 모슬린 드레스를 걸친 가녀린 인간들. 아프리카에서는 거의 볼 일이 없는 백인 여성이었다. 그러나 이 외딴 섬나라의 주민 대부분은 흑인들이었다.[35]

모든 일은 1600년대 중반 이후에 덴마크 서인도회사가 아이티 동쪽 근해의 섬들에 대한 소유권을 주장하면서 시작되었다. 그 세 섬은 토양이 유달리 비옥했다. 화산섬인 세인트토머스섬과 세인트존섬에는 산과 언덕이 많았다. 산호초로 이루어진 세인트크로이섬은 대체로 평탄한 지형이었다. 세 섬의 면적을 모두 합치면 350제곱킬로미터 정도 되었고, 어느 섬에도 원주민이라고는 남아 있지 않았다. 스페인이 원주민들을 모두 노예로 삼아 카리브해 안쪽 깊숙이 위치한 자국 식민지들로 보내버렸기 때문이다.

처음 도착한 배에는 정착을 자원한 190명의 승객이 타고 있었다. 덴마크와 노르웨이의 남녀 이주민들이었다. 노르웨이인들은 베르겐에서 배에 올랐다. 이주 후 6개월 동안 161명이 죽었다. 사인은 주로 열

국가	덴마크령 서인도 제도
연대	1754~1917
인구	27,000명
면적	400km^2

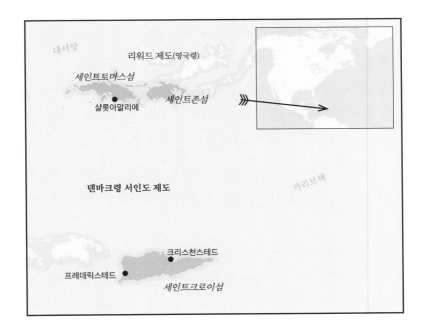

대의 각종 질병이었다. 역경 속에서도 작은 가족농장 몇 개가 차츰 자리를 잡아갔다. 하지만 수익이 많이 나는 대규모의 플랜테이션 농장을 차리고 섬의 잠재력을 최대한 활용하려면 일손이 더 필요했다. 임시방편으로 덴마크에서 수감자와 기결수들을 데려와 일을 시켰다. 섬에서 몇 년 일하면 자유를 주겠다고 약속했다. 그러나 약속한 기간을 채우기도 전에 대부분 죽고 만다.

더 튼튼한 일꾼들은 1673년 아프리카 기니에서 처음 조달되었다. 부족 전쟁에서 포로로 잡힌 이들을 현지 족장들에게서 노예로 사왔던 것이다. 기획은 성공적이었고, 몇 년이 지나자 노예무역은 성황을 이루었다. 원활한 노예 수출을 위해 아프리카 서해안에 두어 곳의 요새가 지어졌다. 그곳에서 수송선이 최대 500명의 노예를 싣고 바다 건너 세인트토머스섬으로 향했다. 세인트토머스섬은 순식간에 카리브해 전역을 통틀어 매우 중요한 노예무역의 거점이 되었다.

상당수의 노예는 세 섬에 남겨졌고, 곧 노예들의 인구 비율이 너무 커지자 백인들은 위협을 느끼기 시작했다. 이에 엄격하고 세세한 규정이 도입되었다. 반란에 가담한 자는 사형에 처할 수 있었고, 도망을 치거나 물건을 훔친 자는 이마에 낙인을 찍거나 일에 지장이 없는 범위 안에서 한쪽 팔이나 다리를 절단했다. 그리고 "일을 지겨워하는 자에게는 매가 특효약"이었다.[36]

덴마크 서인도회사는 이른바 삼각무역의 이점을 곧 깨달았다. 삼각무역은 무기 등의 공산품을 아프리카에 수출한 대가로 노예를 넘겨받아 서인도 제도의 사탕수수 농장에 넘기는 것이었다. 그리고 마지막으로 농장에서 생산된 설탕과 럼주 등의 농산품을 유럽으로 다시 들여오는 것이었다. 탁월한 발상이었다.

그럼에도 덴마크 서인도회사는 실적이 좋지 않았고 급기야 파산 직전에 몰렸다. 결국 1754년, 덴마크 정부가 섬들을 모두 사들여 식민지로 만들었다. 이때 세 섬의 인구는 백인 208명에 노예 1,000명 남짓이었다. 그런데 세기가 바뀌는 시점에 실시된 인구조사 결과 노예가 무려 3만 5,000명으로 늘었으니 덴마크 정부가 얼마나 독하게 섬을 운영했는지 짐작할 수 있다. 백인은 약 3,500명이었다.

여전히 무역은 민간 무역업자들이 도맡았다. 정부는 관리자 역할에 머물렀지만 노예에 매기는 재산세를 철저히 징수해 갔다. 가축이나 설비에 재산세를 매기는 것과 마찬가지였다. 식민지 총독 에리크 브레달은 인구조사 때만 되면 노예를 감추는 탈세자들이 많다며 불평하기도 했다.[37]

노예들의 섬

서인도 제도의 식민지는 1700년대 말까지 덴마크 - 노르웨이 왕국에 큰 부를 안겨주었다. 하지만 그런 상업적 성공은 전적으로 노예제도에 기반한 것이었다. 이때 왕국이 보유한 노예의 수는 총 10만 명에 이르렀다. 1803년 덴마크 - 노르웨이 왕국은 유럽 국가 최초로 노예 수입을 금지했고, 이제 호시절은 끝난 듯했다. 하지만 세 섬들 간에는 내부적인 노예 거래가 여전히 허용되었고, 카리브해의 다른 섬들로 노예를 이송하는 것도 일부 허용되었다. 이러한 거래에서 덴마크의 배들은 중요한 역할을 했다. 1848년, 노예들이 대규모 반란을 일으키겠다고 으름장을 놓은 후에야 노예제도는 공식적으로 완전히 폐지되었다.

그러자 서인도 제도의 식민지는 하룻밤 사이에 수익이 나지 않는 곳이 되었고, 덴마크 의회는 곧 식민지 매각 논의에 들어갔다. 당시 슬레스비(슐레스비히) 때문에 국고 손실이 점점 늘고 있었기에 매각을 서둘러야 한다는 압박이 더욱 컸다.

1867년에 미국이 매입에 관심을 보였지만 한창 협상 중일 때 엄청난 허리케인이 섬들을 강타했고 바로 뒤이어 일련의 지진과 화재가 일어났다. 미국은 금세 관심을 잃고 말았다.

1878년의 어느 하루

그보다 몇 해 전에 덴마크령 서인도 제도는 자체 우표를 발행하기 시작한다. 인쇄는 덴마크에서 해왔고 고무풀은 현지의 몇몇 약사가 조달했다. 내 우표에는 범선 잉올프호가 세인트토머스섬의 항구를 배경으로 떠 있는 모습이 담겨 있다. 배의 조리실에서 연기가 피어오르고 있다. 우표의 네 귀에는 우편나팔이 그려져 있고 세인트크로이섬의 크리스천스테드 소인이 찍혀 있다. 이곳 식민지에서 마지막으로 발행한 우표 가운데 하나이므로 사용한 시기는 1905년 이후다. 예스러운 느낌의 범선 도안은 그냥 옛 시절의 향수를 나타낸 것이라고 해석할 수밖에 없을 듯하다.

한편, 덴마크 식민 치하의 서인도 제도는 서서히 황폐해져간다. 정

1905: 범선 잉올프호가 세인트토머스 항구를
배경으로 떠 있는 모습.

부 관료들의 부패와 방종이 극에 달한다. 해방된 노예들도 살기가 그리 좋지는 않다. 농장주들은 이제 임금노동자일 뿐인 그들이 건강하든 말든, 심지어 죽든 살든 별 관심이 없다.

결국 1878년 주민들의 봉기가 일어난다. 그날도 아마 동네 어느 술집의 여주인은, 난폭한 뱃사람들과 세상사에 지친 관료들의 비위를 밤새 맞춰주느라 진이 빠진 채로 침대 위에 엎어져 있었을 것이다. 가정부가 쟁반에 내온 차 한 잔과 케이크가 한쪽에 놓여 있다. 창문의 레이스 커튼이 미풍에 산들거린다. 열린 창으로 바다가 내다보인다. "하얀 산호모래가 바닥에 깔린 바다는 공기처럼 맑고 투명하다. 바다는 햇빛을 받아 때로는 푸른색으로, 때로는 초록색으로 반짝거린다."[38] 여주인은 아래층에서 들려오는 고성에 잠을 깨지만, 매캐한 연기 냄새를 맡고서야 비로소 사태의 심각성을 깨닫는다. 이내 프레데릭스테드는 곳곳에서 자행되는 약탈과 방화로 무법천지가 된다. 많은 농장주들이 폭도의 손에 즉결 처형당한다.

버진아일랜드의 탄생

폭동을 계기로 식민 정부는 정신을 차리고 책임 있는 통치를 하게 되었고, 농장주들은 노동자에 대한 탄압을 좀 늦추었다. 평온한 세월이 얼마간 이어지다가 1915년, 육상 노동자들이 노조를 설립했다. 그들은 임금 인상과 노동환경 개선을 위해 언제든 파업할 태세가 되어 있다고 선언했다. 그러자 덴마크는 다시 매수자를 찾아 나섰다.

1917년, 미국이 마침내 2,500만 달러에 매입하기로 했다. 미국은 섬들을 매입해야 할 새로운 이유가 있었다. 당시 독일은 유럽의 전장에서 여전히 승승장구하고 있었고, 독일이 새로 개통된 파나마 운하에 접근할 해상 거점을 차지하는 것만은 반드시 막아야 했다. 이곳에 독일이 유보트 기지라도 세운다면 큰일이었다.

미국은 이곳의 지명을 '버진아일랜드'로 바꾸었지만, 덴마크어로 된 거리 이름은 그대로 두었다. 덴마크의 공휴일도 계속 따르게 하여, 이곳 주민들은 이제 미국과 덴마크 양국의 공휴일을 모두 따르게 되었다. 그 후 이 지역은 관광객들의 천국이 되었으니, 미국이 섬을 매수한 것은 꽤 적절한 결정이었다고 할 수 있다.

한편 호텔과 해변 가까이에 아직 남아 있는 플랜테이션 농장의 흔적들은 점점 무성해져가는 열대우림에 서서히 덮여가고 있다.

책 M.헨리크 카블링(Henrik Cavling), 『덴마크령 서인도 제도(Det Danske Vestindien)』(1984)

토르킬 한센(Thorkild Hansen), 『노예섬(Slavenes øyer)』(1990)

우표도 덜덜 떠는 죄수 유형지

Van Diemen's Land

"우리는 거센 폭풍에 휘말려 밴디먼스랜드 북서쪽으로 떠내려갔다. 위치를 측정해보니 남위 30도 2분이었다. 선원 열두 명은 과로와 식중독으로 죽었고, 남은 선원들도 극도로 쇠약한 상태였다." 조너선 스위프트의 『걸리버 여행기』에 나오는 구절이다.[39] 몇 문단 뒤에는 배가 난파하고 주인공 걸리버가 어느 해안으로 표류해 목숨을 건지는 장면이 나온다. 그곳은 릴리퍼트라는 나라로, 키가 15센티미터밖에 안 되는 소인들이 살고 있었다.

　밴디먼스랜드의 북서쪽 앞바다는 워낙 미지와 신비에 싸인 곳이었기에 1726년에 출간된 이 소설의 무대로 삼기에 안성맞춤이었다. 당시 사람들은 밴디먼스랜드가 섬이라는 것조차 몰랐다. 1700년대 말까지도 이 섬에 가본 유럽의 배는 몇 척에 불과했고, 그것도 남동쪽 끝 말고는 가보지 못했다. 선원들은 뒷목을 사정없이 때리는 극지방의 찬바람을 맞으며, 섬의 험준한 산세를 물끄러미 바라보았다.

위로는 1,600미터가 넘는 산봉우리들이 우뚝

국가 밴디먼스랜드	
연대 1803~1856	
인구 40,000명	
면적 68,401 km²	

위로는 1,600미터가 넘는 산봉우리들이 우뚝
우뚝 솟아 있었다. 아래로는 강줄기가 복잡하
게 뒤얽힌 골짜기 위로 음침한 숲이 울창하게
우거져 있었다. 그다지 유쾌한 풍경은 아니
었다.

섬을 배로 한 바퀴 돌아보고 대략 아일랜드 정도의 크기임을 확인
한 후, 영국은 섬을 식민지로 삼기로 결정했다. 섬은 남태평양을 오
갈 때 빈번히 이용되는 항로상의 유리한 위치에 놓여 있었다. 또 남
쪽 해안의 작은 만들은 항구가 들어서기에 적합했다. 최초의 내륙 탐
사 결과 섬의 토양이 비옥하다는 것도 알 수 있었다. 하지만 우선 삼
림부터 개간해야 했다.

이렇게 해서 밴디먼스랜드는 영국의 대규모 죄수 유형지가 되었다. 죄수들은 아일랜드, 웨일스, 스코틀랜드에서 영국 정부에 대한 반란죄로 징역형을 선고받은 이들이 다수였고, 기타 잡범들도 있었다. 죄질이 특히 나쁜 자들은 폐쇄된 수용소에 수감되었고, 나머지 죄수들은 도로를 보수하거나 이주해 오는 영국 정착민들이 일꾼으로 부리게 했다.

캥거루 사냥

1822년에는 섬의 인구 1만 2,000명 중 60퍼센트가 죄수였다. 법질서를 확보하기 위해 섬 전체를 하나의 경찰국가로 만들고 아홉 개의 관구로 나누었다. 섬 전역에서 집회가 일체 금지되었고, 관구 경계를 넘으려면 특별 통행증이 있어야 했다. 당국의 충성스러운 끄나풀들이 총독의 손발 노릇을 하며, 곳곳을 감시하고 다녔다.

포트아서Port Arthur는 금세 이곳에서 가장 악명 높은 죄수 수용소로 자리 잡았다. 수용소는 수도 호바트 남동쪽의 만에 위치한, 숲이 우거진 작은 반도에 있었다. 반도와 본섬은 이글호크넥Eaglehawk Neck이라 불리던 잘록한 모래땅으로 연결되어 있었다. 포트아서 수용소는 흰 모래사장에 맞닿은 푸른 언덕 위에 자연석과 적황색 벽돌로 지어졌다. 담장으로 둘러싸인 수용소 경내에는 거대한 4층짜리 수감동 외에도 부두 시설, 관리동, 병원, 교회, 제분소 등이 자리하고 있었다. 수감동은 중앙의 감시탑에서 십자 형태로 배치된 옥사를 두루 감시할 수 있는 이른바 '팬옵티콘panopticon' 구조로 지어졌다.

순찰병들이 개를 데리고 이글호크넥을 정기적으로 순찰했지만, 그래도 죄수들은 탈주를 시도하곤 했다. 전직 배우였던 조지 '빌리' 헌트는 캥거루로 변장하고 탈주를 시도했다. 몇 걸음만 더 가면 자유를 얻을 수 있었는데 그만 간수들에게 발각되고 말았다. 캥거루 고기로 영양 보충을 하려던 간수들이 맹렬히 추격해왔고, 헌트는 결국 바닥에 넘어져 황급히 외쳤다. "쏘지 마세요! 저 캥거루가 아니라 빌리 헌트예요."[40]

그는 벌로 채찍 150대를 맞았다. 여기서 채찍이란 평범한 채찍이 아니었다. 1840년 웨일스에서 광부들의 반란을 이끌다가 수감된 존 프로스트는 이렇게 기록했다.

채찍은 무척 억센 밧줄로 만들어졌고 엄청나게 굵었다. 밧줄은 소금물에 푹 적신 다음 햇볕에 바짝 말린 것이었다. 그런 공정을 거치고 나면 채찍이 쇠줄처럼 되어, 81개의 매듭이 톱날처럼 살을 파고들었다.[41]

이주민 가정에서 일하며 복역을 대신하는 이들은 사정이 훨씬 나았다. 대부분은 괜찮은 대우를 받으며 어느 정도 인간다운 생활을 했다. 그들은 어쩌다 짬이 나면 캥거루 사냥에 나서곤 했다. 캥거루 고기는 지방이 적고, 식감이 돼지고기와 비슷했으며, 맛은 닭고기와 생선을 섞은 듯 색다르고 묘했다. 캥거루는 호바트 일대에서 개체 수가 급감했고, 마침내는 내륙 쪽에서도 찾아보기 어려워졌다.

그때까지 영국인들은 이 섬에서 수천 년간 살아온 소수의 원주민들에게는 별 신경을 쓰지 않았다. 원주민들은 50~60명 정도의 집단을 이루어 떠돌아다니면서 수렵채집 생활을 했고, 대개 내륙을 벗어나지 않았다. 나뭇가지로 벽을 만들고 나무껍질로 지붕을 덮은 소박한 오두막에서 살았다. 캥거루는 원주민들에게 매우 중요한 식량원이었으며, 그 쓰임새는 음식에 국한되지 않았다. 캥거루는 버릴 것이 하나도 없는 동물이었다. 가죽으로는 옷을 지어 입었고, 뼈로는 연장과 사냥도구를 만들었다.

1820년, 섬에 살던 3,000명에서 7,000명 정도의 원주민들은 일종의 공황 상태에 빠져 있었다. 그들은 순전히 자기방어 차원에서 농장에 불을 지르고 이주민을 살해하기 시작했다. 영국은 거침없이 대응에 나섰다. 거대한 인간 띠를 만들어 섬 곳곳을 샅샅이 훑으며, 원주민들을 소탕했다. 살아남은 원주민들은 강제수용소에서 시름시름 앓으며 죽어갔다. 1850년대 초에는 남아 있는 원주민이 단 16명뿐이었다.

마지막 원주민

밴디먼스랜드의 우표가 처음 나온 것도 이 무렵이었다. 호바트에 주재하던 식민지 총독은 1853년 5월 9일, 런던의 중앙정부에 주문을 보낸다.

담당자 귀하 … 퍼킨스앤베이컨 사社에 액면가 1페니, 2펜스, 3펜

1855: 영국 빅토리아 여왕. 1837년에 스위스 화가
앨프리드 에드워드 샬롱이 그린 초상화에서 따옴.

스, 4펜스, 8펜스, 1실링의 우표 인쇄에 필요한 인쇄판을 발주해주시기 바랍니다. 완성되면 종이와 인쇄용 잉크, 접착제 원료와 함께 발송해주실 것을 요청드립니다.[42]

퍼킨스앤베이컨 사는 이미 세계 최초의 우표인 '페니 블랙'을 만든, 이름난 판각업체였다. 발주와 발송은 신속히 이루어져서 단 몇 달 만에 첫 우표가 유통되기에 이른다.

우표의 도안은 당연히 빅토리아 여왕의 초상화였다. 당시 여왕은 이미 삼십에 접어든 나이였지만, 무슨 이유에서인지 우표에는 거의 20년 전에 스위스 화가 앨프리드 에드워드 샬롱이 그린 초상화의 이미지가 쓰였다. 원래의 초상화는 여왕이 흰 대리석 계단에 서 있는 모습을 그린 전신화다. 초상화 속의 여왕은 조지 4세의 평상관을 쓰고 수줍게 아름다운 미소를 짓고 있다. 그런데 우표 속의 여왕은 같은 왕관을 쓰고 있긴 하지만, 미소를 짓고 있다기보다 뭔가 겁에 질린 듯하다. 두렵고 불안해 보이는 시선은 당시 악명이 드높던 섬의 상황과 공교롭게 맞아떨어지는 듯하다.

윌리엄 데니슨 총독은 "밴디먼스랜드라는 이름에는 무언가 오명이 따라붙는다는 느낌이 없지 않다"[43]라며 답답함을 토로한다. 그러면서 해결책으로 이름을 바꿀 것을 제안한다. 1856년, 밴디먼스랜드는 태즈메이니아로 개명된다. 마지막 원주민이던 트루가니니라는 이름의 여성이 1876년에 사망한다. 이듬해에 죄수 수용소가 폐쇄되고, 1901년에 섬은 영국의 식민지가 아닌 오스트레일리아의 주로 편입된다.

오늘날 포트아서의 형무소 시설은 태즈메이니아의 관광 명소로 인기를 끌고 있다.

책 시셀 볼(Sidsel Wold), 『워라! 워라! 백인들이 오스트레일리아에 왔던 때(Warra! Warra! Da de hvite kom til Australia)』(1999)

제임스 보이스(James Boyce), 『밴디먼스랜드(Van Diemen's Land)』(2010)

영화 조너선 아우프 데르 하이데(Jonathan auf der Heide) 감독, 「밴디먼스랜드(Van Diemen's Land)」(2009)

그림 앨프리드 에드워드 샬롱(Alfred Edward Chalon), 「빅토리아 여왕(Queen Victoria)」(1837)

반反제국주의와 초조한 선교사들
Elobey, Annobon and Corisco

아담한 모래사장은 바로 뒤에 우거진 암녹색 숲과 대비되어 진주처럼 희어 보이고, 남대서양에서 끊임없이 밀려오는 파도에 젖은 물가에는 옅은 홍회색이 감돈다.

    이곳은 1895년의 코리스코섬. 영국에서 이곳을 찾아온 메리 킹즐리라는 여성이 외돛대 범선 라파예트호에서 내린다. 가벼운 남성복을 입은 그녀는 단아하고 날씬하며 기품 있어 보인다. 그녀의 눈빛은 초롱초롱하지만, 앙다문 입술에는 비장함이 감돈다. 그녀는 같이 배를 타고 온 현지인 몇 사람을 따라 숲속을 헤치고 들어간다. 숲을 빠져나와 푸른 초원을 가로지르다 다시 숲속으로 들어간다. 고향의 너도밤나무처럼 껍질이 희뿌연 야생 무화과나무 숲을 헤치며 가파른 산길을 오르고 나니, 평평한 고원이 나타난다. 이곳엔 코코넛나무 숲을 배경으로 작은 마을이 자리하고 있다. 대나무로 지은 오두막들은 주변과 위화감 없이 어우러진다. 다만 오두막의 문들은 짙푸른 색과

흰색의 격자무늬나 수평선 혹은 사선의 줄무늬로 칠해져 있어 눈에
확 띈다. 문마다 다르게 칠해져 있다. 텅 빈 마을을 홀로 외로이 지키
던 노파가 담배가 있는지 묻는다.[44]

체체파리와 수면병

코리스코섬은 아프리카 서해안 연
안, 기니만의 남쪽에 자리한 섬이다.
포르투갈이 일찍이 1400년대 말에 영
유권을 주장한 후로 죽 점유해오다가
1777년 주변의 섬 몇 개와 함께 스페

국가	엘로베이·애노본·코리스코
연대	1777~1909
인구	2,950명
면적	35km²

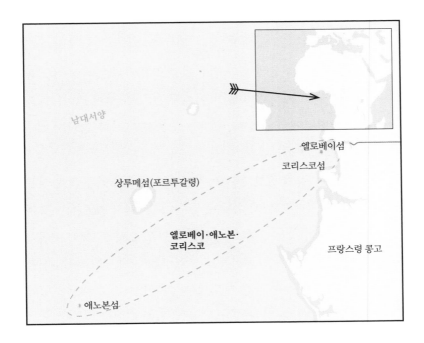

인에 넘겨주었다. 거래 조건은 스페인이 점유하던 브라질 연안의 섬 몇 개를 넘겨받는 것이었다. 이로써 엘로베이, 애노본, 코리스코로 이루어진 스페인 식민지가 세워졌다.

세 섬 중 가장 먼 바다에 있는 섬은 애노본이다. 셋 중 가장 큰 섬 이지만 그래봤자 남북으로 7킬로미터, 동서로 4킬로미터밖에 되지 않는다. 언덕이 많고, 사화산 몇 개를 둘러싼 울창한 숲과 수풀이 해 안까지 뻗어 있다. 거주하고 있는 크리오요Creole들은 노예와 포르투 갈 정착민들의 후손이다. 주민들이 1500년대 초에 좋은 나무를 모두 베어버린 탓에 값나가는 나무는 거의 남아 있지 않다. 스페인은 이 섬에 별 흥미를 보이지 않는다.

코리스코섬도 사정은 별다를 바 없다. 스페인의 주된 관심은 엘로 베이섬, 그중에서도 대엘로베이섬에 붙어 있는 소엘로베이섬에 있 었다. 이 눈곱만 한 섬은 본토와 매우 가깝고, 항구의 입지 조건도 좋 았다. 곧 무역 기지가 세워지면서 이 섬은 기니만 주변 해상무역의 거점이 된다. 본토에서 난 상아, 야자유, 고무, 마호가니, 흑단이 이곳 을 거쳐 수출되고 무기, 탄약, 직물, 주류가 수입된다.

그래서인지 내가 소장한 우표에 찍힌 엘로베이 소인은 많이 사용 된 흔적이 역력하다. 나머지 섬들은 우편제도 자체가 없었다. 우표는 나이 어린 스페인 국왕 알폰소 13세를 도안으로 하고 있다. 고집이 있으면서도 천진해 보이는 표정이다. 부왕 알폰소 12세가 마리아 크 리스티나 왕비가 아이를 가진 지 얼마 안 되어 결핵으로 세상을 떴기 에 알폰소 13세는 1886년에 태어나자마자 왕이 되었다.

1905: 1886년 출생과 동시에 즉위한
스페인 국왕 알폰소 13세.

　선교사들 역시 소엘로베이섬을 거쳐 본토로 이동했는데, 체류한
지 얼마 되지 않아 죽는 사람이 많았다. 대부분은 체체파리가 옮기는
수면병에 걸려 사망했다. 점차 육지보다 공기가 맑은 섬이 안전하다
는 인식이 확산되었다.

　미국 장로교 선교단은 1850년에 본거지를 코리스코섬으로 옮겼
다. 이 섬 역시 육지와 가깝기는 했지만, 선교사들의 주된 관심사는
이 섬의 주민들을 교육하고 장비를 제공하여 선교사들 대신 장거리
선교 원정을 보내는 것이었다.[45] 하지만 이런 시도는 실패했다. 체체
파리는 코리스코섬에서도 기승을 부렸고, 몇 년 후에 장로교 선교단
은 철수하고 말았다.

아프리카 부족을 위협하는 최악의 적

1895년 메리 킹즐리가 코리스코섬에 도착했을 때 섬에는 가톨릭 사제 두 명과 수녀 세 명이 남아 있었다. 그들이 사는 곳은 오두막 문을 화려하게 칠한 마을에서 조금 떨어진 마을이다. 망고나무가 양옆에 늘어선 깔끔한 길 위에서 그녀는 교복차림의 아이들과 마주친다. 그녀는 마치 영국의 공원에 와 있는 듯한 느낌에 잠시 빠져든다. 삼삼오오 모여 있는 집들도 유럽에 그대로 갖다놓아도 어색하지 않을 모습이다. 작은 성당, 가게, 학교가 하나씩 있고, 커다란 선교회당도 한 채 있다. 모든 건물이 흰색이고, 아까 지나온 마을처럼 문과 창문만 짙푸른색이었다. 그녀는 응접실에 앉아 차와 아보카도를 대접받는다. 세간은 뜻밖에도 우아하기 짝이 없다. 식탁에는 의자 아홉 개가 놓여 있고, 향수병이 줄지어 있으며, 영국의 풍경을 묘사한 석판화들이 벽에 걸려 있다.

이미 본토의 정글에서 토착 부족들과 오랫동안 살아본 메리 킹즐리는 이 모든 것에 경멸감을 느끼기 시작한다. 같은 해 11월 고국인 영국에 돌아간 그녀는 자신의 경험을 책으로 써낸다.[46] 책에서 그녀는 이렇게 단도직입적으로 말한다.

이 책을 읽는 독자가 부디 이해해주었으면 하는 것이 있다. 나는 숲이 울창하고 강이 흐르고 애니미즘을 믿는 주민들이 사는 이런 곳을 무척 좋아하며, 영국보다는 그런 나라에서 더 마음 편한 사람이다. 문화적 우월감에 젖어 있는 독자라면 서아프리카 생활을 즐기기는 힘들겠지

만, 가보면 모든 것이 내가 말한 그대로일 것이다. … 아프리카 부족의
존속을 위협하는 최악의 적은 그곳에 나타나서는 '이제 문명을 받아들
여라, 학교에 다녀라, 거지 같은 짓거리들을 다 그만두어라, 한곳에 얌
전히 눌러 살아라' 하고 강요하는 사람들이다.[47]

지금 시각으로 보면 그리 논란이 될 만한 이야기가 아니지만, 당시
에는 격렬한 비난을 불러일으켰다. 영국국교회는 개탄했고, 주요 신문
들은 킹즐리의 책이 영국의 국익을 해친다고 보아 서평을 거부했다.

폐허로 남은 섬들

엘로베이, 애노본, 코리스코는 1909년 기니만 주변의 다른 스페
인 영토와 합병되어 스페인령 기니라는 이름으로 불리게 되었다.
1968년에는 적도기니라는 이름의 공화국으로 독립했다. 이 무렵 코
리스코섬의 선교 기지는 이미 화재로 불타버려 폐허밖에 남지 않았
다. 안드레아스 브라보라는 신부가 부활절 축제를 위해 영국식 정원
을 깨끗이 정리하다가 수북이 쌓인 코코넛 나무껍질에 불을 붙인 것
이 화근이었다. 신부는 그날 밤 종적을 감추고 다시는 돌아오지 않
았다.[48]

소엘로베이섬도 이미 버려진 지 오래였다. 50년 가까이 행정 중심
지 역할을 했지만 1927년에 모든 시설이 철수한 터였다. 오늘날 소
엘로베이섬은 섬 전체가 하나의 거대한 폐허다. 하늘에서 내려다보
면 거의 한 덩어리로 보이는 빽빽한 숲의 장막 밑에 각종 건물이며

교역장이며 공장 등의 잔해가 빼곡히 모여 있다. 가까이서 살펴보면 유기물은 모두 바스러진 지 오래지만, 집이 있던 자리에는 간혹 녹슨 재봉틀과 유아용 침대가 나뒹굴고 있다. 고급 저택의 폐허 안에는 망가진 분수, 아르데코풍의 창문, 연철 계단과 난간의 잔해가 눈에 띄고, 식기류와 유럽산 술병들이 곳곳에 무더기로 널려 있다.[49]

애노본섬은 세월이 멈춘 듯 변화가 없다. 2013년에 2만 명으로 집계된 이 섬의 주민들은 여전히 가난하다. 1990년대와 2000년대에 영국과 미국의 회사들이 대량의 유독성 방사능 폐기물을 이 섬에 투기했다. 그러나 그 보상금은 모두 본토에 거주하는 권력층의 배를 불렸을 뿐이었다.[50]

책 로버트 해밀 나소(Robert Hamill Nassau), 『코리스코 시절: 서아프리카 선교활동 첫 30년의 기록(Corisco Days: The First Thirty Years of the West African Mission)』 (1910)

메리 킹즐리(Mary Kingsley), 『서아프리카 여행: 프랑스령 콩고, 코리스코, 카메룬 (Travels in West Africa: Congo Français, Corisco and Cameroons)』(1897)

1860~1890

카이쿠스라우는 1926년에 아들 하미둘라 칸에게 왕위를 물려주었고, 이로써 100년간 이어져온 여왕 통치 시대는 막을 내리게 되었다. 묘하게도 여왕 중 그 누구도 얼굴이 후대에 전해지지 않는다. 첫 두 여왕은 카메라가 없던 시대에 재위했고, 그다음 두 여왕은 늘 베일을 쓰고 있었다. 부군夫君들의 얼굴을 보여주는 자료가 훨씬 많이 남아 있다. 그들은 모두 어머니나 딸이 심혈에 심혈을 기울인 끝에 고른 사위이자 남편이었다. 예외 없이 엄청나게 잘생긴 얼굴에 아몬드 모양의 눈을 반짝거리고 있다. 그 정도면 침소에서 천상의 열락을 제공하거나 벨벳과 실크로 감싼 왕의 안락의자에 함께 앉힐 최고급 장식품이 되어주기에 손색이 없었을 것이다. 공들여 고른 보람이 충분히 있었던 것으로 보인다.

동루멜리아

보팔　알와르

오보크

써당

페라크

오렌지자유국

무기 거래와 염소고기 수프

Obock

1862년 프랑스가 오보크를 사들였을 때, 그곳은 여느 사막보다 거친 황록색 땅에 쓸쓸한 어촌 마을 하나가 덩그러니 놓여 있는 보잘것없는 곳이었다.

이곳의 분위기는 워낙 자유로워서 새로 부임한 식민지 관료는 왁자지껄 들뜬 사람들 틈에 금세 휩쓸리기 마련이다. 그는 환영 파티 중 술에 취해 밖을 나돌아다니다가, 하얗게 회칠한 단층 벽돌집들이 가지런히 모여 있는 식민행정 구역을 벗어난다. 정신을 차리고 보니 구불구불 험한 길에 어디가 어디인지 알 수 없다. 나뭇가지, 짚, 점토로 지은 소박한 오두막들이 보인다. 맑은 밤하늘에 별들이 총총하지만 사방은 깜깜하고 이따금 석유등 불빛만 홀로 깜빡거린다. 발을 헛디디며 넘어진다. 들고 있던 감초주 병이 박살나고 입에 모래가 한가득 들어온다. 개들이 짖는다. 누군가가 그를 안아 올린다. 다음 날 아침 일찍 잠에서 깨니 몸을 누인 자리에 모피가 잔뜩 깔려 있다. 머리

가 핑 돌며 어지럽다. 고개를 들어 위를 보니 마른풀을 엮은 거적 지
붕 틈으로 햇빛이 새어든다. 한 여자가 염소고기 수프와 빵을 내온다.
그러나 그는 도저히 입에 대지 못한다. 곤혹스럽다. 한편으로는 가족
을 프랑스에 두고 온 게 천만다행이라는 생각이 든다.

홍해 최초의 프랑스 식민지

오보크는 홍해 지역 최초의 프랑스 식민지
였다. 몇 년 전 아덴에 주재하던 프랑스 영사
가 오보크 지역을 시찰하다가 피살되는 사건
이 일어난 후, 타주라·고바드·레이타 지역을
통치하던 술탄들이 모두 프랑스가 내건 조건

국가	오보크
연대	1862~1894
인구	2,000명
면적	7,500km²

에 동의했다. 오보크는 1만 마리아 테레지아 탈러¹라는 저렴한 가격에 프랑스에 넘어갔다. 마리아 테레지아 탈러는 이미 오래전에 서거한 마리아 테레지아 오스트리아 황제의 이름을 딴 은화로, 이 일대에서 아직까지 유통되고 있었다.

북쪽으로는 수에즈 운하가 몇 년 전부터 건설되고 있었다. 이 지역에 이탈리아와 영국은 모두 자리를 잡고 있었고, 프랑스도 석탄 공급 기지를 마련해두어야 했다. 현대화된 자국 해군뿐 아니라 동남아의 식민지에서 짐을 가득 싣고 줄줄이 귀국하는 자국 상선들에도 석탄 공급은 꼭 필요했다.

그러나 오보크는 그리 좋은 선택이 아니었음이 곧 드러났다. 산호초로 둘러싸인 오보크의 항만은 인도양 먼바다에서 해마다 일어나는 폭풍에 아덴만까지 밀어닥치는 거센 파도를 막아주지 못했다. 그럼에도 프랑스는 한동안 오보크의 식민 통치를 유지하다가, 1894년 타주라만 건너편에 위치한 지부티로 모든 시설을 옮겼다. 지부티는 항구의 입지 조건이 훨씬 좋았다.

무기상이 된 랭보

전성기이던 1884년에서 1885년 사이에 오보크에는 약 2,000명이 살았다. 식민행정 관료와 준공무원 성격의 상인들을 제외하면, 상당수가 탐험가 또는 좀도둑이었다. 오보크의 메넬리크 왕이 상아 등 막대한 재물을 공공연히 자랑하는 것을 보고 이곳에 흘러든 이들이었다.

부를 좇아 이곳에 들어온 사람들 중에는 프랑스 시인 아르튀르 랭보도 끼어 있었다. 자유에 대한 끝없는 갈망, 마약, 동성애 등 파격적 행보로 고국에서 유명세를 떨치던 랭보였으나, 스물한 살의 나이에 문학에 대한 열의를 완전히 잃고 만다. 유럽 구석구석을 한동안 방황하다가 자바섬의 정글에서 감쪽같이 사라지더니 오보크에 홀연히 나타난 것이다.

여러 해 동안의 방종 끝에 환멸과 후회, 피로와 궁핍에 지친 그는 좀더 질서 잡힌 생활을 하고 싶었으며, 무엇보다도 안정된 수입을 원했다. 하루 벌어 하루 먹는 생활은 이제 무리였다. 그가 찾은 해법은 무기 거래였다.

랭보는 다른 정착민들의 이목을 피해 타주라만을 따라 서쪽으로 좀 들어간 곳에 소박한 벽돌집 하나를 빌린다.

이곳은 모스크가 몇 채 있고 야자수가 몇 그루 심어진, 다나킬[2]의 작은 마을이다. 이집트인들이 지은 옛 요새에는 이곳 주둔지를 지휘하는 부사관의 명령으로 프랑스 병사 여섯 명이 주둔해 있다.[3]

그는 오보크의 정착민 사회에 대한 경멸을 애써 감추지 않으며, 이렇게 적고 있다. "코딱지만 한 프랑스 행정 사무소의 관료들은 연회를 벌이고 나랏돈으로 술을 퍼먹는 데 정신이 팔려 있으니, 저렇게 무위도식하는 여남은 명이 식민 통치를 한다고 해봤자 한심스러운 저 식민지에서는 한 푼도 벌지 못할 것이다."[4]

그는 자신이 도덕적 잣대를 초월한 사람이라고 생각하고는 메넬리크 왕에게 구식 프랑스 수발총을 한 정에 40프랑씩 받고 대량으로 팔아 넘긴다. 이렇게 상당한 돈을 모은 그는 아예 큰 꿈을 꾸기 시작한다. 프랑스 외무장관에게 끈질기게 서한을 보내 오보크에서 무기산업을 본격적으로 키울 수 있게 지원해달라고 로비를 벌였던 것이다. 물론 이 시도는 더 진전되지 못한다.

충분히 예상할 수 있는 일이지만, 랭보는 또한 복잡한 애정 관계에 휘말린다. 상대는 프랑스 여자였던 듯하다. 이 역시 잘 풀리지 않는다. 이 무렵 랭보의 모습을 우리는 충분히 상상해볼 수 있다. 행색은 추레하고 어깨는 구부정하며 나이를 짐작할 수 없는 남자가 자기연민과 실의에 빠진 채 휑한 해안을 배로 끊임없이 오가는 모습. 해변에 쓸려온 정어리 떼의 코를 찌르는 악취, 맑고 푸른 바다에 어른거리는 햇살…. 그는 외부의 모든 자극에 무감각하다. "나는 이미 이런 거짓 행세를 너무 많이 보았다. … 고로 나는 남은 날들을 방황하며 보낼 수밖에 없다. 지치고 힘든 가운데, 오로지 죽음과 고통만 기다리고 있는 앞날을 향해 나아가며."[5]

그는 결국 겨우 마음을 추스르고 홍해 어귀 건너편의 아덴이라는 영국 영토로 몸을 피한다. 얼마 지나지 않아 중병에 걸린 그는 증기선 라마존호에 급히 실려 프랑스로 송환된다. 그곳에서 그는 죽음을 맞는다.

우표에 새겨진 창과 방패

메넬리크 왕이야말로 최후의 승자다. 에티오피아제국의 황제 자

1894: 작전 회의 중인 원주민 전사들.

리를 차지하고, 이후 그의 손자와 딸에 이어 사촌까지 황제 자리에 오른다. 그 사촌이 그보다도 더 전설적인 황제, 하일레 셀라시에다.

내가 가진 우표는 원주민 전사들이 기본 무장인 창과 방패를 들고 있는 모습을 나타낸 것이다. 이 모습을 보면 랭보가 조달한 낡아빠진 무기들이 얼마나 요긴했을지 짐작하고도 남음이 있다.

이 우표에는 1894년 3월 9일 소인이 찍혀 있다. 식민지가 붕괴되기 직전이다. 누군가가 고국 프랑스의 가족에게 곧 돌아간다는 소식을 전하기 위해 이 우표를 썼을지도 모른다. 천공을 흉내 낸 가짜 톱니 테두리가 눈에 띈다. 우표를 손으로 뜯기 쉽게 테두리에 뚫은 구멍, 즉 천공은 이미 대부분의 나라에서 오래전부터 쓰이고 있었지만, 오보크에서는 아니었다.

지부티공화국의 성립

프랑스는 타주라만 주변 지역을 계속 점유했다. 그리고 이 지역의 이름을 '프랑스령 소말릴란드'로 바꾸었다가 나중에는 이곳의 두 주요 부족의 이름을 따서 '프랑스령 아파르이사'로 바꾸었다.

주민투표를 한 차례 치르고 이웃 나라들로부터 거센 압력을 받고 나서야, 이 지역은 '지부티공화국'으로 독립을 선포했다. 1977년의 일이었다. 오늘날 지부티는 '아프리카의 뿔'이라 불리는 소말리아반도에서 가장 작은 나라다. 그럼에도 극심한 국내 갈등이 지속되면서 유혈 충돌이 빈발해온 곳이기도 하다. 아파르족이 대대로 살아온 지역에 자리한 작은 도시 오보크는 다행히 아직까지 분쟁에서 비껴나 있다.

책　와이엇 메이슨(Wyatt Mason), 『선하게 살리라: 아르튀르 랭보의 편지 모음(I Promise to Be Good: The Letters of Arthur Rimbaud)』(2003)

리처드 앨런 코크(Richard Alan Caulk), 『하이에나의 아가리에 갇히다: 에티오피아 외교사(Between the Jaws of Hyenas: A Diplomatic History of Ethiopia)』(2002)

요리　파파 수프(5인분)

　　재료: 염소고기 500g, 감자 250g, 케일 또는 양배추 1/4개, 리크 1개, 토마토 1개, 마늘 1쪽, 녹색 칠리고추 1/2개, 양파 1개, 소금, 후추, 고수

　　만드는 법: 채소와 고기를 썰어 냄비에 물과 함께 넣고 약한 불로 20분 끓인다. 고수와 다진 마늘을 넣는다. 물을 더 넣고 한 시간 더 끓인다. 소금과 후추로 간을 한다.

투쟁하는 퇴폐주의자들

Boyaca

시인 훌리오 플로레스는 우표 따위를 모으는 사람이 아니었다. 그의 관심 분야는 그런 것과 거리가 멀었다. 세기가 바뀌기 직전에 찍은 사진 속 그의 모습은 위엄이 넘치다 못해 자기애가 물씬 풍길 정도다. 번지르르하게 빗어넘긴, 칠흑처럼 검은 곱슬머리. 살바도르 달리도 탐냈을 만한, 흑표범 꼬리처럼 끝을 매만진 콧수염과 반달처럼 둥근 눈썹. 시인들에게서 흔히 볼 수 있는, 머릿속이 뭔가로 꽉 차 있어서인지 살짝 돌출된 눈. 최근 에로틱한 시집 한 권을 펴낸 그는 사방에서 쏟아지는 도덕적 질타를 받고 있었다. 이는 그에게 금단의 환희 비슷한 체험으로 다가왔으리라. 아버지의 뜻에도, 어머니의 뜻에도, 집안 모두의 뜻에도 반하는 그런 행동이었다.

훌리오 플로레스는 1867년 치킨키라라는 작은 도시의 개방적인 귀족 집안에서 태어났다. 치킨키라는 안데스산맥 북쪽 끝자락, 커피 재배에 적합한 열대지역에 위치한 보야카 주권국의 행정 중심지

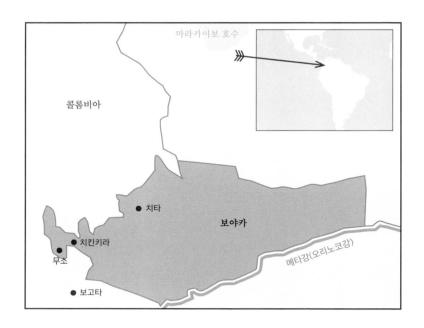

마라카이보 호수

콜롬비아

치타

보야카

치킨키라

무소

보고타

메타강(오리노코강)

국가 보야카

연대 1863~1903

인구 498,541명

면적 91,647km²

였다. 도시는 가파른 동부산맥(코르디예라오리엔탈산맥)의 서쪽 경사면에 매달리듯 자리 잡고 있었다. 안데스산맥의 지맥인 동부산맥은 5,000미터 넘게 솟았다가, 열대 초원 야노스를 거쳐, 오리노코강의 수원과 북쪽의 베네수엘라 국경 쪽으로 이어져 내려온다.

보야카는 1863년까지 콜롬비아의 일부였다. 콜롬비아는 1819년에 남아메리카 최초로 수립된 입헌공화국이었으나, 피비린내 나는 내전 이후 공화국이 해체되면서 일종의 자치주들로 이루어진 불안정한 연합체가 되었다. 그중에서 보야카는 단연 가장 가난한 주였다.

자원이 특별히 부족해서는 아니었다. 보야카의 치타에는 거대한 소금 광산이 있었고 무소 부근에는 에메랄드 광산도 있었다. 서쪽에 길게 이어진 수많은 골짜기를 비롯해 비옥한 농토도 꽤 있었다. 하지만 도로망이 매우 열악하여 1년에 두 번 있는 우기마다 상품 수송이 전면 중단되었다. 그럴 때면 상인들은 현지 특산품인 알파르가타스(삼베 신발)를 라마 두어 마리에 싣고 보고타의 시장까지 터벅터벅 걸어갔다.

1885년에 또 한 번의 내전이 일어난 후 보야카는 주권을 잃었고 콜롬비아공화국이 재수립되었다. 보야카는 평범한 주로 격하되었지만 폭넓은 자치권을 계속 유지했다. 1899년에 보야카는 자체 우표를 발행하기에 이른다. 우표 하나에는 대머리에다 목덜미에는 흰 털이 난 안데스콘도르 한 마리가 날개를 펴고 다소 불분명한 문장紋章 위에 앉아 있는 모습이 그려졌다. 쉽게 찢어지는 질 낮은 종이를 썼고 인쇄 품질도 뛰어나지 않았다. 한번 핥아보면 퍽퍽한 재질이 여실히 느껴진다.

라 그루타 심볼리카

훌리오 플로레스의 시집은 1899년에 출간되었다. 이 해는 우화 작가이자 초현실주의자 호르헤 루이스 보르헤스가 같은 남아메리카 대륙에 있는, 4,700킬로미터 남쪽의 부에노스아이레스에서 태어난 해이기도 했다. 그리고 보야카에서 우표를 마지막으로 발행했던 1904년은 화가 살바도르 달리가 스페인 피게레스에서 태어난 해이

1903: 문장 위에 앉은 안데스콘도르와 깃발.

기도 했다. 이때 이미 몇 년째 문단에서 활동하고 있던 훌리오 플로레스는 여러 면에서 이들 유명한 후배들의 이념적 선구자였다고 할 수 있다.

이 무렵 플로레스는 보고타로 거처를 옮기고는 뜻이 통하는 동료 예술가들과 함께 '상징주의의 동굴'이라는 뜻의 '라 그루타 심볼리카 La Gruta Simbólica'라는 모임을 만든다. 플로레스에 따르면, 어느 밤 예술가들이 통행금지 시간에 군인들에게 쫓기다 가까스로 몸을 피한 적이 있었는데, 그 일이 모임을 결성한 계기가 되었다. 럼주를 마시며 토론을 하다가, 「퇴폐주의와 상징주의에 대하여」라는 소책자를 다음 날 아침까지 만들어낸다. 소책자에 담긴 사상은 프랑스 시인 샤를 보들레르와 아르튀르 랭보의 영향을 강하게 받은 것이었다.

1800년대 말은 번영의 시기였다. 미래에 대한 낙관이 넘쳐났다.

그러나 많은 이들이 미래를 낙관하지 않았으니, 특히 예술가와 철학자들이 그랬다. '세기말'을 뜻하는 '팽 드 시에클fin de siècle'이라는 표현이 생겨났다. 쇠퇴기에 접어든 시대를 가리키는 다소 우울한 표현이었다. 그중에서도 특히 급진적인 이들은 스스로를 퇴폐주의자라고 불렀다. 철저한 타락을 의미하는 '데카당스décadence', 즉 '퇴폐주의'라는 용어는 일종의 의식적인 도발 전략이기도 했다. 퇴폐주의 예술가들은 스스로가 퇴폐적인 예술가로 비치는 것을 원하지 않았다. 그들의 의도는 시대가 품고 있는 퇴폐성을 드러내는 것이었다. 이와 함께 그들은 천박하고 권위적인 압력에 휘둘리지 않고 예술을 자유롭게 추구할 권리를 주장했다. 보들레르에 따르면 시의 "초자연적" 미적 영역에서 욕구는 "순수하고", 우울은 "우아하며", 좌절은 "고귀하다".[6]

'라 그루타 심볼리카'에는 70명의 화가, 음악가, 시인이 속해 있었고, 그중에는 여성들도 있었다. 그들은 보고타 대성당 근처의 '욕심쟁이 고양이'나 '비너스의 요람' 같은 이름의 레스토랑에서 비밀리에 사교 모임을 가졌다. 날이 따뜻한 저녁에는 부근의 문 닫힌 묘지에 몰래 들어가곤 했다.

현악기의 울적한 선율이 지하 석실에서 흘러나온다. 새들이 사이프러스나무 위에서 날개를 푸드덕댄다. 반딧불이 떼가 날아다니고 달빛이 대리석 묘비들을 환히 비춘다. 무덤들과 나누는 비밀 이야기! 죽은 자들에게 들려주는 세레나데! 몇몇 사람은 나무 기둥에 이마를 기

대고 묵상하고 있다.[7]

이 무렵 콜롬비아는 천일 전쟁Thousand Days' War에 휘말렸다. 이는
자유주의자들이 엄격한 보수 정권에 반기를 들었던 사건이다. 1899년
보수주의자들이 저지른 선거 부정이 발각되면서 불이 붙었고, 커피
가격 하락에 따른 경제 위기로 더욱 격렬해졌다. 이 내전으로 10만
명 이상이 죽거나 다쳤고, 희생자 중에는 보수 진영에 대규모로 강제
징집된 소년병들도 포함되어 있었다.

1902년, 내전 때문에 파나마 운하의 착공이 지연될 것을 우려한
미국이 강한 압력을 행사하면서 평화조약이 체결되었지만, 변한 것
은 거의 없었다.

나의 검은 꽃

얼마 후인 1905년, 훌리오 플로레스는 신성모독죄로 국외 추방되
었다. 그러나 몇 년 후에 이유는 명확하지 않지만, 사면되어 스페인
대사관의 비서관으로 임명되었다. 1923년 그는 스페인에서 세상을
떴다. 사인은 암이었던 것으로 추정된다. 오늘날 훌리오 플로레스의
이름은 많이 알려져 있지 않지만, 그의 시「나의 검은 꽃」은 콜롬비아
인들에게 여전히 애송된다. "들어라, 내 열정의 잔해 밑에서 / 이제는
기쁨을 느끼지 못하는 이 영혼 깊숙한 곳에서 / 산산이 가루가 된 꿈
과 환상 속에서 / 나의 검은 꽃은 무감각하게 피어나니."[8] 보들레르의
시집『악의 꽃』에서 제목을 착안한 것으로 보이는 이 시는 노래로 만

들어져서 라틴아메리카의 수많은 탱고 음악가들에게 불렸다.[9]

꺼지지 않는 갈등의 불씨

원래 보야카주였던 땅은 이제 보야카, 아라우카, 카사나레의 세 주로 나뉘어 있다. 현재의 보야카주는 주로 산세가 험한 옛 땅의 서쪽 지역으로 이루어져 있다. 주도는 해발 2,820미터에 위치한 인구 18만의 툰하라는 도시다. 주민들은 예전보다 훨씬 개선된 도로망을 이용해 커피, 담배, 과일, 곡물 등을 주변 시장에 내다팔고 있다.

그러나 여전히 진보 진영과 보수 진영 간 정치적 갈등의 불씨가 남아 있어, 지금도 때때로 과격한 폭력 사태가 발생하는 등 해결될 기미가 보이지 않는다. 하지만 훌리오 플로레스는 출생지인 치킨키라에 적어도 자신의 이름을 딴 공원 하나는 남겨놓았다.

책 훌리오 플로레스(Julio Flórez), 『시선집(Poesia escogida)』(1988)
호세 비센테 오르테가 리카우르테(José Vicente Ortega Ricaurte), 안토니오 페로(Antonio Ferro), 『라 그루타 심볼리카(La Gruta Simbólica)』(1981)
페르 부비크(Per Buvik), 『데카당스(Dekadanse)』(2001)

음악 카를로스 가르델(Carlos Gardel), 「나의 검은 꽃(Mis flores negras)」

광포한 번왕들, 달콤한 디저트
Alwar

1877년에 발행된 내 우표에는 인도의 데바나가리문자가 적혀 있다. 위쪽에 쓰인 글자는 이 우표가 알와르의 우표임을 보여준다. 알와르는 크기가 충청남도 정도 되는 인도의 번왕국藩王國(토후국土侯國)이었다. 아래쪽에는 액면가가 적혀 있고, 연이어 '31'이라는 숫자가 적혀 있다. 이 숫자는 수수께끼다. 아마도 금형을 제작한 연도가 힌두력으로 1931년이라는 뜻일 듯하다. 그레고리력으로는 1875년이다. 그러면 금형을 만들고 나서 2년 후에야 우표를 인쇄한 것이 된다.

도안에 등장하는 물건은 인도의 전통 무기인 자마다르라는 단검이다. H자 모양의 손잡이와 삼각형 칼날을 한 덩어리로 단조한 것이다. 이 도안은 어느 번왕이 자객 네 명에게 쫓기다가 자객 우두머리의 허리에서 자마다르를 발가락으로 잡아채어 배에 꽂고 도망쳤다는 전설을 상징한다.

알와르가 어떤 나라였는지 잘 보여주는 도안이다. 알와르의 역사 속에 깊이 뿌리내린 배반과 폭력의 전통을 접하다 보면,『천일야화』의 이야기들이 그저 픽션만은 아닐 수도 있겠다는 생각마저 든다.

인도를 지배한 동인도회사

그 모든 것의 배경은 이른바 토후국 또는 번왕국이라 불리던 수많은 정권이 인도에서 난립하던 시대였다. 이번에도 뒤에서 권력을 쥐고 있던 것은 영국이었다.

동인도회사는 북아메리카에서 활약하던

국가 알와르	
연대 1771~1949	
인구 682,926명	
면적 8,547km²	

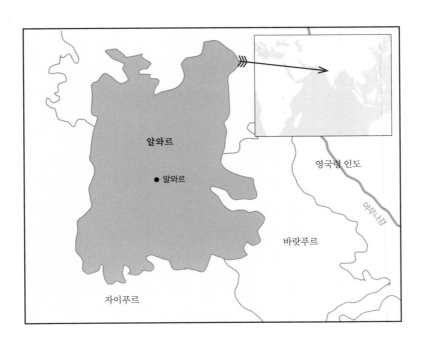

허드슨베이회사의 동양 버전이라고 할 수 있었다. 이 회사는 1600년 대에 영국의 귀족들과 부유한 상인들이 오직 상업적인 목적으로 세운 회사였다. 이 회사의 목적은 면, 비단, 인디고 염료, 향신료, 차, 아편 등의 물품을 동양에서 영국으로 수입해 오는 것이었다. 영국 정부는 여기에 거의 개입하지 않았고, 동인도회사에는 윤리적·외교적 제약 없이 착취의 효율을 극대화할 수 있는 온갖 자유가 주어 졌다. 동인도회사는 자체의 군대와 행정조직을 운영하며, 지역의 자치권이 확대되는 것을 견제했다. 인도 땅의 60퍼센트가 넘는 지역을 동인도회사가 지배했고, 나머지 땅은 여러 번왕국으로 나뉘어 있었다.

기업 제국주의에서 국가 제국주의로

1803년 최초로 동인도회사와 동맹을 맺은 번왕국이 알와르(당시 국명은 울와르)였다. 알와르는 라지푸트 무사계급으로부터 이어져 내려온 왕국이었고, 당시 바크타와르 싱이라는 '마하라자'('대왕'이라는 뜻)가 통치하고 있었다. 동맹을 통해 그는 큰 수입을 거둘 수 있었을 뿐만 아니라 왕위를 노리는 세력들을 견제할 수 있었다. 동인도회사 가 그의 뒤를 봐주었다.

그럼에도 마하라자는 불안감을 거둘 수 없었는지, 1811년 영토 내의 모든 무슬림들에게 본때를 보여주어야겠다고 결심했다. 그는 모스크들을 모조리 불태우고, 무슬림들의 코와 귀를 거침없이 베어내 궤짝에 담은 다음 다른 지역의 무슬림 번왕들에게 보냈다. 유골도 나

1877: 자마다르 단검과 데바나가리문자를 도안
으로 한 우표.

라 밖으로 모두 내보냈다.[10]

동인도회사는 이 사태를 착잡하게 바라보았다. 인도의 여러 번왕
국에서 무슬림 인구는 큰 비율을 차지하고 있었기에 앞으로 무슬림
들과의 관계가 악화일로를 걷게 될 판국이었다. 동인도회사가 군대
로 계속 협박하자, 바크타와르 싱은 뜻을 굽히고 다시는 그런 일이
없을 거라고 약속했다.

동인도회사는 그를 달래는 의미에서 국명을 울와르Ulwar에서 알
와르Alwar로 바꾸는 것을 허락해주었다. 그러면 국명이 알파벳순으
로 앞에 놓이게 되면서 당시 인도에서 진행 중이던 여러 행정절차에
서 빠른 순번을 배정받을 수 있었다.

유럽 전역에서 식민지 생산품의 수요가 늘어갔음에도 동인도회사
는 1800년대 들어 심각한 재정난을 겪게 되었다. 그리고 회사가 곡
물 대신 아편의 원료인 양귀비 재배를 강요하면서 극심한 기근이 연

달아 일어났다. 결국 1857년 봉기가 일어나 인도 대륙 전역으로 빠르게 확산되어갔다. 28만의 회사 군대도 맥을 추지 못하다가 1858년 영국 정부가 개입하여 회사를 국유화하고서야 비로소 소요도 진정되었다.

이와 함께 이 지역의 헤게모니는 기업 제국주의에서 국가 제국주의로 넘어갔지만, 알와르를 비롯한 번왕국 마하라자들의 입장에서는 바뀐 것이 거의 없었다. 마하라자들은 잠시 잠잠해지기는 했지만 그들의 권력 구조는 그전과 다를 것이 없었다.

오만과 야만의 시대

1800년대 말에 엘리자 루하마 시드모어라는 미국인이 알와르 지역을 여행한다. 외국 관광객들이 흔히 그랬듯이, 그녀의 관심은 번왕들의 동화 같은 생활에 있었다. 그 막대한 부와 호화로움에 이끌린 것이다.

당시 알와르의 번왕은 1892년에 왕위를 물려받은 자이 싱 프라바카르 바하두르였다. 턱수염을 풍성하게 기르고 염색을 했던 전왕들과 달리, 그는 유럽인 같은 스타일을 하고 있었다. 콧수염을 엷게 기른 것 말고는 깨끗이 면도를 했다. 눈빛에서는 이국적 정취가 풍기고, 비단, 황금, 다이아몬드로 만든 화려한 예복을 입고 있다. 다른 번왕들보다 훨씬 세련되고 화려하다. 관광객들은 감탄을 금치 못한다.

엘리자 루하마 시드모어는 번왕이 탄 코끼리가 가는 곳마다 어디든 따라다니는 노래꾼 300명의 행렬에 대해 이야기한다. 대리석으

114

로 덮인 거대한 방과 순은으로 만든 세간이 그득한 성들도 묘사한다. 또 진귀한 난초가 무성한 정원에 대해서도 이야기한다. 길들인 호랑이와 라지푸트어로 완전한 문장을 읊는 파란 앵무새에 대해서도, 말 500마리와 코끼리 40마리가 사는 축사에 대해서도 이야기한다. 코끼리들은 "군주의 은덕을 찬미하며 한가로이 쿵쿵거리면서 코를 흔들고 있었다."[11]

숙소로 돌아온 그녀는 여행 동료들과 함께 차를 마신다. 그리고 전통 음식인 칼라칸드를 주문한다. 큰 냄비에 졸인 우유에 설탕과 말린 과일을 섞은 간식이다. 방에 붙은 안내문이 번왕국의 어두운 일면을 드러낸다. "방문객들께서는 하인을 구타하지 마시고 관리자에게 알려주시면 처벌하도록 하겠습니다."[12] 그녀는 이른바 '베가' 제도라는 것을 접하게 된다. 귀족이 아닌 사람은 누구나 1년에 최소한 한 달 이상 무보수로 노동을 해야 하는 제도다. 노동의 시기는 번왕이 결정한다. 여자들은 집안일이 아무리 바빠도 왕궁으로 불려간다. 남자들은 번왕의 아편 농장에서 수확을 하느라 자기 밭의 곡식들이 썩어가도 어쩔 수가 없다. 여기에다 막중한 세금이 부과되며, 사전 예고 없이 특별 세금이 부과되기도 한다. 가령 공주가 결혼한다든지 하는 경우다.

자이 싱 프라바카르 바하두르는 유럽을 뻔질나게 드나들며 차를 수없이 사 모은다. 모두 고급차들이다. 한번은 런던의 롤스로이스 전시장에서 모욕을 당하고는 롤스로이스사의 가장 비싼 모델들 여섯 대를 사들인다. 그러고는 귀국 후에 차들을 모두 개조하여 쓰레기차로 운행시킨다. 롤스로이스사는 경악했다. 이 지역의 고객들도 급속히 떨어져나간다.

국내에서 열린 폴로 대회 중에는 말들이 마음에 들지 않는다는 이유로 말들에게 석유를 붓고 경기장에서 산 채로 불태우게도 했다. 경기를 관전하던 영국 관료들은 인내심이 한계에 이르렀고,[13] 마하라자가 호랑이 사냥에 나설 때마다 어린아이들을 산 미끼로 이용했다는 사실이 드러나자 더는 묵과할 수 없었다. 1933년 마하라자는 왕위에서 퇴위되어 파리로 옮겨간다. 그곳에서 그는 백인들과 신체 접촉을 피하기 위해 장갑을 낀 채로 말년을 보낸다.

군주제의 종식

사촌인 테지 싱 프라바카르 바하두르가 왕위를 이어받았다. 새 왕은 전왕만큼 야만적이지는 않았지만, 오만함은 다를 바가 없었고 사회 개선에 전혀 관심이 없는 것도 똑같았다. 그는 이렇게 말했다. "우리는 태양신의 아들들이다. 백성들은 우리의 자녀들이다. 그 관계는 곧 부자관계다. 경전에는 개혁을 언급하는 대목이 어디에도 없다."[14]

군주제가 결국 종식된 것은 1949년 알와르가 훨씬 더 민주적인 인도연방에 합병되면서였다. 그러나 테지 싱 프라바카르 바하두르는 순순히 물러나지 않았고, 그 과정에서 희생된 이들은 주로 이 땅에 사는 민주적 성향의 무슬림들이었다. 여섯 달에 걸쳐 무슬림들은 거의 모두 추방되고 말았다.

테지 싱 프라바카르 바하두르는 델리로 돌아가서 쌓아둔 돈으로 편안히 살다가 2009년에 사망했다.

책　엘리자 루하마 시드모어(Eliza Ruhamah Scidmore), 『겨울 인도(Winter India)』 (1903)

요리　칼라칸드

재료: 우유 1.5*l*, 설탕 100g, 사프란 1작은술, 식초 2큰술, 말린 과일(고명용)

만드는 법:

우유를 끓이고 설탕과 사프란을 넣어 젓는다. 우유 양이 반으로 줄어들 때까지 계속 졸인다. 졸아든 우유를 150*ml*만큼 덜어내고, 남은 우유에 식초를 넣어 몇 분 더 가열하면서 천천히 젓는다. 이렇게 엉긴 우유를 냄비째 15분간 식힌다. 액체를 따라버리고 엉긴 우유를 살살 반죽한다.

덜어서 보관해둔 우유의 2/3를 데우고, 여기에 엉긴 우유를 넣는다. 우유가 모두 흡수되고 혼합물이 걸쭉해지면 사발에 담아 시원한 곳에 둔다. 남은 우유를 붓고 잘게 썬 말린 과일을 뿌린다.

도화지에 쓱쓱 그린 나라

Eastern Rumelia

발칸반도는 역사를 통틀어 늘 불안정한 지역이었다. 1870년대 말에 다시 분쟁이 불거졌다. 이번에는 동쪽의 흑해에 면해 있는 남쪽 지역에서였다. 사태를 외교적으로 해결하려는 국제사회의 노력은 효과를 보지 못했고, 서방의 몇몇 열강은 이곳에 요원들을 파견한다. 사태의 전개에 영향력을 행사하고, 또 현지 상황이 어떻게 돌아가고 있는지 파악하려는 의도에서다.

시대는 훨씬 뒤이지만 동일한 공간을 배경으로 한 소설이 있다. 프랜시스 밴 윅 메이슨의 『다르다넬스 해협의 부랑자』다. 소설은 두 명의 미국 요원이 눈 덮인 산 위로 낙하산을 타고 강하하는 장면으로 시작한다. 한 요원은 휴 노스, 제임스 본드 스타일의 캐릭터로 윅 메이슨의 첩보소설 몇 편에 주인공으로 등장하는 인물이다. 또 한 요원은 미모의 신문기자 징글스 로슨이다. 두 사람은 이미 현지 농부들 차림으로 변장한 상태다. 이곳 남자들은 머리를 평생 깎지 않기에 노스는 가발까지 쓰고 있다. 또 머리털 이외의 모든 체모는 역시 이곳 풍습에 따라 깨끗이 밀어버렸다. "아마 해충을 막기 위한" 풍습일 거라고 징글스가 얼굴을 붉히며 말한다. 여기에 두 요원은 코담배를 눈꼬리에 비벼서 눈을 붓게 만들었고, 또 코를 풀 때는 손 외에 다른 물건은 쓰지 말라는 지시도 받은 상태. 역사를 전공한 윅 메이슨은 아마 이런 것들을 어느 정도 고증했겠지만, 아무래도 과장이 좀 심하다는 느낌을 지울 수 없다.

국가 동루멜리아	
연대 1878~1908	
인구 975,030명	
면적 32,550km^2	

러시아의 영광과 좌절

1870년대의 세계는, 그전이나 그 후에도 흔히 그랬지만, 서로 우위를 점하기 위해 각축을 벌이는 강대국들에 의해 좌지우지되고 있었다. 민초들로서는 도통 이해할 수 없는 일들이었다. 이 무렵 러시아는 지중해로 진출할 길목을 확보하기 위해 혈안이 되어 있었다. 그러자면 오스만제국을 몰아내야 했다.

오스만제국은 우구즈튀르크족이 세운 제국으로, 세력이 절정에 이르렀던 1600년대에는 지중해의 남쪽 땅과 동쪽 땅을 아우르고 아나톨리아(소아시아)를 넘어 인도양까지 뻗은 방대한 영토를 점유했다. 두어 세기 동안 정체기를 겪은 오스만제국은 이제 쇠락의 길을 걷고 있었다. 1877년 러시아는 지금이 적기라고 판단했다. 미리 눈독을 들이고 있던 지역에 침입해 쉽게 점령했다. 1년 후에 맺어진 산스테파노조약에 따라 러시아의 지배를 받는 대ㅅ불가리아Greater Bulgaria라는 영토가 설정되었다. 대불가리아의 땅은 남쪽으로 에게해에 접한 항구도시 테살로니키까지 뻗어 있었다.

그때까지 바라만 보고 있던 유럽의 다른 열강들은 이 지역에서 러시아가 세력을 키워나가는 것에 점점 불안감을 느낀다. 영국, 프랑스, 이탈리아, 오스트리아 – 헝가리제국이 모두 조약의 승인을 거부한다. 독일의 오토 폰 비스마르크 수상이 1878년 여름 동안 베를린조약이라는 새로운 중재안을 마련한다. 그 내용은 러시아의 전리품을 대폭 축소하는 것이었다. 강경한 협박에 몰린 러시아는 하는 수 없이 조약에 서명한다.

비스마르크는 이 과정에서 벤저민 디즈레일리 영국 총리의 공이 컸음을 인정한다. "그 유대인 양반 참 대단하신 분"이라고 말했다고 전해진다.[15] 그래도 북쪽의 불가리아 땅 일부는 러시아가 계속 일정한 영향력을 유지하게 되었고, 남쪽의 마케도니아는 계속 오스만제국의 통치를 받게 되었다. 두 세력의 평화적 공존을 위해서는 두 지역 사이에 별개의 자치 지역을 설정해야 했다. 영국의 제안에 따라 그 땅은 동루멜리아로 불리게 되었다. 동루멜리아는 동쪽으로 흑해, 북쪽으로 발칸산맥, 남쪽으로 스트란자산맥으로 둘러싸인 지역이었다. 이 신생국에 대해서는 오스만제국이 일종의 관할권을 계속 유지하되, 총독은 기독교인으로 파견해야 한다는 조건이 붙었다.

이 지역의 민족적 · 정치적 관계는 전혀 고려 대상이 아니었다. 이 모든 것은 도화지에 쓱쓱 그린 그림에 불과했으니, 영국의 로버트 A. T. 개스코인세실 외무장관조차도 이 조약의 문제점을 인정했다. "발칸반도 남쪽에 좀 허술하나마 튀르크 통치 지역을 다시 구축할 것이다. 하지만 이는 미봉책에 불과하다. 튀르크는 이미 생명력을 잃은 상태."[16]

그럼에도 오스만제국은 중재에 만족했고 영국의 지지에 감사하는 뜻으로 키프로스섬을 넘겨주기까지 했다. 한편 오스트리아 – 헝가리제국은 조약에 따라 보스니아 헤르체코비나를 통째로 차지하게 되었다.

러시아는 당연히 중재 결과가 그리 만족스럽지 않았지만, 그래도 북쪽의 줄어든 불가리아 땅을 다스릴 대공大公을 알렉산드르 2세 황제가 임명할 수 있는 권리를 얻어냈다. 황제는 자신의 독일인 황후의 조카를 보내기로 했고, 그의 이름도 알렉산드르였다. 그러나 황제가 더 나아가 이곳의 국방장관까지 친러시아 성향의 인물로 임명하자, 불가리아인들은 더 이상 참을 수 없었다. 황제가 임명한 대공은 뜻밖에도 불가리아 국민들의 편에 섰지만, 곧바로 러시아 요원들에게 납치당하고 만다. 대공은 아무 소리도 못 하고 왕위를 내놓았다. 갑자기 발생한 정치적 공백 상태를 놓치지 않고 불가리아인들은 나름의 대공을 옹립했고, 그는 놀랍게도 1918년까지 계속 재위하여 러시아에 큰 좌절을 안긴다.

터키어, 그리스어, 불가리아어, 프랑스어

한편 새로 세워진 나라 동루멜리아에서 오스만제국은 기독교인이면서 친오스만 성향인 알렉산더 보고리디라는 불가리아 공작을 총독으로 임명한다. 대부분 불가리아계 주민으로 이루어진 97만 5,000명의 국민들은 겉으로는 무관심했지만, 속으로는 무언가가 쌓여가고 있었다.

동루멜리아 최초의 우표가 발행된 것은 1881년이다. 국가로서의 정체성을 확립하려는 노력이었을 것이다. 콘스탄티노플에서 인쇄했고, 도안에는 오스만제국의 기존 우표에서 빌려온 요소들이 고스란히 들어 있다. 여기에 터키어로 "오스만제국 우편"이라는 문구가 보란 듯이 찍혀 있다. 그러나 같은 문구가 그리스어, 불가리아어, 프랑

1881: 초승달 그리고 터키어·그리스어·불가리아어·
프랑스어로 "오스만제국 우편"이라고 찍힌 문구들.

스어로 거듭 찍혀 있어서 이곳의 혼란상을 여실히 드러내고 있다.

내 우표에는 '필리포폴리스'라는 소인이 찍혀 있다. 동쪽 트라키
아 평원 한가운데 자리 잡은 도시 플로브디브의 그리스식 이름이다.
마리차강 연안의 구릉지대에 위치한 이 도시의 역사는 무려 6,000여
년 전으로 거슬러 올라간다. 유럽에서도 대단히 오래된 도시이니, 새
나라의 수도로 삼지 않을 수 없다.

대불가리아를 꿈꾸다

이 지역에서 불가리아 통합을 지지하는 목소리가 점점 높아진
다. 동루멜리아와 북쪽의 불가리아 땅뿐만 아니라 마케도니아까지
통합해야 한다는 의견이 대세를 이룬다. 여론이 워낙 강경하여 오
스만제국은 동루멜리아에 군대를 주둔시킬 권리를 포기하고, 군대

를 마케도니아로 철수시킨다. 그 후 얼마 안 되어 마케도니아에서 크레스나 – 라즐로그 봉기가 일어나자, 북쪽에서 수백 명의 의용군이 쏟아져 내려온다. 오스만의 군대는 천신만고 끝에 소요를 진압한다.

여전히 불가리아 통합을 지지하는 다양한 활동이 전개되고, 불가리아 비밀중앙혁명위원회라는 조직이 발족된다. 위원회는 동루멜리아에서 반란을 감행하기로 결정한다. 오스만 군대가 철수한 상태라서 해볼 만했다. 1885년 9월 6일, 반란군은 신생국의 정권을 잡는다. 불가리아 정규군의 지원을 효과적으로 받으며 피 한 방울 흘리지 않고 무혈 입성한 것이다. 주민들은 단숨에 거리로 쏟아져 나와 자유를 만끽한다. 빨래판이며 냄비며 나팔이며 트럼펫 등 소리가 날 만한 것은 무엇이건 집어 들고 뛰쳐나온다. 곧 거리는 귀청이 떠나갈 듯한 함성과 소음으로 가득 차고 공중에서는 던져 올린 모자들이 춤춘다.

동루멜리아는 하룻밤 사이에 해체되어 불가리아의 나머지 땅과 재통합된다. 하지만 마케도니아까지 합병하여 불가리아 영토를 확장한다는 목표는 영원히 이루어지지 않는다. 강대국들의 견제 심리가 강하고, 오스만제국도 물러나기엔 여전히 세력이 너무 강하다. 동루멜리아는 1908년까지 어느 정도의 자치권을 갖는 하나의 주로 관리되었다. 또한 합의 하에 오스만제국은 적어도 문서상으로는 이곳에 대해 계속 일정한 영향력을 유지한다.

현재까지 많은 양이 남아 있는 동루멜리아의 우표는 혁명이 일어난 1885년까지 계속 사용되었다. 단 불가리아 사자 그림을 가쇄하여 사용했고, 내 우표도 그런 경우다. 1886년부터는 오로지 불가리아의 우표만 사용되었다.

책 R. J. 크램프턴(R. J. Crampton), 『불가리아의 간략한 역사(A Concise History of Bulgaria)』(1997)

프랜시스 밴 윅 메이슨(Francis Van Wyck Mason), 『다르다넬스 해협의 부랑자 (Dardanelles Derelict)』(1950)

울려 퍼지는 찬송과 인종차별주의
Orange Free State

"바로 코앞에 또 어떤 지형이 펼쳐질지 알 수 없어."[17] 남아프리카의 고원 위에 쳐놓은 천막 안에서 노르웨이 트뢰넬라그에서 온 측량사 잉발 슈뢰데르닐센이 제도판을 바라보며 한숨을 푹 쉰다. 날이 저물어가고 있다. 오늘 하루 측량한 땅을 깨끗한 지형도로 그려놓아야 하는데 쉽지 않다. 잉크가 번지지 않게 하려면 펜을 일정한 힘으로 쥐고 선을 단번에 그어야 하는데, 파리 떼가 기승을 부리는 통에 생각처럼 잘되지 않는다.

때는 1898년, 남아프리카 고지대의, 발강과 오렌지강으로 둘러싸인 땅에 '오렌지자유국'이 세워진 지도 이제 50년이 되어간다. 두 강 중에 더 큰 강인 오렌지강의 수원은 동쪽에 3,000미터 이상의 높이로 솟은 드라켄즈버그산맥이다. 이 지역은 강수량이 연간 2미터 정도이고 겨울에는 눈도 내려 뾰족뾰족한 산봉우리를 하얗게 덮곤 한다. 오렌지강은 대서양을 향해 서쪽으로 흐르면서 주황색 흙탕물로 탈바꿈한다. 물살이 잔잔한 곳은 새, 악어, 하마, 코끼리 등 동물들의 천국이다. 강물 양쪽으로 가시투성이 아카시아 덤불이 늘어서 있지만, 드문드문 나 있을 뿐이라, 건조한 여름에는 햇빛에 땅이 갈색으로 바짝 타들어간다.

이곳은 원래 츠와나족, 코이코이족, 산족이 살던 지역이었다. 그러나 1800년대 전반에 동쪽에서 과격한 줄루족이 쳐들어와 이 지역을 거의 초토화시켰다. 그 덕분에 1800년대 말에 남쪽에서 올라온 백인 정착민들이 이곳에 수월하게 진출할 수 있었다. 정착민들은 수백 년 전 희망봉 부근

국가 오렌지자유국	
연대 1854~1902	
인구 100,000명	
면적 181,299km²	

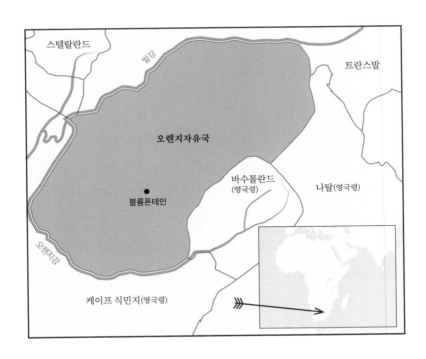

언덕지대에 정착했던 네덜란드와 프랑스 출신 위그노(개신교 신자)들의 후손이었다. 1795년 영국이 연안 지역을 식민지화한 것에 불만을 품고 있다가 북상한 것이었다.

정착민들은 스스로를 '보어'(네덜란드어로 '농부')라고 불렀다. 이들은 키가 크고 건장했으며 승마와 사격에 능했다. 무엇보다도 이들은 교조적 칼뱅주의자들로서, 하느님이 각각의 죄인이 구원을 받을지 지옥에 갈지를 미리 예정해놓았다고 믿었다. 교리에 따라 이들은 가부장적 가족제도를 취했으며, 이곳저곳에 흩어진 작은 농장에서 소박하고 검소하게 살았다.

이곳에 측량을 나온 잉발 슈뢰데르닐센은 보어 문화를 가까이에서 체험할 기회를 갖는다. 젊은 그의 눈길을 가장 먼저 잡아끈 것은 젊은 여자들이었다.

　… '카피'라는 특이한 모자를 쓰고 다닌다. 챙이 앞으로 워낙 많이 튀어나와서 얼굴이 그늘에 완전히 덮이고 햇볕을 완벽히 가려준다. 이곳 여자들은 햇볕에 타는 것을 질색하는 듯하다. 그러다 보니 젊은 여자들의 피부색이 마치 동화 속 주인공처럼 발간 우윳빛이다. … 젊은 여자들은 예쁘고 통통한 얼굴이 많지만 미인이라고 할 만한 이는 드물다. 그리고 조금 나이 든 아줌마들은 죄다 워낙 비만이어서 미래의 아내가 저럴 것이라고 생각하면 끔찍할 정도다.[18]

주민들이 종종 그를 집 안으로 불러서 커피나 저녁을 대접한다. 메뉴는 대개 찜솥에 찐 소고기와 으깬 고구마, 호박, 으깬 옥수수다. 모두 단층인 집들은 햇볕에 말린 흙벽돌로 지어졌고, 지붕은 골 파인 함석이나 짚으로 되어 있다.

집은 네다섯 개의 방으로 나뉘어 있고 바닥은 흙이나 널빤지로 되어 있다. … 편안해 보이는 것이라곤 '러스트뱅크'라는 긴 의자밖에 없다. 앉는 곳과 등받이를 소가죽 끈으로 엮은 원시적인 소파다. 흙바닥은 점토와 소똥을 섞은 재료로 아주 단단하고 반들반들하게 마감해 놓았다.[19]

그는 교회에도 따라간다.

모든 사람이 한참 동안 열심히 헛기침을 하고 목청을 가다듬다가 목사가 찬송을 시작하니 비로소 잠잠해졌다. 목사는 날카로운 음을 무척이나 길게 죽 뽑더니, 괴이한 비브라토로 마무리했다. 그러자 곧바로 모든 사람이 젖 먹던 힘까지 모아 목청이 터지도록 따라 했다. 그런 음악은 평생 처음 들어보았다![20]

면적이 네덜란드의 네 배 정도 되는 오렌지자유국은 1854년 독립된 공화국으로 세워졌다. 인접한 트란스발공화국도 역시 보어인들이 몇 년 전에 세운 나라였다. 행정 중심지는 블룸폰테인이었다. 저층 주택들이 반듯반듯한 몇 개 구역에 나뉘어 있었고, 갈색 자갈이

깔린 엄청나게 넓은 길 몇 개가 드문드문 나 있었다. 공용어는 네덜
란드어였고, 18세 이상인 모든 백인 남자는 '폴크스라트Volksraad', 즉
'국민의회'에 출석해 투표할 권리가 있었다. 헌법에는 얼마 남지 않
은 원주민들은 하등한 존재로 보아야 한다는 취지의 조항이 있었다.
"우리 국민들은, 종교 면에서나 정치 면에서나, 유색인들과 이 나라
의 백인 주민들 사이에 어떠한 평등도 허용치 않고자 한다."[21]

원주민 소작농

그럼에도 조용한 평화 속에서 여러 해가 흘렀고, 백인 인구는 1만
5,000명에서 1875년 무렵에는 7만 5,000명까지 늘었다. 농장들의
규모가 커지면서 인력 수요도 늘기 시작했다. 결국 보어인들이 '카피
르'라고 부르던 원주민들이 점차 일종의 소작농 역할을 하게 되었다.
잉발 슈뢰데르닐센은 그 덕분에 이곳의 농장 경영이 노르웨이에서
보다 훨씬 수월해 보인다고 적었다.

> 농장주는 밭갈이철에 카피르들에게 소와 쟁기를 빌려주고, 그 대
> 가로 카피르들은 농장의 농사일을 도맡아야 한다. 카피르 여자들은
> 안주인을 도와 빨래와 도축 등의 일을 하고, 집안일과 정원 일도 한
> 다. 아이들은 소를 몰다가 밤이 되면 축사에 데리고 들어온다.[22]

이와 함께 노예제도 또한 차츰 확대되었고, 노예들은 마다가스카
르, 모잠비크, 말라야 등지에서 수입해 왔다.

보어전쟁

영국은 이미 노예제도 철폐법을 통과시켰기에 1898년 오렌지자유국을 침공하면서 노예제도의 존속을 주요 이유로 들었다. 그러나 영국이 인접국인 트란스발에 더 관심이 있었음을 보여주는 정황증거가 많다. 최근 트란스발에서는 금과 다이아몬드의 대규모 매장지가 발견되었다.[23] 오렌지자유국은 트란스발과 상호방위협정을 맺었기에 함께 전쟁에 휘말려들었다.

이른바 보어전쟁의 시작이었다. 보어인들은 개인주의적이어서 게릴라 전투에 능했다. 곳곳에 흩어져 있는 수많은 농장들이 안정적인 보급소 역할을 해주었다. 영국군은 저항을 꺾기 위해 초토화 전술을 썼다. 가는 곳마다 농장과 작물을 불태우고, 가축을 도살하고, 땅에 소금을 뿌렸다. 수많은 강제수용소를 설치했고, 그곳에서 3만 명의 여성과 아이들이 굶주림, 질병, 탈진으로 목숨을 잃었다.

내가 가진 우표에는 '1899년 블룸폰테인' 소인이 찍혀 있다. 영국이 이 도시를 점령하기 직전에 찍힌 소인이다. 오렌지자유국은 1868년부터 우표를 발행했다. 몇 가지 액면가와 색상으로 인쇄되었지만 모두 동일한 도안을 담고 있다. 가지런하게 다듬은 오렌지나무 주위에 우편나팔 세 개가 그려진 그림이다. 도안은 꾸밈없고 우직하다 못해 순진한 느낌까지 난다. 영국은 블룸폰테인을 점령한 뒤에 미판매된 우표 재고를 대량으로 발견하고는 곧바로 "V. R. I."라는 약자를 일일이 찍어 다시 유통시킨다. 라틴어로 'Victoria Regina Imperatrix', 즉 '빅토리아 여왕 겸 여제'라는 뜻이다.

1869: 오렌지나무가 그려진 평범한 도안.

1902년, 베르니이헝 평화조약이 체결된다. 오렌지자유국과 트란스발은 모두 영국의 식민지가 된다. 오렌지자유국의 이름은 '오렌지강 식민지'로 바뀐다. 1910년, 이 지역은 남아프리카연방에 편입되어 '프리스테이트'라는 이름의 주가 된다.

아파르트헤이트

잉발 슈뢰데르닐센은 보어인들의 편에서 싸웠다. 포로로 잡혔다가 풀려난 그는 노르웨이로 돌아가 몰데라는 도시의 전신국 국장이 되었다.

보어인들도 상당수는 타국으로 이주했으나, 대부분은 그대로 남았다. 보어인들의 인종차별 관행은 곧 남아프리카공화국 헌법과 이른바 '주종법主從法, Master and Servant Laws'이라는 형태로 제도화되었다. 이에 따라 원주민들은 일체의 토지 소유권을 갖지 못했고, 농장주와 광업회사들의 요구에 따라 노동을 제공해야 했다. 이런 기조에 따라 남아프리카공화국 정부는 가혹한 인종차별 정책인 아파르트헤이트를 오랫동안 실시했고, 이는 1994년 넬슨 만델라가 대통령이 될 때까지 이어졌다.

책   작자 미상, 『오렌지자유국 개황(Sketch of the Orange Free State)』(1875)
잉발 슈뢰데르닐센(Ingvald Schrøder-Nilsen), 『보어인들과 함께 한 평화와 전쟁(Blant boerne i fred og krig)』(1925)

희뿌연 먼지 속의 초석 전쟁
Iquique

초석硝石이라는 광물은 동식물의 잔해가 분해되어 염분을 함유한 토양과 접촉할 때 만들어진다. 가령 옛날에 바닷속에 있다가 해수면 위로 솟아오른 땅에서 초석이 발견되는 경우가 있다. 초석은 중세 초기 중국에서 화약을 발명하면서 수요가 급증했다. 화약을 제조하려면 먼저 초석 75퍼센트, 황 10퍼센트, 석탄 15퍼센트의 비율로 섞어서 곱게 갈아야 했다. 여기에 알코올을 넣어 반죽한 다음 밀어서 얇게 폈다. 그리고 말려서 곱게 빻으면 반짝이는 검은 가루가 얻어졌다. 이것이 바로 화약이었다. 처음에 화약은 주로 불꽃놀이에 쓰였지만, 점차 시행착오를 거치며 결국 전 세계에서 전쟁의 필수품이 되기에 이르렀다.

1800년대에 초석의 쓰임새는 더 다양해졌다. 초석은 거의 순수한 질소로 이루어져 있으므로 유럽과 미국에서 발달 중이던 대규모 농업 분야에서 퇴비와 천연비료 대신 쓰기에 적합했다. 폭약 산업은 더 새로운 기술을 쓰는 쪽으로 발전하고 있었으므로, 농업이 초석의 가장 중요한 활용 분야로 자리 잡게 되었다.

세계 최대의 초석 매장층은 아타카마 사막에서 발견되었다. 남아메리카의 태평양 쪽 해안을 따라 600킬로미터나 이어진 1,000미터 높이의 고원에 1미터 두께의 지층 아래 초석이 묻혀 있었다. 매장층은 페루, 볼리비아, 칠레에 걸쳐 있었지만, 오직 칠레 회사들만 채광에 참여하여 모든 수익을 쓸어가고 있었다. 이에 불만이 있던 칠레 북쪽의 인접국 페루와 볼리비아는 세금을 더 높게 부과하고 채광업을 국유화하겠다고 경고했다. 분개한 칠레는 1879년 봄에 전쟁을 선포했다. 후에 '초석 전쟁'으로 불린 전쟁이었다. 페루와 볼리비아 군대는 부싯돌로 발화

국가 이키케
연대 1879~1883
인구 16,000명
면적 30km²

하는 구식 머스킷총으로 무장하고 있어서 칠레의 현대화된 군대를 당해낼 재간이 없었다. 설상가상으로 칠레는 군인들에게 '추필카 델 디아블로'라는 약을 일률적으로 먹이기까지 했다. 화약과 독한 술을 섞은 이 약을 먹으면, 평범한 보병이 두려움도 양심의 가책도 없는 광포한 괴물로 돌변했다.

맹공을 퍼부으며 진격하던 칠레 군대는 역사 속의 전쟁들에서 흔히 그랬듯이, 부녀자를 겁탈하고 약탈을 저지르며 승리를 자축했으리라. 하지만 그들이 승리의 기쁨을 누린 또 하나의 방법은 우표였다. 칠레 군대는 새 도시를 점령할 때마다 곧바로 그곳의 소인부터 만들었다. 칠레 우표를 대량으로 갖고 다니며 거기에다 새로운 소인을 찍었다. 모든 우표는 크리스토퍼 콜럼버스의 초상화를 도안으로 했다. 그림 속의 콜럼버스는 챙과 귀덮개가 달린, 눈에 익은 선원 모자를 쓰고, 자칫 거부감이 들 정도로 선지자 같은 표정을 짓고 있다. 군대의 진군 소식에 귀 기울이던 본국의 국민들은 새 소인이 찍힌 편지가 올 때마다 환호했다.

돈방석에 앉다

내가 가진 우표에는 '이키케'의 소인이 찍혀 있다. 이키케는 1879년 11월에 이미 점령된 페루의 도시였다. 해안을 따라 이어진 좁다란 평지에 자리한 이 도시는 앞으로는 바다가, 뒤로는 아타카마 사막으로 이어지는 가파른 산비탈이 놓여 있다. 이곳은 전 세계에서 가장 건조한 지역으로 꼽히는 곳으로, 몇 년 동안 비 한 방울 안 내릴 때도

1878: 크리스토퍼 콜럼버스를 도안으로 한 칠레
우표. '1882년 이키케'로 소인이 찍혀 있다.

있다.[24] 그래서 식물이라곤 찾아볼 수 없고, 정기적으로 소금물을 뿌리는 중심가를 제외하면 건물이며 도로며 조선소가 모두 희뿌연 먼지로 두껍게 덮여 있다. 이곳의 삶은 오로지 초석을 중심으로 돌아간다. 이곳을 찾아온 사람은 물어볼 것도 없이 죄다 일을 하고 돈을 벌려는 것이다. 크로아티아인이건, 스코틀랜드인이건, 중국인이건, 파키스탄인이건 마찬가지다.

큰 초석회사의 간부들도 주로 이키케에 살고 있다. 그중에는 존 토머스 노스John Thomas North라는 영국인도 있다. 1866년에 꾀죄죄한 낡은 양복 차림으로 주머니에 단돈 10파운드를 넣고 발파라이소에 처음 발을 딛었을 때의 그는 그리 희망에 찬 모습이 아니었다. 하지만 열심히 일을 하고 승진을 거듭한 끝에 이제는 자신의 회사를 운영하고 있다. 그의 회사는 이키케의 상수도 사업을 독점하고 있다.

바야흐로 새로운 기회가 열린다. 전쟁이 터지면서 초석 광산의 가치가 헐값으로 떨어진다. 전쟁이 휩쓴 혼란 속에서 노스는 광업, 해운업, 육운업을 가리지 않고 거의 모든 사업체를 사들인다. 그의 판단은 적중한다. 칠레가 아타카마 사막을 점령하자마자 가격은 이전 수준을 회복하는 데에서 그치지 않고 그 이상으로 오른다. 노스는 돈방석에 앉는다.[25]

질산염 왕

내 우표에 찍힌 소인에는 연도가 어렴풋이 보인다. 1882년이다. 그해는 이키케가 칠레에 점령된 지 3년이 지났을 무렵이다. 또 존 토머스 노스가 영국으로 돌아간 해이기도 하다. 그는 세계적으로 손꼽힐 만한 갑부가 되어 귀국했다. 이미 '질산염 왕The Nitrate King'이라는 별명까지 얻은 그는 곧바로 돈을 흥청망청 쓰기 시작한다. 거금을 들여 호화 저택, 경주마, 경주견을 사들인다. 또 호화로운 파티를 열어, 헨리 8세의 옷차림을 하고 손님들과 어울린다. 그의 파티에는 이름만 들으면 알 만한 영국 최상류층 인사들이 줄줄이 초대된다. 손님 중에는 랜돌프 처칠 경(윈스턴 처칠의 부친)과 웨일스 공(후의 에드워드 7세)도 있다.[26] 그는 명예 대령의 계급을 수여받고, 그의 이야기는 왕실 이야기만큼이나 넓은 신문 지면을 도배한다. 갖가지 루머도 퍼진다. 『햄프셔 텔레그라프』지는 '노스의 부인否認'이라는 제목으로, 노스 자신이 이런저런 소문을 부인했다는 식의 과장 섞인 기사를 신는다.

노스 대령은 거금 300만 파운드에 국립미술관의 소장품을 매입하겠다고 정부에 제안한 적이 없다. 또 그렇게 사들인 거장들의 작품으로 저택의 식당 벽을 도배할 생각도 없다. '질산염 왕' 노스는 다음번 여행에는 코이누르 등 왕관에 박힌 보석으로 수놓은 연미복을 입을 계획이 없다. 그는 초대형 여객선 그레이트이스턴호를 구입한 적이 없다. 또한 그레이트이스턴호를 수상 궁궐로 꾸며서 웨일스 공을 태우고 뱃놀이를 즐길 생각도 없다. '질산염 왕'이 저녁 식사 후에 늘 황금 이쑤시개를 쓰는 것은 맞다. 그러나 다이아몬드 면도날로 늘 면도하지는 않으며, 부인에게 앞머리를 말 때는 영국은행에서 발행한 신권을 이용하라고 권하지도 않는다.[27]

초석 전쟁은 결국 지리멸렬하게 끝났고, 1883년 늦가을 강화조약이 맺어졌다. 이에 따라 페루는 이키케를 포함한 넓은 땅을 칠레에 내주어야 했다. 그다음 해에는 볼리비아가 해안에 접한 국토를 공식적으로 모두 잃고 영원히 내륙국이 되고 말았다.

그 결과 칠레는 초석 매장지를 지리적으로 독점하게 된다. 하지만 채굴 수익의 대부분은 여전히 외국 투자자들, 그중에서도 주로 존 토머스 노스에게 흘러간다. 이에 칠레의 호세 마뉴엘 발마세다 대통령은 1888년 초석 광산의 국유화를 제안한다. 그러나 대통령의 계획은 노스에게 거액으로 매수된 보수 정치인들의 한결같은 반대에 부딪힌다. 내전이 발발하고, 영국 해군은 항만을 봉쇄하여, 보수 진영을 지원한다. 영국 언론도 이에 발맞추어 발마세다를 "최악의 독재자", "학살자"로 부르며 비난한다.[28] 전쟁에서 패배한 후 발마세다는 스스로 목숨을 끊는다.

존 토머스 노스는 그로부터 몇 년 뒤에 굴을 먹고 식중독으로 사망한다. 그러나 칠레 경제를 장악한 영국의 영향력은 전혀 수그러들지 않는다. 이제 칠레 수출의 4분의 3은 영국을 통해 이루어지고, 그렇게 수출되는 품목은 초석이 거의 전부를 차지한다.

폐허가 되어버린 영광

아타카마 사막의 초석 광산에서 일하는 광부들의 노동환경은 열악하기 그지없었다. 하루에 16시간을 일했고 급료는 근근이 입에 풀칠할 정도밖에 되지 않았다. 급기야 1907년 12월 봉기에 나선 광부들은 노래하고 구호를 외치며 이키케로 행진했다. 이는 나중에 '이키케 산타마리아 학교 대학살'로 일컬어질 참사의 단초가 되었다. 칠레군의 기관총 난사에 2,000명의 남녀와 아이들이 낙엽처럼 쓰러졌다.[29]

이 무렵은 유럽에서 이미 공기에서 저비용으로 질소를 추출하는 방법이 발견된 후였다. 1920년대부터는 새 공정을 이용한 대량생산이 이루어졌지만, 칠레산 초석의 수요는 계속 이어졌다. 그러다가 20세기 중반, 초석 수요가 갑자기 줄어들고 만다.

덴마크 작가 카르스텐 옌센이 1990년대 말에 이키케의 광구를 방문했다. 폐허가 되어버린 산업 시설이 마치 공룡의 뼈와 같이 한때의 위용을 자랑하며 놓여 있었다. 그는 이렇게 적는다. "마치 폼페이 유적과도 같은 산업주의의 잔해들이 주가 폭락과 상장 폐지의 화산재 속에 묻힌 채 버려져 있다."[30]

책 윌리엄 에드먼슨(William Edmundson), 『질산염 왕: 존 토머스 노스 대령의 일대기 (The Nitrate King: A Biography of 'Colonel' John Thomas North)』(2011)

부르카에 온몸을 감춘 여왕들
Bhopal

"숨이 막히고 눈이 아렸다. 자욱한 연기에 길바닥이 보이지 않았다. 사이렌 소리가 귀청을 찢었다. 우리는 어디로 뛰어야 할지 알 수 없었다."[31] 1984년 12월 2일 밤, 인도 중부의 도시 보팔에서 일어난 참사의 현장에 있었던 목격자의 진술이다.

미국 회사 유니언카바이드의 현지 화학 공장에서 누출 사고가 일어나, 살충제 성분인 아이소사이안화 메틸이 거대한 구름처럼 피어올랐다. 금속을 부식시키고 실명을 일으키는 유독가스였다. 화학공장은 주거지역 한가운데에 위치하고 있었다. 1만 5,000명 이상의 목숨을 앗아간 이 사고는 역사상 최악의 산업재해로 기록되었다.

그날 이후 보팔이라는 이름은 '지옥의 참사'를 가리키는 대명사가 되었다. 하지만 그전까지만 해도 보팔이라는 이름은 사뭇 다른 이미지를 연상시켰다. 100년 전에 나온 키플링의 소설 『정글북』이 이곳을 무대로 했기 때문이다. 여름은 무덥고 건조하며, 가을은 비가 퍼붓는 몬순 기후의 정글 속에서 곰 발루, 흑표범 바기라, 야생 소년 모글리가 펼치는 모험 이야기는 지금까지 애독되고 있다. 이 지역에는 울창한 숲의 장막을 뚫고 이따금씩 작은 사암 언덕이 솟아 있다. 대체로 평탄한 땅을 좁다란 열곡과 깎아지른 협곡이 가로지르고, 그 밑으로 강물이 세차게 흐른다. 넓은 터에는 진흙집들이 모인 작은 마을들이 있고, 그 중심부에 아름다운 1,000년의 고도古都 보팔이 두 인공호수 사이에 자리 잡고 있다.

페르시아의 무굴제국이 이 땅에서 물러난 후, 보팔은 100년 이상 자치 군주국의 형태로

국가 보팔

연대 1818~1949

인구 730,000명

면적 17,801 km²

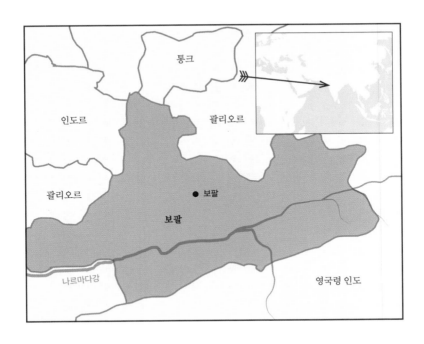

유지되다가, 1818년 영국의 동인도회사와 동맹을 맺었다. 보팔은 그에 따라 번왕국의 지위를 부여받았다. 간단히 말해 영국이 외교와 무역을 전담하는 한편, 그 나라는 소규모의 군대, 자국 국기 그리고 번왕이라 불린 군주를 계속 유지하는 방식이었다. 번왕은 그 나라 고유의 왕위 계승 규칙에 따라 지명되었다.

대부분의 다른 번왕국들과 달리, 보팔은 무슬림 인구로 이루어진 나라였다. 그럼에도 첫 네 군주가 모두 여성이었다는 사실이 놀라울 따름이다.

초대 번왕 쿳시아는 '선구적 왕'이었다. 번왕국이 수립되고 며칠 만에 남편이 암살당하자, 열여덟 살의 나이에 자신이 왕위에 오르겠다고 고집했다. 그녀는 나라를 흔들림 없이 다스렸고, 1837년에 딸 시칸데르가 왕위를 물려받았다. 시칸데르는 '무사 왕'이었다. 승마와 무술의 달인이었으며, 군의 총사령관을 맡았다. 나라 안의 이맘(이슬람 지도자)들은 여성이 군주를 맡는 것이 이슬람 율법에 어긋난다며 분노했다. 게다가 쿳시아와 시칸데르 모두 여성에게 몸과 얼굴을 가리게 하는 이슬람 관습 '푸르다'를 거부했기에 불만은 더욱 컸다. 그러나 여왕들은 친영 성향이었을 뿐만 아니라 성품이 올곧았기에 영국은 이들의 왕위를 계속 유지해주었다.

완벽한 것은 오직 알라뿐

1860년에는 샤 자한이 왕위를 물려받았다. 그녀는 '문화의 왕'으로 불려도 큰 무리가 없을 듯하다. 시, 미술, 건축 등에 관심을 가졌던 것이 분명하기 때문이다. 그 관심이 실제로 얼마나 깊은 수준이었는지는 논외로 해두자. 어쨌든 여왕은 아편을 집중적으로 재배하여 얻은 수익으로 도시 안팎에 웅장한 건물들을 지었다.

여왕은 첫 남편이 죽자 재혼했고, 새 남편은 페르시아 혈통의 시디크 하산 칸이라는 사람이었다. 그는 종교 문제에 정통적인 입장을 고수했던 것으로 보인다. 여왕은 남편에게 푹 빠져서 남편이 하라는 대로 다 했다. 푸르다도 지키기로 한다. 시디크는 기회를 놓치지 않고 영국과의 교신을 포함한 모든 대외소통을 장악한다. 그 결과 그는 막강한 권력과 위세를 누리게 된다.

최초의 우표는 샤 자한이 재위하고 있던 1876년에 발행되었다. 도안은 여왕의 반지에 박힌 다이아몬드를 상징하는 팔각형으로 되어 있고, 여왕의 이름이 팔각형 주변에 적혀 있다. 그 후 20년 동안 도안의 다른 부분은 바뀌지 않고 오직 이름 표기만 바뀐다. 처음 나온 우표들은 글자의 순서가 뒤죽박죽이라 거의 읽을 수가 없다. 이슬람 정통 교리에 따르면 모든 완벽은 시샘을 낳고 현실을 왜곡하기 때문에 그렇게 만든 것이었다. 오로지 알라만이 완벽한 존재인 것이다. 그러나 1890년에 발행된 내 우표에는 글자의 순서가 대부분 올바르게 되어 있다. 이렇게 글자의 배열이 바로잡힌 것은 영국이 시디크 하산 칸을 반식민 활동 혐의로 권좌에서 축출한 다음 해였다.[32]

우표의 특징은 그뿐만이 아니다. 팔각형 안의 빈 공간에는 돋을새김된 글자가 희미하게 보인다. 이 역시 여왕의 이름인데, 이번에는 우르두어로 적혀 있다. 돋을새김 작업은 궁성 안에서 여왕의 감독 하

1890: 테두리는 여왕의 반지에 박힌 팔각형의 다이아몬드를 상징한다.
그 안에 돋을새김된 샤 자한 여왕의 이름이 희미하게 보인다.

에 이루어졌다. 여왕의 인증 도장을 찍어놓은 셈이다.[33] 울퉁불퉁한
천공도 눈여겨볼 만하다. 천공 작업은 바늘 하나를 이용해 수작업으
로 이루어졌다. 한 번에 전지 열 장을 겹쳐놓고 구멍 하나하나를 일
일이 뚫은 것이다. 천공의 상태를 보면 작업자의 손길이 너무나 생생
히 느껴진다. 작업자가 그날 컨디션이 좋았는지 나빴는지 또는 성실
한 사람이었는지 산만한 사람이었는지가 적나라하게 드러난다.

샤 자한은 궁성에서 여러 일로 바쁜 와중에도 짬을 내어 번왕국
곳곳을 순시했다. 번왕은 백성들에게 인기가 좋았다. 아니, 적어도
그녀가 나중에 쓴 자서전에 따르면 그랬다고 한다.

마을에 내 행차 소식이 전해지자마자, 아낙네들이 나를 만나러 우
르르 몰려나온다. 저마다 아이를 안고, 조그만 물그릇을 들고 있다. 이

들은 물을 뿌리면 자신들의 주군이자 수호자에게 복이 온다고 철석같이 믿고 있다. 내 마차가 가까이 가자, 모든 이가 환영의 노래를 한목소리로 합창한다.[34]

그러나 이어지는 다음 대목은 백성들이 보내는 사랑의 제스처에 담긴 진실성을 살짝 의심하게 한다. "나는 화답하는 뜻에서 아낙네들이 들고 있는 조그만 물그릇에 하사금을 던져준다."[35]

잘생긴 남편은 최고급 장식품

샤 자한의 딸인 카이쿠스라우 자한이 1901년에 왕위를 이어받았다. 그녀는 이른바 '사회의 왕'으로, 여성의 지위를 강화하는 일련의 개혁을 실시한 것으로 유명하다. 또 입법기관을 신설해 일종의 국민투표와 비슷한 방법으로 의원을 선출하게 했으며, 힌두교도들에게도 주요 관직에 등용될 길을 열어주었다.

한편 카이쿠스라우는 모왕母王보다도 더 엄격하게 전통적인 관습을 준수했던 것으로 보인다. 그녀는 모든 명령을 가림막 또는 코바늘로 뜬 부르카 너머에서 하달했다. 그러나 이는 분명 종교적 이유 때문만은 아니었을 것이다. 이렇게 함으로써 자국의 귀족들부터 영국의 식민 당국자들까지 숱한 남성 정적들이 여왕에게 입김을 불어넣거나 여왕을 좌지우지하려는 것을 어느 정도 차단할 수 있었다.

카이쿠스라우는 1926년에 아들 하미둘라 칸에게 왕위를 물려주었고, 이로써 100년간 이어져온 여왕 통치 시대는 막을 내리게 되었다. 묘하게도 여왕 중 그 누구도 얼굴이 후대에 전해지지 않는다. 첫 두 여왕은 카메라가 없던 시대에 재위했고, 그다음 두 여왕은 늘 베일을 쓰고 있었다. 부군夫君들의 외모를 보여주는 자료는 훨씬 많이 남아 있다. 그들은 모두 어머니나 딸이 심혈에 심혈을 기울인 끝에 고른 사위이자 남편이었다. 예외 없이 엄청나게 잘생긴 얼굴에 아몬드 모양의 눈을 반짝거리고 있다. 그 정도면 침소에서 천상의 열락을 제공하거나 벨벳과 실크로 감싼 왕의 안락의자에 함께 앉힐 최고급 장식품이 되어주기에 손색이 없었을 것이다. 공들여 고른 보람이 충분히 있었던 것으로 보인다.

1947년 영국이 인도 대륙에서 손을 떼자 하미둘라 칸은 보팔의 완전한 독립을 주장했다. 그러나 나라 안에서 대규모 시위가 벌어지자 뜻을 굽혀야 했다. 결국 1949년에 보팔은 인도 자치령에 편입되었고, 그 후에는 남쪽의 더 큰 주인 마디아프라데시주에 합병되었다.

그로부터 20년도 지나지 않아 보팔 참사가 터지면서 이곳 주민들의 삶은 송두리째 뒤바뀐다.

책　샤하랴르 M. 칸(Shaharyar M. Khan), 『보팔의 여왕들: 보팔 번왕국의 역사(The Begums of Bhopal: A History of the Princely State of Bhopal)』(2000)

나와브 술탄 자한 베굼(Nawab Sultan Jahan Begum), 『나의 일대기(An Account of My Life)』(1912)

샹젤리제 거리에서 오지의 꼰뚬으로

Sedang

'왕국 하나를 갖고 말 거야.' 인도차이나의 연안도시 꾸이년을 출발해 녹음이 울창한 산을 힘겹게 오르던 샤를마리 다비드 드 메레나Charles-Marie David de Mayréna는 머릿속으로 이런 생각을 하고 있었을 것이다. 그는 혼자가 아니다. 사업 동료 알퐁스 메르퀴롤이 동행하고 있고, 중국인 상인 네 명, 베트남인 첩 두 명, 짐꾼 80명이 뒤따르고 있다. 여기에 현지인 경호병 18명도 함께 산을 오르고 있다. 원정대의 목적지는 꼰뚬이라는 도시를 둘러싼 고원지대다. 마을들 사이로 오솔길이 나 있으면 길을 따라가지만, 길이 없는 곳은 무성한 덩굴나무와 대나무를 칼로 쳐내며 헤치고 가야 한다. 공기는 습하고 땅은 질퍽거린다. 무덥고 후텁지근한 날씨다. 메레나가 여러 해 동안 도도한 멋쟁이 신사로 활보하던 파리의 대로에 비하면, 미개지도 이런 미개지가 없다. 그는 횡령 혐의로 고소당한 후 도망쳐 왔다. 이제 그는 복수를 꿈꾸고 있다. 보란 듯이 복수할 심산이었다.

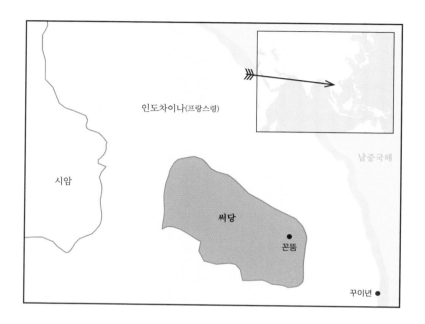

어중이떠중이들의 대열은 마침내 현지 부족인 바나족, 롱아오족, 써당족이 살고 있는 평원에 도착했다. 이들 부족은 원래 이 일대에서 대대로 살아왔지만, 중국인과 말레이인이 몰려들어 연안 지역에서 쫓겨

국가 써당	
연대 1888~1890	
인구 미상	
면적 10,000~30,000km²	

난 후에는 이곳에 작은 마을을 몇 개 이루어 살고 있었다. 이들의 생계수단은 화전농업과 원시적인 목축이었다. 마을마다 중앙에는 '롱'이라고 하는 특이한 건물이 있었다. 높이가 최고 20미터에 이르는 기둥 위에 세운 집이었는데, 짚으로 만든 거대한 지붕이 연직에 가까운 가파른 곡선으로 떨어지고 있어 커다란 범선과도 비슷해 보였다.

마을 사람들은 이 집에서 마을회의를 열어 분쟁을 해결하고 신에게 제물을 바쳤다. 그런가 하면 이곳 사람들은 성姓이라는 것이 없고 성별을 나타내는 한 글자만 이름 앞에 붙였다. 남자는 '아', 여자는 '이'였다. 그래서 이름이 '아 놈'이라든지 '이 핸'과 같은 식이었다. 이들은 언어도 특이했다. 말소리가 꼭 노랫가락을 읊조리는 것 같았다. 그리고 모음이 50개도 넘었다. 세계 어디에도 그렇게 모음이 많은 언어는 없었다.

써당 왕국

때는 1888년, 프랑스가 이곳에 인도차이나 식민지를 세운 지 1년이 되었을 무렵이다. 메레나는 프랑스 식민 당국에 설득 작전을 폈고, 작전은 주효했다. 그는 아직까지 프랑스 관료가 파견되지 않은 서쪽 지역에서도 힘을 과시할 필요가 있다고 주장했다. 더구나 그곳에는 어마어마한 양의 황금이 묻혀 있다는 소문도 돌았다.

그러나 알다시피 메레나는 자신만의 꿍꿍이를 품고 있었다. 그는 서쪽 지역에 도착하자마자 롱 한 채를 무단 점유하고는 부족장들을 모두 소집해 회의를 연다. 그리고 언변을 펼친다. 당신들은 프랑스에 든 그 누구에게든 아무것도 빚진 것이 없으며, 이제 무언가 보여주어야 할 때가 왔다고. 그러고는 자신을 왕으로 하여 '브엉꾸옥 써당', 즉 '써당 왕국'을 수립할 것을 제안한다. 부족장들은 동의한다.

6월 3일, 그는 46세의 나이에 왕위에 올라 '마리 1세'가 된다. 사업 동료 메르퀴롤에게는 '하노이 후작'이라는 작위가 내려진다. 메레나는 수도 꼰뚬에 짚으로 만든 웅장한 집을 짓고 그곳으로 거처를 옮긴다. 왕의 거처에는 곧 국기가 펄럭거린다. 파란색 바탕에 흰색 십자가가 그려져 있고 십자가 중앙에는 빨간 별이 장식된 국기다. 거대한 왕의 코끼리에도 비슷한 도안으로 치장한 장구를 씌운다.

그는 북쪽의 자라이족을 제압할 1,400명 규모의 군대를 며칠 만에 꾸린다. 자라이족은 일대에서 활동하던 프랑스 선교사들에게 오랫동안 성가신 존재였다. 징벌 원정은 성공하고, 덕분에 메레나는 인도차이나 교구를 담당하는 프랑스 주교의 지지를 어느 정도 얻게 된다. 메레나가 국교를 가톨릭으로 선포하자, 개인용 기도대가 선물로 온다. 기도대에는 붉은색 휘장과 특수 제작된 쿠션까지 달려 있다. 그러나 기도대는 별로 쓸모가 없었다. 메레나가 이슬람으로 개종하기 때문이다. 개종한 이유는 부족장들의 몇몇 딸들과 혼인을 하려는 것도 있었다.

왕의 품격

몇 주 후에 메레나는 주교의 추천서를 주머니에 넣고 홍콩으로 떠난다. 자신의 왕국을 국제적으로 승인받고 운영에 필요한 자금을 확보하기 위해서였다. 그는 훤칠한 키에 매력적이고 잘생긴 얼굴이었으며, 머리카락은 칠흑같이 검었고 턱수염은 풍성했다. 사람들은 그의 외모에서 강렬한 인상을 받았다.

그의 이목구비에는 힘이 서리지 않은 곳이 없었다. 굳게 다문 입은 다부지고 매정해 보였으며, 짙고 두꺼운 두 눈썹은 콧날을 가로질러 거의 맞닿아 있었으며, 이마는 훤하고 번듯했으며, 눈빛은 진지하고 매서운데다가 예리하고 냉소적이었다.[36]

버젓한 왕처럼 보이는 그의 차림새도 강렬한 인상에 보탬이 되었을 것이다. 그가 입은 다홍색 상의에는 거대한 견장이 달려 있고, 바지에는 금색 줄무늬가 있으며, 가슴에는 훈장이 수두룩하게 붙어 있다. 중국인 기업가 몇 명이 바로 미끼를 문다. 신생국과의 교역독점권을 얻는 대가로 돈을 내겠다고 나선다.

메레나는 그렇게 확보한 일부 자금으로 우표를 인쇄한다. 무려 일곱 가지 색깔로 찍어내고, 액면가는 현지 통화로 표시한다. 도안은 모두 동일하게 국장國章 위에 왕관이 올려진 형태다. 나중에는 새 우표를 파리에서 찍어낸다.

내가 가진 우표에는 1889년 소인이 찍혀 있지만, 진짜 소인일까 하는 의문이 없지 않다. 써당의 주민들은 문맹이었다. 우편제도라는 것이 과연 운영되기는 했을지 의심스럽다.

메레나 스캔들

홍콩에서 성공을 맛본 후로는 모든 것이 내리막길이었다. 메레나는 파리를 필두로 유럽 여러 도시를 방문했지만, 반응은 모두 시원치 않았다. 그가 매사에 왕답게 처신했음은 물론이다. 최고급 호텔에 묵고, 이 사람 저 사람에게 '마리 1세 훈장'을 나누어주었다. 그리고 각

1888 또는 1889: 국장과 왕관, 사자가
들어간 도안.

종 작위와 광산개발권, 교역독점권 등 온갖 권리를 수여하고 다녔다. 그러나 사람들은 시큰둥했다. 왕국에 투자해봐야 건질 수 있는 수익은 미미했던 것이다.

프랑스 일간『르탕』지는 이 모든 것은 "실체가 분명치 않다"고 했고 급기야 '메레나 스캔들'이라는 말이 나오기 시작한다. 처음엔 사태가 저절로 정리되리라고 생각했던 프랑스 정부도 결국 적나라한 비난 성명을 낸다. 써당 왕국을 승인해달라는 요청을 모두 거절하고, 메레나를 상대로 소송을 걸기에 이른다.

사형선고를 받을지도 모른다는 공포에 휩싸인 메레나는 왕국으로 돌아가려고 증기선을 탔지만, 프랑스령 인도차이나에서 써당까지 찾아들어갈 엄두는 내지 못한다. 대신 그는 말레이반도 동쪽 연안의, 숲이 무성하고 사람이 거의 살지 않는 티오만섬으로 들어가, 오두막에 방벽을 치고 숨어 살았다. 오두막은 덧창에 망보는 구멍이 나 있었고, '메종 뒤 루아', 즉 '왕의 저택'이라는 이름으로 불렸다. 그는 여자 두세 명을 데리고 살았고, 연갈색 프랑스산 푸들도 한 마리 키웠다. 그는 오귀스트라는 이름의 이 개와 모든 일을 의논했다고 한다.

티오만섬은 영국의 관할 구역이었다. 젊은 영국 장교가 상황을 파악하기 위해 섬을 방문했을 무렵, 메레나에게 남은 재산은 반 프랑짜리 동전 한 줌이 전부였다. 그럼에도 그는 영국 장교를 열렬히 환대했다. "참 용감한 분이시오. 용기야말로 우리가 경애하는 품성이지. 한번 생각해보시오, 우리는 군대가 쳐들어올 줄 알았는데 앳된 젊은이 한 명이 찾아왔으니. 들어오시오, 들어오시오!"[37]

그로부터 며칠 후인 1890년 11월 11일, 메레나는 코브라에 물려 죽었다. 그의 생전 소망에 따라 장례는 이슬람식으로 치러졌다. 프랑스는 왕국의 남은 흔적을 서둘러 수습했고, 내친김에 이 지역의 가톨릭 선교단에도 응분의 조치를 내렸다.

오늘날 써당은 철자를 'Sedang'에서 'Xedang'으로 바꾸고 베트남의 한 구(區)가 되어 있다. 라오스 국경과 캄보디아 국경이 모두 멀지 않은 곳에 있다. 이 지역은 베트남전쟁 때 참화를 크게 입었다. 여전히 지리적으로 거의 고립되어 있으며, 여행안내서에 따르면 이곳의 마을들 중 관광객의 발길이 닿은 곳은 5퍼센트에 지나지 않는다.[38] 곳곳에 프랑스 선교 기지의 잔해가 남아 있다. 반면 써당 왕국의 흔적이라곤 오로지 우표밖에 없다.

책 제럴드 캐넌 히키(Gerald Cannon Hickey), 『새벽안개 속의 왕국: 베트남 고원지대를 군림한 메레나(Kingdom in the Morning Mist: Mayréna in the Highlands of Vietnam)』(1988)

앙드레 말로(André Malraux), 『왕도로 가는 길(La Voie royale)』(1930)

볼프강 발두스(Wolfgang Baldus), 『써당 왕국의 우표(The Postage Stamps of the Kingdom of Sedang)』(1970)

주석의 왕국
Perak

거룻배들이 뜨듯한 갯바닥 위에 널브러져 있다. 코코넛나무가 강둑을 따라 죽 늘어서 있다. 우람한 거목 몇 그루에는 평생 본 어떤 꽃보다 더 큼직하고 화려한 진홍색 꽃이 요란스럽게 피어 있다. 화려하다는 봉황목도 저리 가라 할 정도다. 그러나 앞은 축축한 습지, 뒤는 코뿔소가 활보한다는 밀림인 이곳에 그리 아름다운 것은 없다. 사방에서 풀 썩는 냄새가 나고, 개펄과 늪지에 부글거리는 거품에서는 미아즈마 열병[39]의 기운이 뿜어져 나오는 것만 같다.[40]

때는 1870년대 말, 영국인 모험가 이사벨라 루시 버드는 친구 데일리 부인과 함께 믈라카반도[41]를 횡단 여행하는 중이다. 두 사람은 버남강 하구에 서서 맞은편 강둑 너머의 페라크주를 바라보고 있다. 버드는 허약한 몸에 바다 여행이 좋다는 의사의 권고를 받고 여행광이 되었다. 사진 속의 그녀는 연약해 보이는 작은 체구에 살짝 세상사에 지친 듯한 모습이다. 하지만 그건 선입견에 불과하다. 단 몇 년 만에

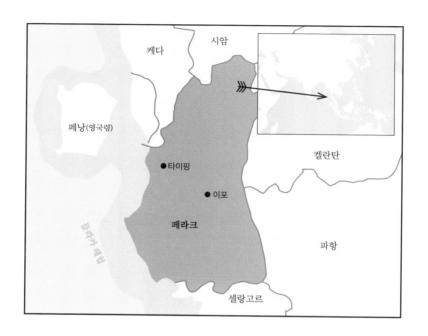

국가 페라크

연대 1874~1895

인구 101,000명

면적 21,035km²

이미 전 세계 구석구석을 돌아본 그녀다.

늪지대에는 물 위로 뿌리를 드러낸 맹그로브나무가 무성하고, 그 너머로 페라크를 둘러싼 숲이 드넓게 우거져 있다. 숲 위로 삐죽삐죽 솟은 흰 석회암 봉우리들은 동쪽의 산줄기로 자연스럽게 이어진다. 이 일대는 토양이 유달리 비옥하다. 하지만 어딜 가나 사람들은 주석 이야기뿐이다.

일찍이 1500년대에도 페라크는 대규모의 주석 매장층 덕분에 믈라카술탄국으로부터 독립할 재원을 마련할 수 있었다. 그리고 1800년대 중반에는 페라크의 밀림 속 퇴적층에 전 세계에서 가장 많은 주석이 묻혀 있다는 사실이 드러났다. 주석은 강의 자갈 속에 최고 30미터 두께로 쌓여 있었고, 채광하기도 엄청나게 쉬웠다. 돌 등의 불순물을 간단히 물로 씻어낸 다음 거대한 용광로에 넣어 제련하면 반짝거리고 걸쭉한 주석이 얻어졌다. 그것을 식혀 막대 모양으로 만들고, 열차나 코끼리에 실어 해안으로 운반했다.

주석은 인류 역사상 늘 중요했던 금속으로, 수천 년간 구리와 합금하여 더 단단한 금속인 청동을 만드는 데 쓰였다. 산업혁명기에 통조림 등의 산업이 급성장하면서 활용 분야가 대폭 늘어났다. 1800년대에 들어서는 남자아이들 사이에서 주석 병정놀이가 크게 유행하기도 했다. 물론 장난감 병정에 들어가는 주석은 전체 수요의 극히 일부였을 것이다.

내전으로 번진 치정살인극

이사벨라 루시 버드가 페라크에 도착했을 무렵 영국은 이미 이곳에 자리를 잡고 있었다. 영국에서 파견된 총독은 이미 5~6년 전부터 친영 성향의 술탄과 그 치하의 행정 기구를 완전히 장악하고 있었다.

그러나 이곳에 더 발 빠르게 진출한 것은 중국인들이었다. 이미 1860년에 중국인 비밀결사조직인 해산회海山會와 의흥회義興會가 대대적인 주석 채광 작업에 착수하여, 3만 명에 이르는 광산 노동자를 고용하고 있었다. 두 조직은 좋은 광산을 놓고 충돌하기 일쑤였지만, 언뜻 광산과 무관해 보이는 일이 분쟁의 도화선이 되기도 했다. 갈등이 폭발 직전으로 치달은 것은 의흥회 지도자와 해산회 지도자 조카

며느리의 불륜관계가 드러나면서였다. 두 사람의 간통 현장을 덮친 해산회 조직원들은 둘을 고문한 다음 광주리에 담아 폐광 속의 물에 빠뜨려 익사시켰다. 분노한 의흥회가 중국에서 용병 4,000명을 불러들이면서 싸움에 불이 붙었다. 충돌은 결국 내전으로 번졌고, 다수의 말라야 촌장들까지 전쟁에 휘말렸다. 수천 명이 살해당하고 광산도시 라룻은 완전히 초토화되었다.[42]

당시 별로 이름이 알려져 있지 않던 라자 압둘라라는 촌장이 이 상황을 교묘히 이용했다. 그는 한 중국인 거상의 도움으로 해협식민지Straits Settlements의 영국 식민 당국에 편지를 썼다. '해협식민지'는 당시 영국이 전략적으로 점령한 말레이반도의 다른 지역을 지칭했다. 편지에서 그는 영국이 혼란에 개입해줄 것을 요청하면서, 현재 재위 중인 무능하기 짝이 없는 술탄을 퇴위시키고 대신 라자 압둘라 자신을 왕위에 앉혀달라고 요구했다.

영국은 도와달라는 요청에 반갑게 응했다. 특히 주석 매장량이 생각했던 것보다 훨씬 많다는 것이 알려진 터였기에 더더욱 적극적이었다. 영국은 외교적 압력을 행사해 중국인들과 말라야 촌장들을 모두 찍소리 못 하게 만든 후에 1874년 라자 압둘라를 페라크의 새 술탄으로 앉혔다. 그리고 특사를 파견하여 이 지역 내에서 영국의 국익을 지키고 확대하게 했다. 특사는 후에 총독이 되었다.

얼마 지나지 않아 압둘라에게는 국내 지지 세력이 전혀 없다는 것이 드러났다. 그는 오로지 개인의 이익을 위해 협상에 나선 것이었고, 나라 운영에는 관심이 전혀 없다시피 했다. 자신의 지위를 이용해 주로 여자를 얻고 아편을 피우고 투계 대회를 열 궁리만 했다. 영국은 그를 퇴위시켜서 아프리카 동쪽의 세이셸섬으로 추방했다. 그러고는 말썽을 훨씬 덜 피울 법한 라자 무다 촌장을 페라크의 통치자로 임명했다.

요란한 딱정벌레

이사벨라 루시 버드가 페라크에 도착한 것은 바로 이 시기였다. 그녀는 나라를 구석구석 여행하고 관찰한 것들을 기록한다. 동식물, 그중에서도 곤충의 생태에 큰 관심을 보인다.

> 이곳엔 '나팔수 딱정벌레'라고 불러줄 만한 녀석이 있다. 몸은 연녹색, 얇은 막처럼 투명한 날개는 폭이 10센티미터쯤 된다. 울음소리가 워낙 커서 덩치가 말 정도 되는 동물의 소리 같다. 오늘밤 집 안에 두 마리가 들어왔는데, 사람들의 목소리가 안 들릴 지경이었다.[43]

하지만 그녀는 사람들에게도 관심을 보인다. 불만을 품고 총독 관저 밖에 모이는 촌장들의 수가 점점 늘어나는 것을 보면서, 이곳의 상황이 자국에 전해지지 않는 것을 못마땅해한다.

> 여론은 이곳 적도 밀림에 아무 관심이 없다. 우리는 이곳 주민들과 그들의 권리에 대해서도, 우리가 어떻게 처음 개입하게 되었고 지금까지 어떤 개입을 했는지에 대해서도 철저히 무지하다.[44]

1892: 사냥 중인 말레이호랑이를 도안으로 한 페라크 최초의 우표.

영원한 평화?

영국은 페라크에서 자국의 입지를 공고히 하기 위해 우표도 발행했다. 처음에는 해협식민지의 우표에 '페라크'라는 글자를 가쇄해 썼다. 1892년에야 페라크는 고유의 우표를 갖게 되었다. 도안은 사냥 중인 말레이호랑이를 소재로 했다. 내가 가진 다홍색 우표에는 '타이핑Taipeng, 太平'이라는 소인이 찍혀 있다. 중국어로 '영원한 평화'를 뜻하는 이름의 이 도시는 십몇 년 전 라룻이 초토화된 자리에 새로 지어졌다.

원칙적으로 페라크가 영국의 식민지라는 데는 의문의 여지가 없었다. 1895년 페라크가 이웃한 셀랑고르주, 느그리슴빌란주, 파항주와 통합되어 말레이국연방을 이룰 때도 그런 상황은 변함이 없었다. 모든 통합 작업은 영국의 철저한 주도 아래 이루어졌다. 그 속셈은 일대에 철도, 플랜테이션, 조선소 등을 건설해 수출 지향적 경제를 더 발달시키려는 것이었다. 그때까지도 여전히 페라크는 거의 모든 것이 주석 위주로 돌아갔다. 그러나 후에 이곳 토양이 고무나무 재배에도 적합하다는 것이 드러난다.

영국이 이 지역에 대한 강력한 통제력을 잃은 것은 1948년 말라야 연합이 수립되면서였다. 그러나 말레이시아가 마침내 독립한 것은 1957년이었다. 전 세계의 주석 산업은 1980년대에 붕괴한다. 오늘날 말레이시아의 13개 주 중 하나인 페라크는 그 충격에서 아직 완전히 회복하지 못했다.

책 이사벨라 루시 버드(Isabella Lucy Bird), 『황금반도(The Golden Chersonese)』(1883)
H. 콘웨이 벨필드(H. Conway Belfield), 『말레이국연방 안내서(Handbook of the Federated Malay States)』(1902)

1890~1915

서태평양의 뉴기니 바로 북쪽에 위치한 야프섬의 주민들은 1,000년 넘게 아주 독특한 화폐 제도를 유지해왔다. 화폐 자체는 '페이fei'라고 하는, 희뿌연 석회암을 둥글납작하게 깎고 엽전처럼 가운데에 구멍을 뚫은 돌이었다. 그 크기는 손바닥만 한 것부터 어른의 키보다 큰 것까지 다양했다. 페이 하나의 가치는 대체로 크기를 기준으로 정해졌다. 조그만 것은 작은 돼지 한 마리 값이었고, 가장 큰 것은 마을 하나를 통째로 사들일 만한 값이었다.

파나마 운하 지대

티에라델푸에고

열대의 낙원, 문명인의 공포

Île Sainte-Marie

2000년대 초, 노르웨이의 작가 비아르테 브레이테이는 조용히 글 쓸 곳을 찾아 마다가스카르 동쪽 연안의 일생트마리섬으로 가족과 함께 여행을 갔다. 섬은 마다가스카르섬에서 10킬로미터 거리에 있었다. 좁고 기다란 모양에 길이가 50킬로미터에 불과한 이 섬은 1800년대 말부터 프랑스의 식민지였다.

이글거리는 태양, 미풍에 흔들리는 코코넛나무, 새하얀 모래사장…. 일생트마리섬은 남쪽 바다의 아름다운 섬 하면 떠오르는 이미지 그 자체였다. 하지만 이 젊은 소설가 가족의 섬 생활은 낭만과는 거리가 멀었다. 현지 주민들은 전혀 친절하지 않았고, 야생동물들은 흉측하기 그지없었다. 해변에서 조금만 뭍으로 들어가면 흑개미, 바퀴벌레, 쥐들이 우글거렸다. 저녁 산책이라도 하려고 하면 발 닿는 곳마다 득시글거리는 뭍게들에 정나미가 뚝 떨어졌다.

어느 날 저녁, 브레이테이의 아내 토니에가 흔적도 없이 사라진다.

밖에는 순식간에 어둠이 내린다. 브레이테이는 아들 아실을 아기 띠로 싸서 등에 업고, 라이터 불빛에 의존해 아내를 찾아 나선다. 갑자기 거센 비바람이 몰아친다.

나는 혼비백산하여 깜깜한 빗속을 뛰었다. 다리가 진흙 속에 쑥쑥 빠졌다. 아내의 이름을 미친 듯이 불렀다. 주변의 오두막 몇 채에서 어슴푸레한 빛줄기가 비쳤다. 칠흑 같은 어둠과 휘몰아치는 빗속에서 사람의 얼굴 같은 그림자들이 어른거렸다. 이제 다 끝이라는 생각이 들었다. 사이클론이 불어닥치고 있었고, 아내를 영영 볼 수 없을 것 같았다.[1]

국가	일생트마리섬
연대	1894~1896
인구	5,900명
면적	222km²

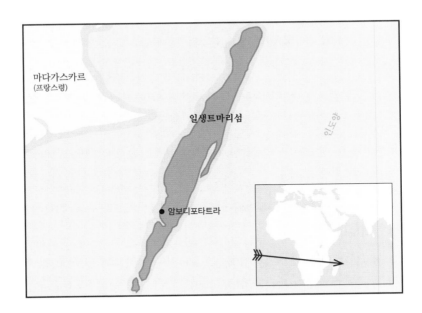

마다가스카르
(프랑스령)

일생트마리섬

인도양

● 암보디포타트라

그가 느낀 공포는 과도한 것이었지만, 일생트마리섬은 평온한 환경을 찾는 예민한 작가에게 추천할 만한 곳은 아닐지도 모른다. 그렇지만 200년 가까이 이곳에서 산 유럽 해적들에게는 아마 이만한 터전도 없었을 것이다. 일생트마리섬은 모든 조건에 부합했다. 아시아를 왕래하는 무역로와 가까웠고, 파도가 잔잔한 항만이 있었으며, 물, 과일, 고기, 바닷새 알 등 먹을 것이 풍부했다. 또 야자나무 수액을 발효시키면 금방 야자술을 빚을 수 있었고, 야자술을 증류하면 럼주와 비슷한 독한 증류주 아라크가 만들어졌다. 뿐만 아니라 이 섬에는 미녀들이 차고 넘쳤다.

해적들의 상당수가 이곳 원주민인 베치미사라카족의 여자들과 결혼했다. 신부 부모와 제사장의 허락을 받으면 결혼식을 열었다. 결혼식은 현지식과 유럽식이 혼합된 흥겨운 행사였다. 한 기록에 따르면 신랑은 가슴에 레이스가 달린 흰 셔츠를 입었고, 머리를 올백으로 넘긴 가발을 썼으며, 네덜란드인들에게서 노획한 빨간색 무릎 양말을 신었다. 신부 부모에게는 결혼식 전에 선물을 한 아름 안겨주었다. 용무늬를 짜 넣은 다마스크 천, 종잇장처럼 얇은 찻잔, 바로크풍의 금빛 액자에 담긴 백옥 같은 피부의 여인 그림 등이었다. 첫날밤에는 계피를 뿌린 신혼 침대와 비밀 선물 하나가 흰 실크로 몸을 감싼 신부를 기다리고 있었다.

1600년대 말, 일생트마리섬에는 1,500명 이상의 해적이 살고 있었고, 섬의 경제는 활성화되어 있었을 뿐만 아니라 요즘 말로 하면 지속

가능한 형태였다. 이러한 여건을 발판으로, 섬에 살던 프랑스 해적들은 "하느님과 자유를 위하여"라는 강령 아래 '리베르타티아Libertatia'라는 무정부주의 식민지를 이곳에 건설하기에 이른다.[2]

이들은 부자들을 약탈해 노획물을 나눠 갖는다는 목표를 내세웠으니, 반자본주의자들이라 할 만했다. 또한 교회와 군주를 비롯한 일체의 권위를 철저히 배격하고, 직접민주주의를 실시했다. 각 해적 집단마다 대표자를 뽑아 의회를 구성하는 방식이었다. 사적인 권력을 축적하려 하거나 유권자들의 뜻을 거스르는 사람은 즉각 면직시킬 수 있었다. 거래에는 현금을 쓰지 않았고, 모든 농업활동은 집단적으로 행해졌다. 해적질로 빼앗아온 재물은 똑같이 배분했고, 원주민들에게도 합당한 대우를 해주었다.

리베르타티아의 해적선은 여느 해적선과 달리 흰색 깃발을 달고 다녔다. 당시 숱하게 바다를 지나가던 노예선을 포획한 경우에는 노예들을 즉시 풀어주고 원하는 사람은 일생트마리섬에 살면서 해적질에 동참하게 해주었다. 이렇게 여러 민족이 섞이면서 이곳 고유의 방언이 생겨나, 점차 섬 주민 이외에는 아무도 알아듣지 못하게 되었다. 이는 주민들 사이의 연대감을 더욱 공고히 하는 역할을 했다.

그렇다면 리베르타티아가 겨우 25년 만에 와해된 데는 뭔가 다른 이유가 있었을 법하다. 어쩌면 영국을 비롯한 유럽 국가들이 이 일대에 전함을 파견하면서 해적질로 빼앗은 재물이 바닥났을지도 모른다. 아니, 어쩌면 그 모든 이야기가 허구에 불과했는지도 모른다. 사실 리베르타티아라는 사회가 실제로 존재했다는 근거는 뚜렷하지 않다. 권위주의적 사회가 사라진 뒤에는 그토록 풍부하게 남는 문헌 기록이 리베르타티아의 경우에는 전혀 남아 있지 않다.

1700년대 중반 일생트마리섬은 프랑스 영토가 되었다. 그러나 그렇게 되기까지의 과정은 기록으로 뚜렷이 남아 있지 않다. 일설에 따르면 이야기는 장오네짐 필레라는 프랑스 장교에게서 시작된다. 필레는 인도양으로 조금 더 나아간 곳에 있는 레위니옹섬에서 불륜관계를 맺고 처벌을 피해 도주했다가, 일생트마리섬에 떠밀려왔다.[3] 그를 구해준 사람은 일생트마리섬의 베샤 공주였다. 공주는 영국 해적의 아들인 라치밀라호 왕의 딸이었다. 두 사람은 결혼했고, 1750년에 왕이 죽자, 필레는 이 섬을 냉큼 프랑스의 루이 15세에게 헌납했다.

주민들은 분개했고, 몇 년 후 반란을 일으키기에 이른다. 일부 프랑스인 정착민들을 상대로 대학살이 벌어졌고, 섬나라는 다시 주민들의 손에 돌아갔다. 장오네짐 필레는 어떻게 되었는지 알 수 없지만, 베샤 공주는 모리셔스섬으로 영원히 추방되었다고 전해진다.

프랑스는 결국 1818년에 대규모 해군을 이끌고 다시 나타났다. 섬을 힘들이지 않고 재정복한 프랑스는 이곳을 죄수들의 유형지로 삼았다. 프랑스는 그 외의 목적으로 이 섬을 관리하는 데는 관심이 없었던 듯하다. 섬에는 얻을 만한 것이 별로 없었다.

세월이 좀더 지나자 섬은 일대의 레위니옹, 마요트, 디에고수아레스 등 더 중요한 프랑스 영토에 딸린 부속 지역으로 취급되었다. 그러다가 1894년, 일생트마리섬은 명확하지 않은 어떤 이유로 별개의

1894: '항해'와 '무역'. 프랑스 식민지에서
통상적으로 쓰이던 우표.

식민지 지위를 부여받았다.

그런 상태가 몇 년간 이어지는 동안, 일생트마리섬은 자체 우표를
발행했다. 도안은 당시 프랑스 식민지에서 일반적으로 쓰이던 종류
로, 항해와 무역을 우의적으로 묘사한 것이었다. 깃발을 든 여성이
항해를 상징하고, 오른쪽의 남성이 무역을 상징한다. 내가 가진 우표
에는 1896년 8월 소인이 찍혀 있다. 식민지가 해체되어 마다가스카
르에 부속되기 직전에 부친 편지에 붙었던 것인 듯하다. 한편 마다가
스카르는 프랑스 식민지의 지위를 유지하다가 1946년에 프랑스 보
호령이 되었다. 그리고 1960년에 완전한 독립을 쟁취했다.

오늘날 일생트마리섬은 다시 원래의 말라가시어 이름인 '노시보
라하Nosy Boraha'로 불린다. 섬은 세상에서 비껴나 평화로워 보인다.

이따금 독특한 취향의 관광객이 낮에 접이의자에 앉아 있거나 밤에 숲속을 헐떡거리며 헤치고 다니는 모습이 눈에 띈다.

작은 항구도시 암보디포타트라 부근에 있는 조그만 섬 일오포르방에는 해적들의 묘지가 남아 있다. 야자나무 그늘이 드리워진 평평한 풀밭 위에 풍파에 낡아빠진 묘비들이 박혀 있다. 그리고 섬 주변의 수정처럼 맑은 바닷물 속에는 줄줄이 침몰한 해적선 수십 척의 모습이 고스란히 들여다보인다.

책   비아르테 브레이테이(Bjarte Breiteig), 『일생트마리(Île Sainte-Marie)』(2013)
      찰스 존슨(Charles Johnson), 『해적사 개괄(A General History of the Pyrates)』
      (1724)

영화   조지 셔먼(George Sherman) 감독, 「모든 깃발을 향하여(Against All Flags)」(1952)

평화로운 맹신의 시대
Nandgaon

해마다 홀리 축제가 열릴 때가 되면, 난드가온의 중심가에는 버터밀크가 담긴 항아리 하나가 하늘 높이 줄에 매달린다. 남자들은 항아리를 붙잡아 깨부수려고 인간 피라미드를 열심히 쌓고, 여자들은 그 주위를 벌떼처럼 둘러싸고 분홍, 노랑, 파랑, 녹색 등 화려한 색 가루를 남자들에게 쉴 새 없이 퍼붓는다. 얄미운 버터 도둑이었다는 힌두교의 신 크리슈나와 그의 친구들 이야기를 재연하는 행사다.

이 행사가 이곳 난드가온에서 볼 수 있는 가장 과격한 소동이라고 생각하면 아마 틀리지 않을 것이다. 난드가온은 식민 통치 시대 영국 관료들이 인도의 번왕국 중에서 가장 평화로운 나라라고 했던 곳이다. 이곳에서는 골치 아픈 문제가 단 한 번도 일어나지 않았다. 그 배경에는 아무래도 특별한 번왕들이 있었다고 보아야 할 것이다. 난드가온의 번왕들은 대대로 '바이라기'라는 종파에 속한, 독실하기 짝이 없는 힌두교 신자였다.

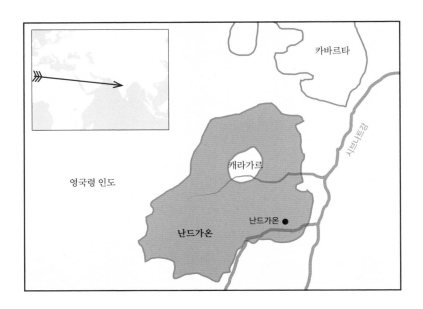

'바이라기'는 '열정으로부터의 자유'를 뜻
하는 산스크리트어에서 온 말이다. 바이라기
의 교리에 따르면 삶의 목적은 영적 탐구와
영적 발전에 있었다. 따라서 바이라기 신자들
은 물질에 관심을 두지 않았다. 심지어 음식

국가	난드가온
연대	1865~1948
인구	126,365명
면적	2,256km²

조차도 중요하게 여기지 않았다. 특히 독실한 신자는 음식을 남들이
없는 곳에서 혼자 차려 혼자 먹었다. 가장 고귀한 삶은 금욕적인 삶
이었으며, 이를 어길 시에는 중벌에 처하도록 했다. 여자와 성관계를
맺으면 벌로 200에서 300끼를 굶어야 했다.[4]

허영 또는 아부

난드가온은 데칸고원 북서쪽, 해발 300미터의 울창한 삼림 속에 자리한 유일한 도시였다. 주변에는 수백 개의 작은 마을이 흩어져 있었고, 마을 사람들은 소박한 자급자족 생활을 했다. 이 일대를 아우르는 작은 왕국은 원래 마라타족의 지배를 받았다. 마라타족은 인도 중부의 넓은 지역을 여러 세기 동안 점유했던 부족이다.

1700년대 초, 펀자브 지방에서 프랄라드 다스라는 사람이 찾아왔다. 부유한 솔 상인이면서 바이라기 신도이기도 했던 그는 지역 군주들의 관심을 곧 사로잡았고, 이내 왕실의 영적 조언자 역할을 하게 되었다. 그의 뒤를 바이라기 제자들 몇 명이 차례로 이었다. 이들의 영향력은 점점 커졌고, 마침내 1865년, 영국은 그중 한 명인 가시 다스를 새로 세워진 난드가온 번왕국의 번왕으로 임명했다.

번왕은 '대사제'를 뜻하는 '마한트'라는 호칭으로 불렸으며, 원칙적으로 독신생활을 했다. 그러나 마한트 가시 다스는 얼마 지나지 않아 원칙을 파기하고 결혼하여 발람 다스라는 아들을 두었고, 그 아들에게 왕위를 물려주었다. 우표를 처음 인쇄한 왕이 바로 마한트 발람 다스였다. 우표에 대한 반응은 썩 좋지 않았다. "더할 나위 없이 원시적이고 조잡한 석판인쇄술의 소산"이라는 평이었다.[5] 실제로도 엉성한 만듦새다. 질 낮은 종이를 썼고, 선이 뭉개져서 선명하지 않다. 그리고 앞에서 봤던 오보크의 우표처럼 가짜 천공이 그려져 있다(그나마 비뚤비뚤해서 절취선으로 삼기에도 부적합할 정도다). 세상에 이보다 더 미적 허영이나 물신주의와 무관해 보이는 것이 또 있을까. 이 모든 것은 바이라기의 가르침에 부합했으니, 마한트 발람 다스에게는 아무 잘못이 없었다.

그러나 1893년, 마한트가 새 우표에 자신의 로마자 이니셜인 "M. B. D."를 찍게 한 것은 좀 고개를 갸우뚱하게 한다. 이것은 어쩌면 지독한 허영심의 발로였을까, 아니면 그저 영국에 대한 아부였을까?

이혼과 개종

우표는 마한트가 직접 차린 인쇄소에서 찍어냈다. 나라얀 바만 틸라크라는 사람이 인쇄소에서 일하기 시작한다. 서쪽 지방 출신인 그는 가장 높은 카스트인 브라만에 속한 사람이다. 브라만은 힌두교 인구의 4퍼센트를 차지하는 사제 계급이며, 사제는 신과 인간을 연결해주는 가교 역할을 한다. 틸라크도 이를 잘 알고 있다. 그는 힌두교의 경전 베다를 속속들이 꿰뚫고 있다. 또 유명한 시인으로 발돋움하고 있는 중이다. 이미 신을 찬양하는 송시를 수없이 쓰기도 했다.

틸라크를 이곳으로 불러들인 것은 아마 독실한 마한트였을 것이다. 틸라크는 힌두교의 한 종파인 비슈누교에서 말하는 삶의 네 번째 단계인 '산야사', 즉 유행기遊行期를 시작하기로 마음먹은 상태다. 그러려면 전 재산을 창조의 신인 프라자파티에게 바치고, 남은 생을 탁발 수도사로 살면서 늘 명상하고 크리슈나를 찬양하는 생활을 해야 한다. 그는 이미 결혼하여 처가 있었지만 그런 것은 아랑곳하지 않는 듯하다. 그의 처는 이름이 락슈미바이이고, 역시 브라만 계급 출신이다. 두 사람은 신부의 나이가 열한 살일 때 중매로 결혼했다.

1893: 난드가온 번왕 마한트 발람 다스의
이니셜 "M. B. D."가 찍힌 우표.

난드가온에서 종교적 이상을 추구하는 것은 주로 남자의 일이었
다. 락슈미바이는 특별히 신실하지는 않았지만, 남편의 끊임없는 희
생을 감내할 수밖에 없다. 그녀는 음식과 의복을 비롯해 자신이 가진
모든 것을 번번이 궁핍한 자들에게 나눠준다.

그녀는 타다 남은 성냥개비로 일기장에 이렇게 적는다. "나는 고
무공과 많이 닮았다. 튀어 오르고, 또다시 튀어 오르고."[6] 그러면서
남편이 한밤중에 자기를 두고 갑자기 떠날지도 모른다고 한다. 돈도
먹을 것도 없이, 일견 아무 목적도 없이 길을 떠날 사람이라는 것이
다. "어디든 갈 수 있을 데까지 무작정 걷기만 할 사람"이라고 한다.[7]

하지만 틸라크는 기차에 몸을 싣고 떠나는 일도 없지 않았다. 한
번은 어느 늦은 밤에 미국인 선교사 어니스트 워드를 만났다. 워드는
일대에서 나병 치료소 몇 곳을 운영하는 감리교 선교단의 일원이었

179

다. 동료 수십 명과 함께 밤낮없이 일하며, 죽기 직전의 생명을 최대한 많이 살리려고 애쓰고 있었다. 나병은 타고난 원죄에서 기인한다는 자신의 신념 때문에 일이 더 쉽지 않았다.

어니스트 워드는 틸라크에게 성서를 건네며 그가 2년 안에 개종할 것이라고 귀에 대고 속삭였다.[8] 틸라크는 그럴 리가 없다고 했지만, 약속한 대로 성서를 읽어보았다. 그리고 1895년에 개종하면서 처제에게 편지를 보낸다. "나는 기독교인이 되었네. 언니를 잘 보살펴주게. 나시크에도 강이 있고 잘랄푸르에도 있으니, 언니가 스스로 목숨을 끊지 않도록 잘 감시해주게."[9]

락슈미바이는 남편의 개종에 크게 상심했고, 두 사람은 결국 갈라섰다. 하지만 사랑 때문이었는지, 아니면 이혼한 여자의 권리가 많이 제약되는 사회 여건 때문이었는지는 모르지만, 5년 후에 체념한 그녀는 세례를 받고 남편과 다시 함께 산다. 그녀는 다시 예전과 다름없이 육체적 고행과 물질적 궁핍을 감내하며, 힘든 나날을 보낸다. 틸라크는 항상 이곳저곳을 떠도는 가운데 틈틈이 100편 이상의 찬송가를 작곡하고, 1919년 사망한다.

락슈미바이도 계속 글을 쓴다. 하지만 그녀의 글은 좀더 정치적 성향을 띤다. 그녀는 여성 해방과 문맹 퇴치를 주장하고, 카스트 제도를 거부한다. 락슈미바이는 어릴 때부터 어떤 사람은 깨끗하고 어떤 사람은 더럽다는 생각을 주입받았다. 특히 그녀의 아버지는 손을 씻는 것과 관련된 강박장애가 있었다. 아래 카스트의 사람이 주는 옷이나 음식은 과도할 정도로 깨끗이 세척하지 않고서는 받지 않았다.

슈미바이는 이에 경멸감을 내보이기 위해 카스트에 아예 속하지도 않는 불가촉천민 중에서도 가장 가난한 이들을 찾아, 사람들 앞에서 그들이 손으로 주는 음식을 받아먹는다.

그녀는 난드가온의 마지막 마한트인 디그비자이 다스가 태어나고 몇 년 후인 1936년에 사망한다. 마한트는 1948년, 난드가온을 인도 자치령으로 편입시킨다는 조약에 아무런 저항 없이 서명한다.

책 락슈미바이 틸라크(Laxmibai Tilak), 『기억의 단편(Sketches from Memory)』(2007)

변덕스러운 황제의 흉계
Kiaochow

때는 1897년 12월, 세기가 저물어갈 무렵이었다. 독일의 외무장관 베른하르트 폰 뷜로는 후에 아주 유명해진 말을 남긴다. "우리는 그 누구를 음지로 몰아넣으려는 것이 아니라 양지에 우리 자리도 마련하려는 것뿐이다."[10] 요즘 이 구절은 주로 주택가의 일조권과 조망권을 논할 때 쓰인다. 하지만 이 말의 원래 맥락은 전혀 다른 것이었다. 독일은 열강들의 식민지 쟁탈전에 뒤늦게 뛰어든 나라였다. 대부분의 대륙에서 독일은 다른 유럽 열강들에 비해 이미 한참 뒤처져 있었다. 이제 중국을 누가 차지하느냐를 놓고 한판 싸움이 벌어질 태세였다.

독일은 이 지역에 해군 기지를 꼭 하나 세우고 싶었다. 또한 대중국 수출의 교두보도 마련해야 했다. 중국은 불과 몇 년 만에 유럽 이외 지역에서 가장 교역이 활발한 곳으로 떠오르고 있었다.

식민지 괴담

 그러던 중 절호의 기회가 찾아왔다. 황해에 면한 산둥성의 남쪽, 쥐예현巨野県이라는 마을에서 독일인 선교사 두 명이 피살당한 것이다. 범행은 국수주의 조직인 대도회大刀會의 소행으로 추정되었다. 청나라는 범인을 찾아내 처벌하겠다고 약속했지만, 독일 해군은 지체 없이 군함을 이끌고 자오저우만膠州灣으로 몰려와 인근 해안 지역을 점령했다.

 자오저우만은 풍랑이 잔잔해 함대의 기지로 삼기에 안성맞춤이었다. 내륙 쪽도 풍경이 나쁘지 않아, 비옥하고 숲이 우거진 산비탈을

국가	자오저우
연대	1898~1914
인구	200,000명
면적	552km²

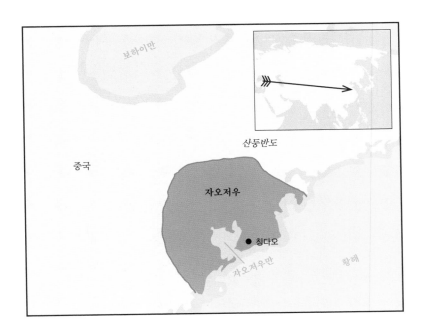

따라 오르면 크고 작은 산들이 나왔다. 평화로운 작은 마을들이 곳곳에 흩어져 있었고, 주민들은 농사를 짓거나 고기를 잡았다.

독일군이 이곳에 도착했을 때는 아직 겨울이라 밤이면 기온이 영하로 내려갔고, 특유의 달걀 썩는 냄새를 풍기는 해조류도 아직 번성하지 않았다. 후에 휴가 나온 수병들을 벌벌 떨게 만들 매독이 창궐하는 조짐도 전혀 보이지 않았다. 매독은 치료 방법이 없다고 했다. 매독에 걸리면 음경이 갑자기 거대하게 부어오르다가 몇 주 만에 문드러져서 고환이고 뭐고 다 떨어져나간다고 했다.

이곳 주민들도 벌벌 떨기는 마찬가지다. 여자의 경우는 증상조차 알려진 바가 없다. '적각의赤脚醫(맨발 의사)'라 불린 농부 겸 의사도 아는 것이 없기는 매한가지다. 그도 그럴 것이, 이 모든 것은 독일 당국이 수병들을 사창가에 얼씬하지 못하게 하려고 지어낸 괴담에 불과했기 때문이다. 후에 미국도 오키나와, 한국, 베트남에서 똑같은 괴담을 퍼뜨려 소기의 성과를 얻는다.[11]

한 손에 채찍을

독일은 자오저우만을 공식적으로는 강점하지 않았다. 중국과 교역을 늘리고자 했던 독일은 대신 채찍을 한 손에 든 채 외교적 해결을 도모했다. 그 결과 자오저우만과 인근 해안 지역을 독일이 99년간 임차하는 것으로 합의되었다. 그리고 그 주위에 반경 50킬로미터의 넉넉한 보호구역을 두기로 했다. 그뿐 아니라 중국은 가톨릭 성당 세 곳의 건축 비용을 대고, 산둥성 전역의 석탄채굴권과 철도부설권 일체를 독일에 넘겨주기로 약속했다. 이렇게 하여 이 지역은 '자오저우'라는 이름을 얻고, 독일의 식민지가 되었다.

독일로서는 축배를 들 만한 경사였다. 독일의 산업도시 드레스덴에서는 빵집에서 자오저우 케이크를 팔았고, 자오저우 슈냅스(독한 독일식 술)도 나왔으며, 자오저우 컬런과 자오저우 엽컬런도 등장했다. 결국 이런 야단법석은 점차 가라앉았다. 새 식민지는 자체 우표도 발행했다. 우표에는 독일 황제 빌헬름 2세(통칭 '카이저')의 우아한 유람선이 위풍당당하게 물살을 가르고 있다. 당시 대부분의 독일 식민지에서 쓰이던 우표와 동일한 도안이었다. 물론 이 유람선도 카이저 자신도 이쪽 바다까지 행차한 적은 없었다.

황색 위협

카이저가 유람선을 타고 즐겨 찾은 곳은 노르웨이의 피오르였다. 그가 후에 유명해진 회화 작품의 아이디어를 스케치한 것도 유람선 여행을 하던 중이었다. 황제의 스케치를 바탕으로 국민낭만주의 화가 헤르만 크낙푸스가 그린 그림은 원제가 「유럽의 민족들이여, 그대들의 신성한 재보를 지켜라」였지만 '황색 위협The Yellow Peril'이라는 통칭으로 불렸다.[12] 오늘날 원본은 전해지지 않지만 석판화로 여러 본이 남아 있다. 이른바 '황화론黃禍論'의 등장이었다.

그림에는 군대의 보호를 받는 예술과 산업 분야들이 묘사되어 있다. 고딕풍의 아치 밑에 예술과 산업을 상징하는 이상적인 모습의 여성들이 서 있다. 험상궂은 구름이 이들을 향해 다가오고 있다. 공포스러운 적의 형체가 구름 속에서 모습을 드러낸다. 한 튜턴 전사가 공포의 형상과 맞서고자 앞으로 나선다.[13]

여기 언급된 튜턴 전사가 금발 곱슬머리에 천사의 날개를 단 형태로 묘사되었다는 사실은 의미심장하다. 빌헬름 2세는 수백 년 전 칭기즈칸의 군대가 그랬듯이 아시아인들이 다시 한 번 백인들을 위험에 몰아넣으리라는 두려움을 안고 있었다. 그는 너무 늦기 전에 유럽 각국이 한데 뭉쳐 아시아를 무찌를 성전에 나서길 원했다. 그러나 그림은 비평가들의 혹평을 받았고, 그림에 담긴 메시지는 반대에 부딪쳤을 뿐만 아니라 조소의 대상이 되기까지 했다. 기분이 살짝 상한 카이저는 기획을 보류한다.

그러던 차에 1899년 의화단운동이 일어나자 황제는 짜릿한 흥분을 감출 수 없었을 것이다. 항쟁이 발발한 계기는 독일의 자오저우 점령을 비롯해 영국, 프랑스, 러시아 등 열강들에 의해 줄곧 자행된 횡포였다. 의화단은 '의롭고 화평한 권법'을 뜻하는 '의화권義和拳'이라는 무술단체가 모체가 되어 조직된 비밀결사였다. 의화단은 민중들을 자극하여 식민주의 냄새가 조금이라도 나는 것은 모조리 공격했고, 이 과정에서 주로 희생된 대상은 선교 시설과 기독교를 믿는 중국인들이었다. 식민 열강은 이에 맞서 대규모 병력을 중국 땅 깊숙이에 파견했고, 결국 무력으로 반란을 진압했다. 빌헬름 황제는 기회를 놓치지 않고 다시 한 번 자신의 논지를 강조한다.

1901: 독일 식민지에서 통상적으로 쓰이던 도안. 독일
황제 빌헬름 2세의 유람선 호엔촐레른 2호를 묘사.

1,000년 전 아틸라가 이끈 훈족의 명성이 지금까지 면면히 이어져
내려오는 것처럼, 바라건대 독일도 중국에서 그 명성을 확고히 하여
그 어느 중국인도 다시는 독일인을 감히 얕보지 못하게 되기를.[14]

이제 이 지역의 권력 구도가 확실해진 상황에서 자오저우는 독일
본국의 지원으로 팽창을 거듭한다. 베이징까지 이어지는 철도가 완
공되어 시베리아 횡단 철도와 연결되었다. 이로써 독일 기업인들은
본국에서 이곳까지 3주 만에 올 수 있게 되었다. 어촌 마을이던 칭다
오가 확장을 거듭하면서 항구 시설, 넓은 대로, 멋들어진 관청, 은행
건물 등이 들어섰다. 전기도 들어오고 하수도도 완비되었다. 주변의
삼림을 개간한 자리에 비단 공장, 제재소, 타일 공장, 맥주 양조장이
세워졌다. 서쪽의 지역 경계선을 따라 12곳의 요새도 지어졌다.

부유한 중국인들도 현대적 편의 시설을 누리려고 이곳으로 많이 이주했다. 후에 혁명가로 이름을 높이는 쑨원조차도 이렇게 말했다. "감탄이 나온다. 이 도시야말로 중국의 미래를 보여주는 본보기다."[15]

칭다오 맥주, 식민지 시대의 유산

1914년 11월, 두어 달 전 연합국 편에 가담해 제1차 세계대전에 참전한 일본이 이곳을 침략하면서 자오저우의 시대는 막을 내린다. 전후에 이 지역은 다시 중국의 소유로 돌아가 산둥성의 일부로 편입된다. 산둥성은 오늘날 중국의 성省들 중에 부유하기로 손꼽힌다. 칭다오시의 로마자 철자는 'Tsingtao'에서 'Qingdao'로 바뀌었다.

이곳의 성당들은 1960년대에 위세를 떨치던 홍위병들에게 완전히 파괴되었지만, 기독교와 무관한 식민지 시대 건물들은 일부가 아직 남아 있다. 그러나 그 시절의 유산으로 가장 유명한 것은 아무래도 칭다오 맥주일 것이다. 독일 맥주업자들이 1903년 이곳에 설립한 칭다오 맥주는 오늘날 중국 최고의 맥주로 꼽히고 있다.

책   한스 바이커(Hans Weicker), 『자오저우(Kiautschou)』(1908)
     S. C. 해머(S. C. Hammer), 『당대 문헌과 본인의 연설을 통해 고찰한 빌헬름 2세(William the Second as Seen in Contemporary Documents and Judged on Evidence of His Own Speeches)』(1917)

그림   헤르만 크낙푸스(Hermann Knackfuss), 「유럽의 민족들이여, 그대들의 신성한 재보를 지켜라(Völker Europas, wahrt eure heiligsten Güter)」(1895)

황금의 독재자

Tierra del Fuego

남아메리카 대륙의 최남단에는 티에라델푸에고라는 군도가 위치하고 있다. 그 이름은 스페인어로 '불의 땅'을 뜻한다. 원래 이름은 '연기의 땅'이었다. 1520년 이 지역을 항해한 포르투갈 탐험가 페르디난드 마젤란이 원주민들이 해안선을 따라 피운 모닥불 연기가 사방을 자욱하게 휘감은 모습을 보고 붙인 이름이다. 배를 이끌고 서쪽으로 나아간 마젤란을 맞은 것은 미로처럼 얽힌 크고 작은 만과 피오르였다. 처음에는 숲이 울창한 나지막한 녹색 섬들이 연이어 나왔다. 그러나 서쪽으로 가면 갈수록 지형이 험준해졌고, 급기야 태평양 부근에 이르면 곳곳에 빙하가 뒤덮인, 칼날 같은 능선의 산맥들이 높이 솟아 있었다. 마젤란은 이곳의 겨울은 춥고 습하며 짧다고 본국에 전했다. 태평양과 대서양이 만나는 남쪽 끄트머리의 낭떠러지 혼곶은 아한대 기후를 보였고, 그 주변의 바다는 거센 풍랑 때문에 수백 년간 배들의 무덤으로 세계적인 악명을 떨쳤다.

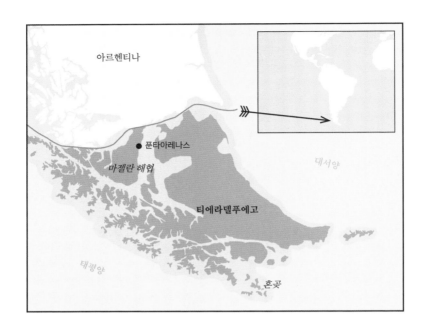

티에라델푸에고는 오랜 세월 동안 별 경제
적 이점이 없는 곳으로 간주되었다. 하지만
1800년대에 이곳에서 금이 발견되면서 상황
은 순식간에 바뀌었다. 칠레와 아르헨티나는
이 군도의 지배권을 차지하기 위해 기나긴 분

국가	티에라델푸에고
연대	1891
인구	10,000명
면적	74,000 km²

쟁을 벌였다. 티에라델푸에고 군도가 한 나라가 된 적은 한 번도 없
었지만, 1886년 율리우스 포페르Julius Popper가 이곳에 등장하면서
그렇게 될 조짐이 보이기 시작한다.[16]

가짜 대공

불과 스물아홉 살에 머리숱이 많이 줄어가고 있던 포페르였지만, 콧수염을 단정하게 다듬고 턱수염을 풍성하게 길러 최대한 만회를 했다. 그래도 아랫니가 윗니보다 튀어나온 부정교합은 완전히 감춰지지 않았다. 공교롭게도 오스트리아의 합스부르크가 왕족들도 그런 신체적 특징을 갖고 있었기에 한동안은 그가 바로 요한 오르트 대공大公과 동일인이라는 소문이 돌기도 했다. 요한 오르트 대공은 오스트리아 잘츠부르크에서 아르헨티나의 라플라타로 이동하다가 흔적도 없이 사라진 인물이었다. 대공의 입장에서는 사라질 만했다. 당시 그는 하나둘씩 첩을 늘려가다가 무려 16명의 첩을 두게 되었고, 그들 모두에게 매년 부양비를 지급하기로 약속한 상황이었다. 포페르는 그 의심을 불식시키려고 굳이 애쓰지 않았다. 그러나 그는 루마니아 부쿠레슈티의 유대인 가문 출신이었고, 파리에서 공학 교육을 받았다. 그리고 이집트, 중국, 시베리아부터 아메리카 대륙에 이르기까지 세계 곳곳을 돌아다니며, 시설 확장과 현대화 분야의 전문가로 일했다. 쿠바에서는 아바나의 현대적 도시계획을 구상하여 해안 풍경에 활력을 불어넣는 데 일조했다.

중무장한 원정대를 이끌고 탐사에 나선 그는 곧 대규모의 금 매장지를 발견하고 '남부채금회사Compañía de Lavaderos de Oro del Sud'를 인수했다. 얼마 지나지 않아 아르헨티나 당국은 그에게 티에라델푸에고의 금채굴권 일체를 부여했다. 군도의 북쪽 끝, 마젤란 해협 건너편의 모래벌판에 자리한 도시 푼타아레나스를 중심지로, 하나의 제국이 탄생하는 순간이었다.

포페르는 이내 풍류객으로 이름을 떨쳤다. 특히 샴페인과 캐비아라면 엄청난 식성을 자랑했다. 그는 늘 제복을 입고 다녔으며, 100명 규모의 사병 조직을 휘하에 두었다. 군인들도 모두 화려한 정복 차림에 계급은 소위 이상이었다. 사병 조직은 항상 동분서주하며, 도둑이나 무허가 채굴꾼들을 무참히 응징했다. 얼마 후에는 원주민들도 소탕하기 시작했다.

원주민의 목숨값은 위스키 한 병

티에라델푸에고에는 원래 야간족이라는 부족이 살았다. 야간족은 세계에서 가장 남쪽에 살았다. 『브리태니커 백과사전』 1889년판에 따르면 야간족은 키가 약 150센티미터에 이마가 좁고 입술이 두꺼웠으며, 코는 납작하고 피부에 주름이 져 있었다. 수백 년에 걸쳐 그 외의 다른 부족들도 이곳 군도에 정착했는데, 그중에는 유목민족인 셀크남족도 있었다. 1769년에 이 지역을 항해한 제임스 쿡 선장은 셀크남족의 생활상을 다음과 같이 묘사했다.

그들이 사는 오두막은 벌집 같은 모양으로, 한쪽 면이 트여서 불을 피울 수 있다. 집은 잔가지로 짓고 긴 가지와 풀 등을 덮었다. 만듦새가 허술하여 비바람도 눈도 우박도 막아주지 못한다.[17]

영국인 정착민들이 양 떼를 풀밭에 풀자, 원주민들은 이게 웬 떡이

냐며 대대적인 사냥에 나섰다. 이는 대학살의 단초가 되었다. 그러나 포페르와 그의 군대는 학살에 적극 참여하지는 않았다고 한다. 학살은 주로 농장주들에 의해 이루어졌다. 현상금은 원주민 한 명당 위스키 한 병 또는 1파운드였다. 현상금을 타려면 양손 또는 양귀를 가져와야 했는데, 나중에는 같은 손과 귀를 계속 가져오는 경우가 발각되면서 머리를 가져오는 것으로 바뀌었다. 광란의 살육은 15년간 자행되었다. 살해당하지 않고 살아남은 원주민들은 이내 전염병으로 죽었다. 유럽인에게는 별 문제가 되지 않는 병이 저항력 없는 원주민들에게는 치명적이었던 것이다. 이렇게 하여 두 원주민 부족 모두 사실상 절멸하고 말았다.[18]

포페르가 우표를 발행한 것도 이 무렵이다. 단 한 종류만 발행되었고, 액면가는 사금 10센티그램을 뜻하는 '디에스 오로diez oro'로 적혀 있다. 포페르의 제국을 버젓한 나라로 보이게 하려고 발행한 우표다. 도안은 채금 작업의 기본 연장인 세척용 대야, 양손 망치, 곡괭이이며, 중앙에는 '포페르'를 뜻하는 P자가 적혀 있다. 이미지 전체에 원근법이 쓰여 요소들의 입체감이 두드러진다.

이 우표들에는 한 번도 소인이 찍힌 적이 없다. 내가 갖고 있는, 살짝 누렇게 바랜 우표는 뒷면에 고무풀이 전혀 남아 있지 않은 것으로 보아, 그래도 사용된 우표로 추정된다. 아마 곳곳에 흩어져 있던 채금지와 푼타아레나스 사이를 오가는 편지나 소포에 사용되지 않았을까. 이 우표들은 아르헨티나의 승인을 받지 못했다. 아르헨티나 우정 당국은 이 우표를 붙인 모든 우편물에 요금을 추가로 부과했다.

1891: 액면가 '사금 10센티그램'인 표준
우표. 도안은 채금 장비를 소재로 했다.

영광과 몰락

포페르의 제국은 이제 전성기를 맞는다. 포페르는 남극 영유권을
주장하기 위해 남극 원정을 계획한다. 표면적으로는 아르헨티나를
대표한 것이었지만, 나름의 꿍꿍이가 있는 것이 분명했다. 포페르는
엑스플로라도르호를 부에노스아이레스에서 채비시키고, 노르웨이
포경선 선장인 C. 한센을 선장으로 고용한다. 최종 점검을 위해 길을
나선 포페르는 이동 중에 독살당하고 만다. 암살을 사주한 자는 당시
위세를 떨치던 한 목양업자였다는 정황증거가 많다. 그런가 하면 영
국이 남극 원정에 훼방을 놓은 것이라는 설도 있다. 포페르는 후계자
를 두지 않았고, 그의 사후 제국은 급속히 붕괴한다. 루마니아에 살
던 그의 어머니조차 한 푼도 상속받지 못한다.

아르헨티나와 칠레는 결국 이곳 영토를 나눠 갖기로 합의한다. 인구 분포를 고려해 3분의 1은 아르헨티나가, 3분의 2는 칠레가 갖기로 한다. 어업과 농업이 일부 발달하고, 1950년대에는 북쪽 지역에서 석유 채굴도 시작된다. 남쪽 지역은 관광업이 가장 중요한 산업이 된 지 이미 오래다.

책 아르네 팔크뢰네(Arne Falk-Ronne), 『세상의 끝으로 떠나는 여행(Reisen til verdens ende)』(1975)

카를로스 A. 브레비아(Carlos A. Brebbia), 『잊힌 땅 파타고니아(Patagonia, a Forgotten Land)』(2006)

마르틴 구진데(Martin Gusinde), 『티에라델푸에고의 사라진 부족들(The Lost Tribes of Tierra del Fuego)』(2015)

보이스카우트 대원들의 교란작전
Mafeking

말 한 마리를 잡으면, 갈기와 꼬리는 잘라 병원에 보내 매트리스와 베개의 속을 채웠다. 편자는 주물공장에 보내 포탄을 만들었다. 가죽은 끓는 물에 데치고 털을 제거한 다음 머리, 발과 함께 푹 삶아 잘게 다지고 초석을 조금 넣어 '브론'이라는 음식을 만들었다. 살은 뼈를 발라내 거대한 분쇄기에 간 다음 내장 안에 쑤셔 넣고 소시지를 만들어, 병사들의 식판에 하나씩 얹어주었다.[19]

1900년 1월, 영국령 케이프 식민지의 조그마한 역마을 마페킹에서 벌어졌던 일이다. 마페킹은 1860년 고지대의 돌투성이 초원에 지어진 마을이었다. 그곳엔 거대한 몰로포강의 수원이 자리하고 있었다. 동쪽으로는 보어인들의 나라, 트란스발공화국의 국경이 인접해 있었다. 이른바 '보어전쟁'이 한창이었다. 거의 50년간 보어인들이 관리하던 거대한 다이아몬드 광산과 금광을 차지하기 위해 영국이 일으킨 전쟁이었다.

전쟁이 발발하기 반 년 전에 영국의 로버트 베이든파월 대령은 마페킹에 들어가 보어군에게 포위를 당하고 고립을 자초하기로 결심했다. 그의 속셈은 맞대결 시에 영국군의 승산이 적은 남동쪽 전장으로부터 보어군을 유인하려는 것이었다. 그는 3개월에 걸쳐 만반의 준비를 했다. 식량과 기타 물자를 비축해놓았고, 요새와 참호를 지어 전화선으로 일일이 엮어놓았다. 여기에 결정적으로, 마을 전체를 촘촘한 지뢰밭으로 빙 둘러싸서 사실상 난공불락으로 만들어놓았다.

국가 마페킹

연대 1899~1900

인구 9,500명

면적 약 25km²

보어군은 미끼를 물었고, 6,000명의 병력이

마을로 진군해 왔다. 보어군은 1899년 10월, 영국이 선전포고를 한 지 이틀 만에 마을을 완전히 포위했다.

백인들의 전쟁

마페킹에는 둘레 10킬로미터의 영역 안에 흑인 거주구역과 백인 거주구역이 따로 있었다. 백인 거주구역은 누가 봐도 정확히 측량하고 설계한 모습이었다. 반듯반듯한 대로가 직각으로 교차했고, 햇볕에 말린 흙벽돌 벽에 골 파인 함석으로 지붕을 얹은 똑같이 생긴 집들이 줄지어 있었다. 중앙의 광장에는 가게들이 있었고 은행, 인쇄소, 호텔, 공공도서관도 하나씩 있었다. 이곳에 거주하는 남자들은 베이든파월이 이끄는 사단 병력을 포함해 1,700명이 넘었다. 그밖에 보어군이 쳐들어왔을 때 이런저런 이유로 대피하지 못했던 여자들 229명과 아이들 405명도 남아 있었다.

북서쪽의 흑인 거주구역은 짚으로 지붕을 엮은 둥그런 오두막들이 이곳저곳에 군락을 이루고 있었고, 약 7,500명의 바랄롱족이 살고 있었다. 예로부터 이 지역에 살던 원주민인 바랄롱족은 보어인의 지배를 받느니 영국인의 지배를 받는 것을 선호했다. 흑인들은 어려움 없이 최전선을 드나들면서 정탐꾼 내지 배달부의 역할을 했다. 그 덕택에 마을 사람들은 바깥 지역과 전갈을 주고받을 수 있었다.[20] 그러나 흑인들에게는 무장을 시키거나 군사적 임무를 맡기지 않았다. 이 전쟁은 '백인들 간의 전쟁'이었다.

　보어군은 영국인들을 굶겨서 항복시킬 작정이었다. 동시에 마을에 대규모의 포격을 퍼부었다. 하지만 대포는 작고 정확도가 떨어졌다. 포격에 맞은 마을 주민은 몇 명 없었고, 흙벽돌집에 생긴 포탄 구멍은 진흙을 마대에 돌돌 말아서 메워 넣으면 쉽게 수선할 수 있었다.

　한편 식량 사정은 그리 좋지 못했다. 원주민들은 식량 배급을 훨씬 적게 받았으므로 상황이 더욱 열악했다.[21] 어쨌든 얼마 지나지 않아 마을 전체가 당나귀고기와 말고기로 연명하는 처지가 되었다. 말여물로 쓰는 귀리를 물에 불려 귀리죽을 쑤어 먹기도 했다. 야전병원의 환자들에게는 마을 미용실에서 징발한 쌀가루로 라이스 푸딩을 만들어 먹였다(쌀가루는 미용실에서 일종의 드라이 샴푸로 쓰였다).

　그 밖의 면에서는 여느 때와 거의 다름없는 생활이 이어졌다. 이는 어느 정도는 과시하려는 목적이었다. 그렇게 함으로써 지뢰밭 바깥에 세운 임시 축조물 위에서 주민들의 일거일동을 감시하던 보어군의 사기를 꺾으려는 것이었다. 한편 보어인들은 안식일을 철저히 준수했으므로 일요일에는 대포를 쏘지 않았다. 영국인들은 그 기회를 놓치지 않고 야외 음악회와 연극 공연, 크리켓 경기 등의 체육 행사를 열었다. 모든 주민이 나들이옷을 입고 행사에 참석했다. 여자들은 펄럭거리는 파티 드레스를 입고 예쁘장하게 입힌 아이들의 손을 잡고 참석했다.

　보어인들은 두 눈을 믿을 수 없었다. 화룡점정은 관내의 우편에 사

1900: 자전거를 타고 있는 워너 굿이어 상사.

용할 우표의 발행이었다. 그런 우표가 아마 굳이 필요하지는 않았을 것이다. 하지만 영국인들에게는 생각이 있었다. 한 사회가 잘 돌아가고 있음을 보여주는 방법으로 우표 발행만큼 좋은 것이 없었다. 우표는 품질과 디자인 면에서도 천공과 고무풀 등 거의 완벽에 가까웠다. 우표는 마을 광장에 있는 타운센드 & 선Townsend & Son 사에서 인쇄했다. 사진 인쇄 기법을 써서 아카시아 수액에서 추출한 '페로 갤레이트ferro gallate'로 만든 감광제를 종이에 입히고 그 위에 네거티브 필름을 직접 얹는 공정을 거쳤다. 그렇게 하여 여러 색조의 청색으로 구현된 결과물은 감탄이 나올 만큼 정교했다.

오늘날 이 우표는 위조품은 수두룩하지만 진품을 구하기는 하늘의 별 따기만큼 어렵다. 내가 소장한 살짝 빛바랜 우표는 한 번 손상이 되었는지 왼쪽 위의 찢어진 모서리를 수선한 흔적이 있다. 이는 이 우표가 진품일 가능성을 좀 높여주는 특징일 듯하다. 도안은 워너 굿이어라는 열세 살배기 소년이 자전거를 타는 사진을 바탕으로 했다. 그는 마을에서 아홉 살 이상의 소년들로 운영하던 소년 군사훈련단의 상사였다. 소년병들은 카키색 군복을 입고 노란색 띠를 두른 챙넓은 모자를 썼으며, 경계 근무를 서고 우편물을 배달하는 임무를 수행했다. 소년병들은 당나귀가 모두 잡아먹힌 뒤에는 어디든 자전거로 이동했다.

217일의 포위

보어군은 마페킹의 함락이 불가능함을 깨달았다. 두어 차례 점령을 시도했다가 실패한 후, 보어군은 병력의 절반 이상을 철수시켰다. 영국군 입장에서는 작전 성공이었다. 덕분에 영국군은 동쪽 지역에서 승전을 거듭할 수 있었다. 결국 1900년 5월, 영국군은 남아 있는 보어군을 쫓아내고 마페킹을 217일간의 포위 상태에서 해방시켰다.

그동안 영국 신문들은 마페킹에 특파원을 파견해 상황을 취재했고,[22] 국민들은 점점 큰 관심을 갖고 사태를 주시하게 되었다. 승리의 소식이 전해지자, 런던 시장은 퀸빅토리아가의 관저 발코니에서 이렇게 연설했다. "우리는 결국 승리할 것임을 한 치도 의심하지 않았습니다. 옳은 대의를 위해 영국 국민들이 용기와 투지로 싸울 때, 우리는 승리할 수밖에 없습니다."[23]

보이스카우트의 탄생

로버트 베이든파월은 국가적 영웅으로 떠올랐다. 1907년 그는 보이스카우트 운동을 출범시켰다. 운동의 목표는 영국 민족의 퇴보를 막기 위해 싸우는 것이었다. 베이든파월은 진보 정부를 통렬히 비판했다. "무상 급식과 노령 연금, 파업 수당과 싸구려 맥주, 무분별한 자선은 우리 조국을 강하게 만드는 데도, 자주적이고 활력이 넘치는 남성성을 고취하는 데도 도움이 되지 않는다."[24]

워너 굿이어는 스물여섯이란 젊은 나이에 하키 공을 머리에 맞고 죽었다. 그의 누이 로티, 모드, 로나는 여러 해 동안 마페킹 광장의 도서관을 계속 운영했다.

책 솔로몬 플라체(Solomon Plaatje), 『마페킹 일기(The Mafeking Diary)』(1990)

호프 헤이 휴이슨(Hope Hay Hewison), 『야생 아몬드 산울타리: 남아프리카, 보어 지지자, 퀘이커의 양심, 1890~1910(Hedge of Wild Almonds: South Africa, the Pro-Boers & the Quaker Conscience, 1890~1910)』(1989)

돌 화폐와 맞바꾼 해삼
The Carolines

서태평양의 뉴기니 바로 북쪽에 위치한 야프섬의 주민들은 1,000년 넘게 아주 독특한 화폐제도를 유지해왔다. 화폐 자체는 '페이fei'라고 하는, 희뿌연 석회암을 둥글납작하게 깎고 엽전처럼 가운데에 구멍을 뚫은 돌이었다. 그 크기는 손바닥만 한 것부터 어른의 키보다 큰 것까지 다양했다. 페이 하나의 가치는 대체로 크기를 기준으로 정해졌다. 조그만 것은 작은 돼지 한 마리 값이었고, 가장 큰 것은 마을 하나를 통째로 사들일 만한 값이었다. 하지만 페이의 가치는 사실 그렇게 간단히 정해지지 않았다. 돌에 얽힌 전설이 있다면, 특히 그것이 사고나 죽음과 관련된 이야기라면, 돌의 크기와 관계없이 가치가 엄청나게 높았다. 그런 사연을 안고 있는 돌은 매우 많았다.

문제는 돌 화폐를 만드는 석회암이 야프섬에는 없다는 것이었다. 남서쪽으로 망망대해를 400킬로미터 넘게 항해해 팔라우섬까지 가서 채굴하고 가공해 와야 했다. 연약한 카누와 뗏목에 의존해 먼 거

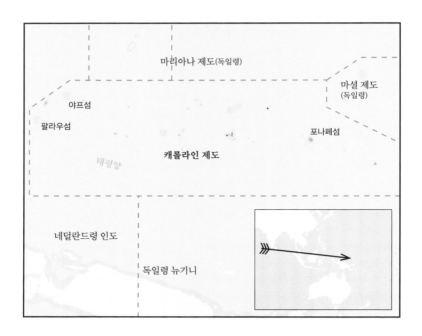

마리아나 제도(독일령)

마셜 제도
(독일령)

야프섬

팔라우섬

포나페섬

태평양

캐롤라인 제도

네덜란드령 인도

독일령 뉴기니

국가 캐롤라인 제도

연대 1899~1914

인구 40,000명

면적 1,167km²

리를 왕래하다 보니 사고도 잦았다. 하지만 운반 중에 사고로 돌이 산호초 부근의 흰 물결 밑에 가라앉았다고 해도 절망할 일만은 아니었다.[25] 가라앉은 돌도 얼마든지 화폐로 인정되어 거래에 쓸 수 있었다. 섬사람들은 누구나 가라앉은 돌들의 위치를 대략 알고 있었고 대대로 전하여 잊지 않게 했다. 무사히 운반해 온 돌 화폐는 섬 여기저기 아무 곳에나 두었던 듯하다. 모든 거래는 돌을 번거로이 옮길 필요 없이 구두 합의로만 이루어졌다.

원주민의 왕이 된 선장

야프섬은 캐롤라인 제도에 속해 있었다. 캐롤라인 제도는 북해 넓이의 두 배 정도 되는 바다 위에 좀 들쭉날쭉한 반달 모양으로 펼쳐진 500개의 섬으로 이루어져 있었다. 섬들의 면적을 모두 합치면 상당히 넓었다. 대부분은 나지막한 산호섬이었고, 화산섬도 군데군데 흩어져 있었는데 서쪽의 팔라우섬과 야프섬, 동쪽의 포나페섬 등이었다.

스페인은 일찍이 1686년에 캐롤라인 제도를 식민지로 삼고 뉴필리핀이라는 이름을 붙였지만, 제대로 활용하지는 못했다. 원주민들이 사나웠기 때문에 용감하게 찾아온 선교사들은 죽음을 당하거나 바다로 내던져졌다.

야프섬은 그중에서도 가장 구제 불능인 섬으로 간주되었다. 야프섬은 엄밀히는 좁다란 해협으로 나뉜 네 개의 섬으로 이루어졌다. 네 섬 전체를 녹색 호수가 둘러싸고 있고, 또 그 주위를 널따란 산호초가 빙 둘러싸고 있다. 가장 큰 섬인 물고기 모양의 룰섬은 길이 16킬로미터에 가장 넓은 곳의 너비가 5킬로미터다. 그 북쪽의 부라힐스섬은 붉은 흙으로 된 비탈이 200미터 높이로 솟아 있고 관목이 빽빽이 우거져 있다. 산기슭 밑의 남쪽으로는 비옥한 평야가 완만히 펼쳐져 있다. 룰섬과 그다음으로 큰 토밀섬이 맞닿은 곳은 천연의 항구 조건을 갖추었고, 그 두 섬에 야프섬 주민 8,000명이 대부분 살고 있었다. 주민들은 고기잡이와 텃밭 농사를 생계 수단 삼아 여러 마을에 나뉘어 살았다. 주민들 간에는 소소한 전쟁, 혼인, 화폐 보유량 등에 따라 끊임없이 바뀌는 엄격한 서열제도가 있었다. 가부장적 사회라서 남자들은 여자를 여럿 거느린 경우가 많았다. 서열의 최상위에는 샤먼들이 자리하고 있었다.[26]

1872년, 파투막이라는 샤먼이 야프섬을 다스릴 때의 일이다. 어느 날 파투막은 평소처럼 제사에 제물로 바칠 통통한 도마뱀을 구하러 나섰다가, 난파당해 해안으로 떠밀려온 데이비드 딘 오키프라는 미국인 선장을 만난다. 아일랜드 혈통인 오키프는 키가 크고 건장한 체격에 뻣뻣한 붉은 머리털과 풍성한 턱수염을 지니고 있었다. 파투막은 그를 보살펴 건강을 회복시킨다.

사업에 밝은 오키프는 이곳의 돌 화폐를 이용한 돈벌이를 떠올린다. 범선을 처음에는 한 척, 나중에는 몇 척을 더 마련해서 팔라우섬을 왕래하며 주민들과 돌 화폐를 실어 나른다. 전보다 빠르고 안전하게 돌을 운반할 수 있게 되었고, 돌 화폐의 크기도 더 커지게 되었다. 지름이 무려 4미터에 무게가 5톤에 달하는 화폐가 만들어진다. 감탄한 주민들은 오키프를 왕으로 삼는다.[27]

오키프는 운송의 대가로 코코넛 과육을 말린 코프라와 해삼을 받아 홍콩으로 수출한다. 중국 상인들은 그런 산해진미의 값을 후하게 쳐주었다. 몇 년 안에 오키프는 막대한 부를 축적한다. 여자를 여럿 거느리고, 유럽식 목골 구조로 지은 흰 저택에서 산다. 줄지어 늘어선 기둥이 항구까지 이어지고, 반짝거리는 골함석으로 지붕을 올린 저택이었다. 보석처럼 찬란히 빛나는 오키프의 저택은 섬 어느 곳에서나 눈에 띄었다. 그 모습은 마치 '이곳이 세상의 중심'이라고 말하는 듯했다.

오키프는 홍콩에 갔다가 조니 오브라이언이라는 청년을 만난다. 오키프는 이 청년도 자기처럼 아일랜드 남해안의 코크 출신이라는 것을 알고는 한 가지 제안을 한다.

"야프섬으로 오게. 그러면 내가 가진 모든 소유물을 절반씩 나눠 주겠네. 여자들도 포함해서 말일세. 그리고 내가 죽게 되면 자네가 내 뒤를 이어 야프섬의 왕이 되게 하겠네."[28]

두 사람은 거나하게 취해 있었을 것이다. 오브라이언은 술이 깬 후 간밤의 제안을 못 들은 것으로 하기로 했다.

태풍 속으로

1899년 독일이 캐롤라인 제도를 스페인으로부터 2,500만 페세타에 사들이면서 야프섬에는 독일 해병대용 막사 여러 채가 질서정연하게 지어졌다. 파견된 독일 총독은 오키프의 기발한 사업에 대해 듣고는, 독일 본국의 지시인지 자신의 독단인지는 알 수 없지만 그 사업을 빼앗기로 마음먹었다. 홍콩에서 돌아온 오키프는 가택 연금을 당한다. 그러나 섬 주민들은 한목소리로 그를 지지하면서 폭동을 일으키겠다고 으름장을 놓았다.

때는 1901년 봄, 독일은 이미 이 지역에 독일 우표를 유통시키고 있다. 여느 식민지 우표처럼 독수리 도안에 캐롤라인의 독일식 이름

1899: 독수리가 그려진 독일 우표. '카롤리넨'
이라는 글자가 가쇄되어 있다.

인 '카롤리넨Karolinen'이 가쇄되어 있다. 편지와 소포는 뉴기니에서
홍콩으로 가는 조그만 증기선들이 수거해 간다. 홍콩에 도착한 우편
물 자루는 다시 유럽행 선박에 옮겨진다.

내가 가진 우표는 3월 29일자 소인이 찍혀 있다. 분명히 섬의 위
태로운 상황을 전하는 편지에 붙었던 우표일 것이다. 편지는 섬의
행정 관료, 아니면 섬에 주둔하던 해병이 보냈을 것이다. 오키프는
며칠 후에 풀려났지만, 신변의 불안을 느끼고 섬에서 도주하기로 마
음먹는다. 5월 초, 그는 자기 아들 몇 명과 함께 범선에 몸을 실었다.
그러나 갑자기 거센 태풍이 불어닥치고, 그는 익사한다.

독일에서 일본으로, 다시 미국으로

그 후 독일과 야프섬 주민들 사이에는 냉랭한 관계가 이어졌다. 1914년에는 일본이 캐롤라인 제도 전체를 점령했다. 일본은 제2차 세계대전이 끝날 때까지 지배를 이어갔고, 캐롤라인 제도를 넘겨받은 미국은 이곳을 미크로네시아와 팔라우로 분할했다.

야프섬은 팔라우에 소속되었고, 팔라우는 1994년에 독립을 얻었다. 한편 야프섬에서는 독일 점령기에 마을 간의 서열이 계속 바뀌는 제도가 금지된 후로 경직된 계층 사회가 자리 잡았다. 페이 화폐는 일본인들이 건축 자재와 닻으로 가져다 쓰는 바람에 일부가 사라지고 말았다. 지금까지 남아 있는 화폐는 주로 결혼 등의 사회적 거래나 각종 합의를 체결하는 목적으로 쓰인다.

오키프의 대저택은 오로지 기초를 이루던 벽들만 덩그러니 남은 듯하다. 섬사람들은 아직도 오키프가 태풍에 휘말려 죽지 않고, 계속 항해하여 태평양의 어느 외딴 섬에 도착했다고 굳게 믿고 있다. 그리고 오키프는 그곳에 새 왕조를 세웠고 그 왕조는 오늘날까지 번창하고 있다는 게 그들의 믿음이다.[29]

책   윌리엄 퍼니스(William Furness), 『돌 화폐의 섬(The Island of Stone Money)』(1910)

로런스 클링먼(Lawrence Klingman), 제럴드 그린(Gerald Green), 『오키프 국왕(His Majesty O'Keefe)』(1952)

영화 바이런 해스킨(Byron Haskin) 감독, 「오키프 국왕(His Majesty O'Keefe)」(1954)

카리브해의 시베리아
The Canal Zone

스페인은 일찍이 1500년대부터 대서양과 태평양을 연결하는 운하를 꿈꿨다. 운하를 낼 수만 있다면 서쪽으로 영토를 넓히고 무역 거점도 확보할 수 있는 궁극의 지름길이 생길 뿐만 아니라, 남아메리카 최남단의 혼곶을 돌아가는 위험천만한 항해를 하지 않아도 되었다.

1880년 처음 땅을 파기 시작한 것은 프랑스였지만 운하 건설은 9년 만에 실패로 끝나고 말았다. 2만 명이 넘는 노동자가 목숨을 잃었다. 주된 사망 원인은 황열병과 말라리아였다. 기술자들은 한 명도 남김 없이 모조리 프랑스로 돌아갔다.

어쩔 수 없는 결과였는지도 모른다. 질퍽한 열대우림과 광활한 습지로 이루어진 이곳은 말라리아를 옮기는 모기들의 천국이었다. 더구나 웃통을 벗어젖히고 땀을 비 오듯 흘리는 사내들이 떼로 몰려들자, 모기들은 신나게 포식에 나섰다. 환자들은 무슨 병에 걸린지도 모른 채 죽어갔다. 그때까지만 해도 모기가 치명적 질병을 옮길 수 있다는 사실은 잘 알려져 있지 않았다.

무력으로, 달러로

세기가 바뀌고 얼마 지나지 않았을 무렵, 이번엔 미국이 나섰다. 이때는 카를로스 핀라이라는 쿠바 의사가 여러 전염병의 원흉이 모기라는 사실을 발견한 후였다. 이제는 충분히 대책을 세울 수 있었다. 그물침대에는 모기장을 덮고, 모기가 알을 낳을 만한 물웅덩이에는 기름을 부었다. 당시 파나마는 콜롬비아의 한 주였는데, 콜롬비아 정부는 운하와 관련된 권리를 미국에 주기를 거부했다. 그러자 미국은 전략을 바꾸

국가	파나마 운하 지대
연대	1903~1973
인구	51,000명
면적	1,432km²

어, 오랜 세월 파나마 독립 운동을 벌이고 있던 단체들을 적극적으로 지원하기 시작했다. 동시에 자국의 해군 함대를 남쪽으로 파견했다.

이윽고 항쟁이 벌어졌고, 콜롬비아 정부군은 겨우 며칠 만에 퇴각한다. 1903년, 새로 수립된 파나마공화국은 운하 지대를 미국에 장기 임대하는 협정에 서명한다. 파나마 운하 지대는 북서 해안과 남동 해안을 잇는 20킬로미터 너비의 좁다란 땅이었다. 콜롬비아가 다시 무력으로 맞붙겠다고 으름장을 놓자, 루스벨트 대통령은 콜롬비아에 현금을 쥐여주고 사태를 신중히 해결한다. 미국이 그 후로도 빈번히 실시해서 큰 소득을 봤던 이른바 '달러 외교'의 첫 사례였다.

이제 두 대양을 잇는 운하를 건설하고 관리할 주체는 미국이 되었다. 운하는 1904년에 착공되어 10년 후에 완공되었다. 운하는 길이가 80킬로미터였고, 양쪽 끝은 26미터의 수위 차이가 났다. 수위 차이는 일련의 갑문을 이용해 해결했다.

강물을 가두어둔 가툰호湖는 당시 세계 최대의 인공 호수였다. 1913년에 수위가 고정되었을 때 호수의 넓이는 425제곱킬로미터에 이르렀다. 굽이굽이 흐르는 차그레스강은 운하의 하구에 그대로 유지되었다. 차그레스강은 이전까지 파나마 지협을 통과하는 가장 빠른 경로로서, 1800년대 중반 캘리포니아에서 골드러시가 일어나며 특히 유명해졌다. 그때는 강둑을 따라 마을들이 일렬로 늘어서 있었다. 대나무와 판자로 벽을 짓고 바나나 잎이나 골함석으로 지붕을 얹은 집들이었다. 마을에는 "영양 떼처럼 몰려드는 캘리포니아 여행객들이 강을 거슬러 올라가는 길에 휴식 차 들르곤 했고, 주민들은 달걀

1931: 파나마 운하 지대의 우표. 도안은 게일라드 수로.

을 1달러에 네 개씩 팔고 그물침대를 2달러에 하룻밤 빌려주었다."[30]

그 시절이나 지금이나 사방에는 열대우림이 빽빽이 들어차 있다. 마호가니나무는 물에 잠겨도 썩는 법이 없다. 1904년, 파나마 운하 지대에는 벌써 자체 우표가 발행되기 시작한다. 내가 가진 우표는 1931년에 발행된 것으로, 도안은 게일라드 수로[31]를 통과하는 배의 모습이다. 수로의 이름은 그 구간의 작업을 지휘했던 데이비드 듀 보스 게일라드 소령의 이름을 땄다. 게일라드 수로는 굴착 작업이 가장 힘들었던 구간으로, 동서 방향으로 뻗은 분수령을 가로질러 14킬로미터 이상 이어진 인공 계곡의 모습으로 마침내 완성되었다.

미국은 운하 건설에 수만 명의 노동자를 투입했다. 하루에 두 번 다이너마이트를 크게 터뜨렸고, 매분마다 열차 한 량이 흙과 돌을 가득 싣고 떠났다. 그러나 토사가 계속 무너져 내리는 바람에 작업을 거의 포기해야 할 지경이었다. 게일라드는 이곳의 흙에 대해 이렇게 표현했다. "얼음 대신 진흙으로 된, 열대의 빙하나 다름없다."[32] 흙은 너무 흐물거려서 굴착기로 파낼 수가 없었고, 고생스럽게 물을 퍼부어 씻어내려야 했다.

작업은 고되고 힘들었으며, 사고가 끊이지 않았다. 그래도 사망자수는 프랑스가 작업할 때보다 적었다. 1914년 운하가 완공될 때까지 총 5,609명이 사망했고, 그 대부분은 서인도 제도 출신 노동자들이었다.

파나마 운하의 추억

대서양 쪽의 크리스토발이 주된 항구로 쓰였고, 관리 업무는 태평양 쪽의 발보아에서 맡았다. 1940년 무렵 이곳의 인구는 5만 1,000명에 달했고 다양한 민족이 섞여 있었다. 모든 이주민은 교육과정을 이수하며, 식민지 주민으로서 용인되는 행동을 지도받았다. 그래도 행실이 바르지 못한 사람은 파나마의 경찰, 사법제도, 재판관이 있었으므로 언제든 손봐줄 수 있었다.

정비와 하역 일에는 서인도 제도의 다른 나라에서 온 일꾼들을 고용했다. 높은 직책은 모두 미국인으로 채워졌다. 총독 등의 직책은 굳이 요란스럽게 민주적 과정을 거치지 않고 미육군 공병대의 퇴역한 고위 장교들에게 바로바로 주어졌다. 총독은 자동으로 국영 기업인 파나마운하회사Panama Canal Company의 사장도 겸했다.

그리고 그 회사가 모든 운영을 도맡았다. 상점도 모두 이 회사가 운영했는데, 상점에서는 식품을 원가에 팔았다. 가정집에서 숙박하는 것은 금지되었다. 미혼자들은 모텔 비슷한 공동주택 단지에 묵게

214

하고 공동 가정부가 일을 해주었다. 가족의 경우는 네 세대로 구성된, 회색으로 칠하고 골함석 지붕을 얹은 표준 주택에 살게 했다. 세대별 면적은 임금에 따라 달라져서, 월급이 1달러 올라갈 때마다 거주공간이 1제곱피트(약 0.1제곱미터) 넓어졌다.[33]

파나마 운하 지대는 이 무렵 시베리아에 지어졌던 소비에트 러시아의 수많은 산업도시와 매우 닮아 있었다. 계획 면에서도, 또 아마 실행 면에서도 초기에는 그랬을 것이다. 하지만 내가 배를 타고 지나갔던 1973년 무렵, 파나마 운하 지대의 분위기는 전반적으로 좀 느슨해져 있었다. 나는 초짜 선원으로 테벤호라는 다소 노후한 화물선에 타고 있었다. 그때는 아직 컨테이너가 쓰이기 전이라서 팔레트(짐운반대) 위에 화물을 쌓고 그물을 덮어 묶어놓았다. 며칠 전 풍랑에 뒤집힌 팔레트에서 쏟아진 하늘색 플라스틱 부엉이들이 격벽 사이에 수북이 쌓여 있었다. 베네수엘라가 목적지였던 우리 배는 태평양 쪽에서 운하로 진입했다. 운하를 통과하는 데는 열 시간이 걸렸다.

나는 정비공이었으므로 배 밑의 기계실에서 피스톤 관리며 바닥 청소 등의 일을 했다. 무쇠 바닥은 며칠 전부터 델 듯이 뜨거웠다. 우리는 모두 반바지 차림으로 일했다. 나는 기운을 내려고 소금 알약을 계속 삼켰고, 얼음물을 어찌나 마셨는지 배가 땡땡 부어 있었다. 솜털이 보송보송한 내 갈색 볼은 기름에 생긴 습진으로 오톨도톨했다. 머리에는 때에 찌든 두건을 묶고 있었다.

기계실에서 일하는 초짜 선원들은 배가 미라플로레스 갑문에 진입할 때 갑판 위로 올라가 구경하는 것이 허락되었다. 작은 기관차들이 배를 끌고 갔고, 양쪽 둑을 따라 열대우림이 빽빽이 들어차 있었다. 이등기관사가 밀림 속 어딘가에 뱀이 득시글대는 섬이 있다는 이야기를 해주었다. 소 한 마리를 줄에 매달아 헬기에서 내리자 땅에 닿기도 전에 홀라당 뼈만 남았다고 했다. 그러고는 이렇게 말했다. "아, 젠장. 자, 작업 복귀! 죽으면 무덤에서 얼마든지 실컷 쉴 수 있어."

미래의 경쟁 상대, 북서항로

같은 해, 파나마와 미국은 운하를 공동 관리하기로 합의했다. 파나마를 양쪽으로 가르는 특별 지대는 오랫동안 외교적 갈등 요인이었다. 갈등은 1964년 소요 사태로 번지면서 파나마 민간인 21명과 미국 군인 네 명이 목숨을 잃기도 했다. 그럼에도 파나마가 이 지역에 대한 완전한 통제권을 갖게 된 것은 1999년에 이르러서였다. 지금도 이 지역은 상당수의 미국인이 상주하며 관여하고 있다.

요즘 가장 뜨거운 화젯거리는 장차 경쟁 상대가 될 북서항로다. 유럽에서 북서쪽으로 항해하여 태평양에 이르는 항로인 북서항로는 앞으로 몇 년 안에 얼음이 완전히 녹아버릴 가능성이 높다. 통행료가 들지 않을뿐더러 시간도 훨씬 단축할 수 있는 항로다.

책 게오르그 브로크만(Georg Brochmann), 『파나마 운하(Panamakanalen)』(1948)
노엘 마우러(Noel Maurer), 칼로스 유(Carlos Yu), 『거대한 도랑: 미국이 파나마 운하를 차지, 건설, 운영, 양도한 이야기(The Big Ditch: How America Took, Built, Ran, and Ultimately Gave Away the Panama Canal)』(2010)

1915~1925

프랑스는 1920년대에 스페인의 허락을 받고 주비곶 바로 북쪽 부근에 비행기 착륙장을 지었다. 그곳은 남아메리카와 다카르로 향하는 우편기들의 중간 기항지 역할을 했다. 우편기 한 대는 보통 편지 3만 통 정도를 수송했고, 가끔 승객을 실어 나르기도 했다. 『어린왕자』의 작가 생텍쥐페리는 1927년부터 1928년까지 이 비행기지의 책임자로 일했다.

햇살에 드러나는 주비곶의 풍경은 마치 텅 빈 무대처럼 보였다. 그림자도 없고, 배경막도 없는 무대. … 내가 가진 것이라곤 스페인의 요새에 붙여 지은 판잣집 한 채, 그리고 판잣집 안의 세면대 하나, 바닷물이 담긴 물항아리 하나, 작달막한 침대 하나가 전부였다.

동카렐리야

알렌슈타인

남러시아

단치히

카르나로/
피우메

바툼

헤자즈

주비곶

트리폴리타니아

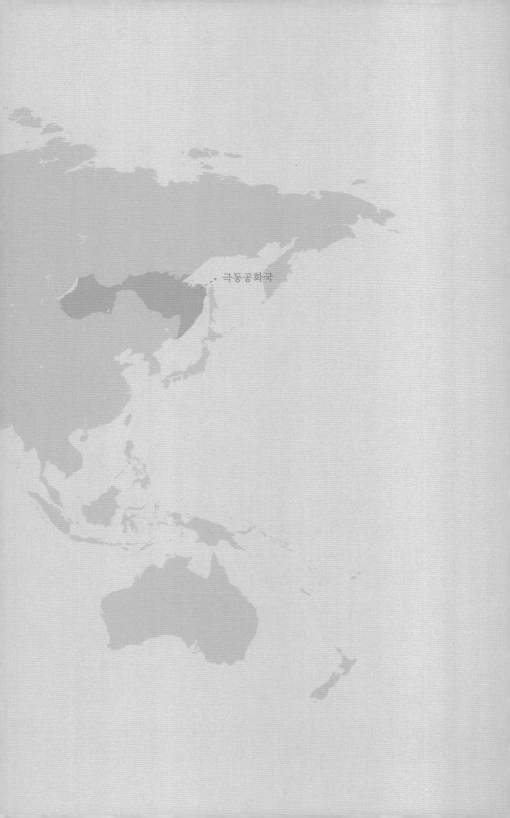

극동공화국

쓰디쓴 딸기 맛 우표

Hejaz

이곳은 1916년 여름의 카이로. 제1차 세계대전의 포화가 유럽 전역을 뒤덮은 지도 이미 2년이 지났다. 이집트 역시 전쟁의 여파를 비껴가지 못했다. 바로 전해에는 독일과 같은 편으로 참전한 오스만제국이 수에즈를 점령하려다가 영국의 강력한 저항에 부딪혀 포기하고 말았다.

두 영국군 장교, 토머스 에드워드 로렌스와 로널드 스토스는 이집트의 역사박물관이 위치한 붉은색 건물의 계단을 오르고 있다. 두 사람은 신생 왕국인 헤자즈의 우표에 도안으로 쓸 소재를 찾아다니고 있다. 헤자즈는 두어 달 전 오스만제국으로부터의 독립을 선언하고 '메카의 샤리프'(무함마드의 직계 자손에 부여한 존칭) 사이이드 후세인 빈 알리를 왕으로 옹립한 나라였다. 그러나 세계의 다른 곳에서도 흔히 그랬듯이 뒤에서 조종하고 있는 것은 영국이었다. 헤자즈 국민들은 우표조차 제 손으로 정할 수 없었다. 그렇지만 이슬람교에서는 사람을 그림으로 묘사하는 것을 금했기에 영국은 인물 초상화를 도안으로 쓸 수 없다는 기본 원칙은 받아들였다.

아랍 반란

아라비아반도 서쪽 가장자리에 자리한 헤자즈는 북쪽으로 아카바 만에서 남쪽으로 예멘까지 홍해를 따라 기다랗게 뻗어 있었다. 해안을 따라 좁다랗게 이어진 티하마 평원은 이내 가파르게 솟아올라 능선과 고원을 이루고, 급기야 해발 2,000미터가 넘는 산줄기로 이어져 동쪽의 아라비아 사막을 장벽처럼 막아주었다. 구불구불 고갯길을 따라 이어진 대

국가 헤자즈

연대 1916~1925

인구 850,000명

면적 250,000km²

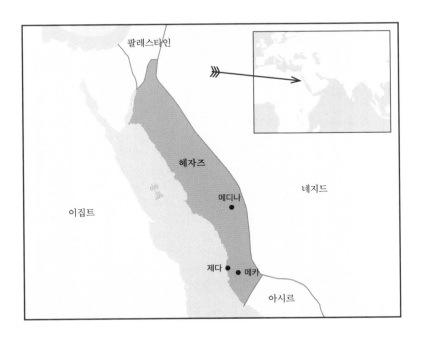

상로隊商路는 예멘의 향신료 재배지와 시리아 및 지중해 사이를 오가는 상인들의 이동 경로였다. 또 무슬림들에게 가장 중요한 두 성지인 메카와 메디나를 찾는 순례자들도 그 길을 이용했다. 헤자즈는 항구도시 제다 등을 포함하고 있어 85만이라는 많은 인구가 사는 나라였다.

이 지역은 무척 덥다. 1년의 반을 차지하는 여름에는 탈 듯이 더운 날도 많다. 홍해 산호석으로 지은 연립주택들은 좁다란 거리에 그늘이 최대한 많이 드리우도록 4~5층 높이였다. 집들은 외벽 사이로 공기가 조금이라도 통하도록 대개 조금씩 거리를 띄워놓았다. 직사광선이 덜 들게 해주는 목재 발코니들이 건물 앞면을 줄줄이 수놓고 있다. 거리조차도 그늘이 최대한 많이 들게 이리저리 꼬여 있다.

구불구불하면서도 평탄한 거리는, 바닥이 오랜 세월 굳어진 습한 모래로 되어 있어 마치 카펫을 밟듯 발소리가 나지 않았다. 격자 모양의 창과 굴곡진 벽들이 소리를 흡수해 말소리가 전혀 울리지 않았다. 짐마차도 없었고, 편자를 단 동물도 없었고, 인파로 북적거리는 곳도 없었다. 모든 일은 숨을 죽이고 조심스럽게, 심지어 은밀하게 이루어졌다. 우리가 지나가자 집집마다 문이 조용히 닫혔다. 개 짖는 소리도, 아이 우는 소리도 들리지 않았다.[1]

오스만제국은 이 지역을 1500년대 초부터 점유했으나, 직접적으로 통치하기 시작한 것은 1845년에 이르러서였다. 그 후 제1차 세계대전이 일어날 때까지 오스만제국은 이곳을 계속 지배했다. 그리고 전쟁이 일어나기 몇 년 전에는 시리아의 다마스쿠스에서 메디나까지 이어지는 철로를 건설했다. 이 '헤자즈 철로'는 병력을 수송하고 남쪽 땅에서 제국의 지배력을 강화하는 데 이용되었다. 가끔씩 부유한 순례자들이 열차를 얻어 타고 이동하기도 했다.

오스만제국의 지배권에 있던 아랍 지역들은 제1차 세계대전이 발발하자 독일 편에 섰다. 영국은 상황을 반전시키기 위해 사이이드 후세인 빈 알리를 비롯한 몇몇 아랍 지도자들과 비밀리에 회담을 열었다. 이른바 '아랍 반란Arab Revolt'을 계획하는 자리였다. 목적은 아라비아반도에서 오스만제국을 몰아내는 것이었다. 영국 입장에서도 오스만군을 이곳에 붙들어두어 유럽의 전장에 증파되지 않게 하는 것이 중요했다. 선택된 전술은 치고 빠지는 게릴라 공격이었다. 특히 헤자즈 철로가 주목표였다.

이 비밀 회담에서 영국을 대표한 특사는 T. E. 로렌스로 더욱 잘 알려진 토머스 에드워드 로렌스였다. 군 장교이자 고고학자인 그는 아랍어가 유창했고, 아랍인과 아랍 문화 전반에 큰 호감을 갖고 있었다. 숱이 적은 머리카락에 큰 매부리코와 비둘기 같은 눈매를 지닌 그는 중성적인 느낌을 풍겼다. 나중에 영화 「아라비아의 로렌스」에서 그를 연기한 배우 피터 오툴Peter O'Toole과는 상당히 다른 느낌이었다. 한편 그는 일반적인 영국 특사들과 달리 그리 완강한 성품이 아니었다. 그는 협력을 이끌어내는 데 능했다. 초기에 로렌스는 게릴라전에서 주도적인 역할을 하며 혁혁한 전과를 올렸다. 오스만제국

1916: 카이로 기차역 입구 위를 장식한 스투코 부조를 도안으로 한 우표.

은 그에게 현상금을 내걸기도 했다. 그러나 그 무렵 헤자즈 국왕은 이미 그에게 왕자의 지위를 부여했고, 감히 그를 건드릴 사람은 없었다.

영국 정부의 지시도 있었지만 이렇게 전폭적 신뢰를 받던 로렌스였기에, 카이로에 파견되어 우표의 도안이 될 만한 소재를 찾는 임무를 맡게 된다. 그는 신생국 수립이 파장을 일으키려면 우표가 최대한 빨리 유통되어야 한다고 생각했다. 또 우표의 도안에는 꼭 아랍적인 것이 들어가야 했다. 하지만 이집트 박물관에는 적당한 것이 없었다. 로렌스와 스토스는 마을을 탐색한다. 두 사람이 처음 발견한 것은 알 살리 타이 모스크의 정문에 새겨진 문양이다. 그다음으로는 기차역 입구 위를 장식한 스투코(미장용 회반죽) 부조를 발견한다. 세 번째로 찾은 것은 엘 술탄 바르쿠크 모스크에 보관된 쿠란의, 화려하게 장식된 마지막 페이지다. 마침내 도안 소재를 모두 확보한 두 사람은 조판기술자 아가미 에펜디 알리에게 정밀 작업을 맡긴다. 그러면서 로렌스는 한 가지 주문을 덧붙인다. 유럽 글자는 한 자도 들어가서는 안 된다는 것이었다. 도안 전체가 전형적인 아랍식이어야 했다.

로렌스는 우표의 최종 인쇄 작업도 감독했다. 자세한 기록은 없지만 이때 로렌스가 고무풀에 딸기향을 가미했다는 이야기가 있다. 의도한 결과는 아니었겠지만 이 때문에 많은 사람이 우표를 한번 핥아 보기 위해 구입하곤 했다. 특히 제일 저렴한 액면가 0.5피아스터짜리 우표가 많이 팔려나갔다.

내 우표도 확인해봤지만, 아마 누군가 한번 핥고 나서 향이 모두 사라진 듯하다. 어쨌든 도안은 로렌스가 카이로의 기차역에서 발견한 문양을 바탕으로 했다. 원 안에 적힌 글자는 '막카 알 무카라마', 즉 '존엄한 메카'다.[2]

진짜 '아랍 땅의 왕'

전쟁이 끝나자 아랍인들은 자신들의 땅에서 자치권을 얻기를 기대했다. 영국도 회담에서 그런 가능성을 제시한 터였다.[3] 그러나 프랑스와 영국은 아랍 땅을 자신들의 이해관계에 따라 쓱쓱 갈라 차지해버렸다. 이때 로렌스가 느낀 절망감은 자서전 『지혜의 일곱 기둥』에 생생히 나타나 있다. 그는 배신당했다는 느낌을 지울 수 없었다. 자신이 아랍인들에게 했던 약속을 지킬 수 없게 된 것이다.

헤자즈는 영국의 세력 하에 놓인 별도의 왕국으로 계속 남았고, 사이이드 후세인 빈 알리도 계속 국왕의 자리를 유지했다. 그러나 그는 이내 자신의 과거에 발목을 붙잡히게 된다. 그는 스스로를 헤자즈 국왕으로 선포할 당시 '아랍 땅의 왕'을 뜻하는 '말릭 빌라드 알 아랍'이라는 칭호를 자신에게 붙이고 싶다는 유혹을 떨치지 못했고, 경쟁 관계에 있던 동쪽의 이웃나라 네지드 술탄국에서는 이를 몇 년 동안 괘씸하게 여기다가 결국 쌓였던 분노를 터뜨리고 만다. 1925년, 네지드는 헤자즈를 침공하여 네지드–헤자즈 왕국을 수립했다. 새 왕국의 영토는 홍해에서 페르시아만에 이르는 아라비아반도의 대부분이 되었다. 별 반대가 없었던 영국은 새 왕국을 인정하고 이내 우호 관계를 맺었다. 1932년, 이 왕국은 이름을 '사우디아라비아 왕국'으로 바꾸었다.

책 토머스 에드워드 로렌스(T. E. Lawrence), 『지혜의 일곱 기둥(The Seven Pillars of Wisdom)』(1922)

E. M. 다우슨(E. M. Dowson), 『아미르, 메카의 샤리프, 헤자즈의 국왕이신 후세인 폐하를 위해 이집트 조사국이 쓴 우표의 도안과 발행에 관한 소록(A Short Note on the Design and Issue of Postage Stamps Prepared by the Survey of Egypt for His Highness Husein Emir & Sherif of Macca & King of the Hejaz)』(1918)

모하마드 아리프 카말(Mohammad Arif Kamal), 『제다 전통 건축의 형태론: 기후 설계와 환경 지속성(The Morphology of Traditional Architecture of Jeddah: Climate Design and Environmental Sustainability)』(2014)

영화 데이비드 린(David Lean) 감독, 「아라비아의 로렌스(Lawrence of Arabia)」(1962)

독립을 누리던 그해 여름

Allenstein

마을 어귀의 밭에선 곡식이 여물어가고, 길가에 늘어선 단풍나무 사이로 부는 산들바람이 한낮의 더위를 식혀준다. 멀리서 교회 종소리가 들려온다. 이날은 7월 11일, 제1차 세계대전이 끝난 지 아직 2년이 지나지 않았다. 좁다란 자갈길을 따라 투표소로 향하는 사람들의 발길이 이어진다. 가족끼리 삼삼오오 짝을 이루어 지나가는데, 발걸음에 맞춰 노래를 흥얼거리는 이들도 있다. 갈색 도시락 봉지 안에는 프레첼, 훈제 치즈, 벌꿀케이크가 들어 있다. 오늘은 공휴일, 나들이하기에도 좋은 날이다.

알렌슈타인은 엄밀히 말해 나라였던 적이 한 번도 없다. 그렇지만 1920년 여름, 알렌슈타인 주민들은 거의 독립된 나라에 사는 기분이었을 것이다. 바이마르공화국(독일의 당시 통칭 - 옮긴이)의 동프로이센 주에 속할 것이냐, 아니면 폴란드에 속할 것이냐를 두고 주민들에게 선택권이 주어졌고, 15세 이상의 주민은 누구나 투표할 수 있었다.

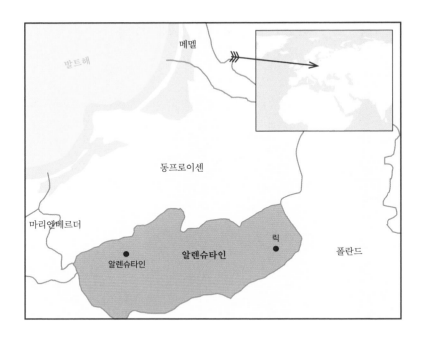

한 번도 평화가 없던 땅

알렌슈타인 지역은 보통 '천 개의 호수'라는 이름으로 불렸지만, 사실 이곳의 호수는 200개 정도였다. 인구가 밀집한 몇몇 소도시 이외에는 농지와 삼림지대였고, 그곳에 50만 인구의 과반수가 살았다. 그중 대다수는 숲으로 둘러싸인 작은 농지에 짚이나 너와로 가파른 지붕을 올린 집을 짓고 살았다. 보다 큰 농장의 가옥은 단층 목조건물로 시골 길가에 지어졌는데, 창틀 색이 화려했고 곳곳에 새겨진 문양이 정교했다.

농경지가 완만한 경사를 이루며 펼쳐진 가운데, 소도시들이 일정

국가	알렌슈타인
연대	1920
인구	568,024명
면적	11,547km²

한 간격을 두고 요새처럼 솟아 있었다. 소도시 주변에는 전형적인 북유럽 방식으로 벽이 세워졌고, 그 안에는 널찍한 길과 커다란 광장을 따라 교회와 몇 층짜리 벽돌집들이 즐비했다. 사방에 버려진 군사 시설의 흔적이 남아 있었다. 알렌슈타인은 역사를 통틀어 평화가 지속된 적이 거의 없었다. 스웨덴과 튜턴 기사단에서 나폴레옹에 이르기까지 주변의 모든 세력이 이곳을 끊임없이 침탈했다. 러시아의 참패로 끝난 1914년 8월 폭염 속의 타넨베르크 전투를 필두로, 이 일대에서는 제1차 세계대전 내내 거의 쉬지 않고 전투가 벌어졌다.[4]

베르사유조약과 주민투표

1920년, 알렌슈타인에서 주민투표를 실시하는 구역의 경계선은 대체로 마주르족이 중세부터 살아온 지역을 따라 그려졌다. 그 마주르족의 후손들, 그리고 이곳에서 수백 년간 살며 나름의 문화를 형성해온 수많은 폴란드계와 독일계 주민들이 모두 투표소로 향했다. 이들 민족 간의 공존은 평화롭지 않았다. 갈등의 불씨가 폭발 직전까지 가는 일도 적지 않았다. 제1차 세계대전의 승전국들은 바로 이러한 문제들을 베르사유조약을 통해 깨끗이 정리하고자 했다.

바로 전해에 체결된 베르사유조약은 4년간 이어진 독일과 연합국 간의 전쟁을 공식적으로 끝내고 독일이 전쟁에 대한 책임을 지게 했다. 이에 따라 독일은 막대한 전쟁 배상금을 치르고, 모든 식민지와 분쟁 지역을 이웃 나라들에 조건 없이 넘겨주어야 했다. 그렇지만 알렌슈타인 등 몇 지역에서는 최종 결정을 주민들이 직접 내리게 했다.

베르사유조약 제94조: … 동프로이센 남쪽 국경선과 아래에 기술하는 경계선 사이의 지역에서는 주민들에게 어느 나라에 귀속되길 희망하는지 그 의사를 투표로 묻기로 한다. 알렌슈타인의 서쪽과 북쪽 경계선을 따라 올레츠코와 앙게르부르크 간 경계선과 만나는 지점까지 그리고 그 지점에서부터 올레츠코의 북쪽 경계선을 따라 동프로이센의 기존 국경선과의 교차점까지.[5]

주민투표에 대한 인식을 높여줄 특별 우표도 발행되었다. 기존의 독일 우표 위에 가쇄한 형태였다. 이 우표는 4월 3일부터 유효했고, 주민투표 결과가 확정되면 가치가 소멸될 예정이었다.

우표의 도안으로는 독일을 낭만적으로 의인화한 여성, '무터르 게르마니아Mutter Germania(어머니 게르마니아)'가 쓰였다. 무성영화 스타였던 배우 아나 퓌링Anna Führing이 모델로 포즈를 취했다. 그림에 묘사된 그녀는 왕관을 쓴 금발의 여성으로, 흉갑이 두드러진 갑옷을 입고 있다. 잘 들여다보면 평화를 상징하는 올리브 가지와 그 정반대를 상징하는 칼도 보인다. 가쇄된 글자에는 "트레테 드 베르사유Traité de Versailles(베르사유조약)"라는 문구도 들어 있다.

내가 가진 우표의 소인은 "릭Lyck"(지금의 '에우크')으로 찍혀 있다. 알렌슈타인 동쪽 끝에 위치했던 인구 1만 3,000명의 소도시다. 에우크 호숫가에 자리하고 있고 주변이 온통 숲으로 둘러싸여 있어 '마주르의 진주'라는 별명으로 불리기도 했다.

투표관리위원회의 위원장으로 임명된 영국인 어니스트 레니는 신

1920: 주민투표 홍보용 우표. '무터르 게르마니아'를
도안으로 한 독일 우표(1916)에 가쇄.

속히 효율적으로 결과를 내는 것이 목표였다. 만일의 불상사를 막기
위해 아일랜드군과 이탈리아군이 각각 한 개 연대에서 차출한 병력
을 투표소마다 배치해놓았다.

그러나 이는 별 효과를 보지 못한다. 대규모의 선거 부정이 목격되
었고, 특히 독일 쪽이 심했다. 폴란드 쪽의 투표 용지를 통째로 빼돌
리고, 유권자 명부를 위조해 사망자의 이름을 단체로 올리는 등 각종
부정이 자행되었다. 유권자들을 투표소에서 투표소로 실어 날라 한
사람이 여러 번 투표하게도 했다.

투표의 적법성을 훼손한 일은 이뿐만이 아니었다. 폴란드계 주민
중에는 독일 애국주의 단체 '하이마츠딘스트'의 협박을 받고 투표를
포기한 이들이 많았다. 이 단체는 투표가 실시된 지역 곳곳에서 몇 달
전부터 위세를 떨치고 있었다. 또한 당시 폴란드와 소비에트 러시아

간의 분쟁이 이어지는 가운데 레닌이 서쪽 지역을 공산화하려는 야욕을 드러내고 있었다. 폴란드가 소비에트연방에 넘어갈지 모른다는 우려가 팽배했기에 많은 마주르인들이 독일 쪽으로 투표했다.

이 정도면 투표 결과는 사실상 정해진 것이나 다름없었다. 그것도 압도적으로. 독일 쪽으로 합병되는 것을 지지한 비율은 무려 97.8퍼센트였다. 투표관리위원회는 주민투표 결과가 유효하며, 알렌슈타인은 8월 16일부로 동프로이센에 합병되어야 한다는 결론을 내렸다. 4일 후, 임시로 발행되었던 우표는 효력 정지가 선언되었다.

독일, 그 무엇보다 소중한 독일

당시 알렌슈타인에는 많은 유대인이 거주하고 있었고, 그들 역시 거의 독일 쪽에 투표했을 것이다. 후에 미국으로 이주한 레하 소콜로프는 여덟 살이던 1920년, 주민투표가 한창이던 이곳에 가족과 함께 도착했던 기억을 글로 남겼다. 그녀의 가족은 폴란드의 뢰바우[6]에 살다가 점점 심해지는 핍박을 피해 이곳으로 이주해 왔다. "집도, 재산도, 아버지의 사업체도, 모든 것을 버리고 떠났다."[7] 알렌슈타인은 그녀의 가족에게 안전하게 느껴졌다. 그들은 거의 뿌리까지 철저한 독일 사람이었다. 레하는 어릴 적부터 "독일, 그 무엇보다 소중한 독일Deutshland, Deutschland über alles"로 시작하는, 나중에 독일 국가로 제정된 노래를 부르며 컸고, 그 가사에 진심으로 공감했다. 그녀의 어머니는 독일 황제를 너무나 흠모했다. 그녀는 카이저가 유대인들을 보살펴주리라고 믿어 의심치 않았다. 레하는 유대인이 아닌 친구들을 금세 여럿 사귀어, 친구들과 숲속이며 호숫가로 자전거 여행을 다닌다.

하지만 좋은 시절은 오래가지 않는다. 친구들이 하나둘 사라진다. 1933년 이후에는 유대인의 활동을 제약하는 법이 생긴다. 가족은 다시 몸을 피해 베를린으로 이주한다. 불을 향해 제 발로 걸어 들어간다는 생각은 꿈에도 하지 못한 채.

1945년 1월 알렌슈타인은 소련군에게 점령되었다가, 얼마 후에는 주민투표 없이 폴란드의 올슈틴주[8]로 편입된다.

책 데이비드 A. 앤덜먼(David A. Andelman), 『산산이 부서진 평화: 1919년 베르사유조약과 오늘날 우리가 치르는 대가(A Shattered Peace: Versailles 1919 and the Price We Pay Today)』(2014)

레하 소콜로프(Reha Sokolow), 알 소콜로프(Al Sokolow), 데브러 갤런트(Debra Galant), 『시대를 거역하다: 홀로코스트의 참화 속 진정한 연민의 이야기(Defying the Tide: An Account of Authentic Compassion During the Holocaust)』(2003)

사막을 나는 우편 비행기

Cape Juby

원래 주비곶은 오늘날의 모로코 남쪽 끝에 바다로 살짝 돌출된 지점을 가리키는 이름이다. 그 일대의 기다란 땅은 서西사하라로 불리는 지역과 경계를 맞대고 있으며, 역사적으로 이런저런 유목 민족들이 이따금씩 살아온 곳이다. 노르웨이의 탐험가 토르 헤위에르달은 1969년 파피루스배 라Ra호를 처음으로 타고 나선 항해 때 이곳 앞바다에서 하마터면 난파당할 뻔했다. 그에 따르면, "아프리카의 해안선이 남쪽으로 굽이도는 바로 그 지점의 위태로운 물살 속으로, 위험천만한 얕은 모래톱이 마치 내민 혀처럼 비죽 튀어나와 있었다."[9] 헤위에르달은 천신만고 끝에 겨우 목숨을 건졌다.

고대 로마인에게도 주비곶은 무시무시한 곳으로 악명이 높았다. 주비곶을 끼고 돌려면 온갖 사나운 바다괴물과 맞닥뜨릴 각오를 해야 하며, 그곳을 지나는 선원은 백인도 피부가 새까매진다고 했다. 이런 이유로, 정치가·군인·학자였던 대大플리니우스(서기 13~79)

는 주비곶을 가리켜 분별 있는 항해가 가능한 절대적 한계점이라고
했다.

그럼에도 카나리아 제도에서 동쪽으로 100킬로미터 떨어진 이 황
량한 사암 절벽 땅에 스페인, 영국, 프랑스가 조금씩 관심을 보였다.
일찍이 1400년대에는 스페인 탐험가 돈 디에고 데 에레라가 연안에
서 100미터 떨어진 조그만 섬에 '산타 크루스

데 라 마르 페케냐Santa Cruz de la Mar Pequeña'
라는 요새를 짓기도 했다. 정어리를 잡는 스
페인 어부들을 사나운 유목 부족들로부터 지
키기 위한 요새였다.

국가 주비곶
연대 1916~1956
인구 9,836명(1916)
면적 33,000km²

이곳의 유목 부족은 살라위족이라고 했다. 북쪽에 사는 베르베르족과 동쪽 내륙 사막 지대의 투아레그족의 후예였다. 여름에는 해안에 살면서 고기를 잡고 낙타, 양, 염소를 풀어 드문드문 돋은 풀포기를 뜯게 했다. 양털과 염소털로 지은 연갈색 천막에서 가족 단위로 살았다. 천막은 밧줄이나 말린 낙타 창자로 땅에 단단히 붙들어 맸다. 살라위족은 이주해온 정착민들에게 시종일관 경멸감을 감추지 않았고, 땅의 소유권이나 경계선 따위를 전혀 아랑곳하지 않았다. 그리고 위계나 왕권 따위의 개념을 받아들이는 데도 도통 익숙하지 않았다. 일종의 무정부주의를 실천했던 살라위족은 대표회의를 통해 크고 작은 일을 결정하는 오랜 전통이 있었다. 아무리 추장이라 해도 자리에서 쫓겨나지 않으려면 행실을 똑바로 해야 했다.

의미 없는 승리

1800년대 말, 도널드 매켄지라는 겁 없는 스코틀랜드인이 주비곶 일대를 탐사했다. 그러고는 "약 200마일(약 320킬로미터 - 옮긴이) 길이의 해안선을 샅샅이 탐사한 결과, 해안 전체를 통틀어 안전한 항만은 주비곶이 유일하다는 결론에 이르렀다."[10]

1876년, 매켄지는 런던에 본사를 둔 북서아프리카회사North West Africa Company의 위임을 받아 교역소인 빅토리아항을 설치했다. 사하라 사막 내륙 지역과 교역을 추진하기 위해 지은, 담이 높은 시설이었다.

사막을 가로질러 동쪽으로 여행하던 매켄지는 땅이 움푹 파인 지대를 발견했다. 함몰지대는 저 멀리 팀북투까지 이어지는 듯했다. 매켄지는 이 발견에 착안해 사하라 사막 중심부까지 물길을 들여와 선박을 드나들게 하는 '사하라 사막 물길 트기Flooding the Sahara' 프로젝트에 착수했다. 하지만 이 발상은 본국 영국에서 전혀 관심을 불러일으키지 못했다. 한편 살라위족과의 충돌이 점점 잦아지고 있었고, 나중에는 모로코의 술탄과도 갈등이 고조되었다. 결국 모로코는 1888년, 교역소를 초토화해버리기 위해 2만 명의 병력을 파병했다. 술탄은 승리를 거두었지만 파병된 군인의 3분의 1가량이 굶주림과 갈증에 목숨을 잃는 막심한 피해를 입었다.

그럴 만한 가치가 있는 일이었는지 의문이 들 수밖에 없는 대목이다. 이곳엔 값나가는 것이라곤 눈을 씻고 봐도 없었다. 자원도, 여자도, 영광의 상징도, 아무것도 없었다. 그 후 1916년에 주비곶을 점령한 스페인도 이 사실을 깨달았을 것이다. 그래도 스페인은 기념으로 이 지역 최초의 우표를 발행했다. 남쪽의 스페인 식민지 리오오로에서 발행된 우표에 가쇄한 것이었다. 1919년에 발행된 내 우표는, 1872년에 나온 해묵은 미판매 스페인 우표에 간단히 가쇄한 형태다(도안은 왕관이다). 그렇지만 이 우표의 중요한 특징인 인쇄 잉크가 잘 나타나 있다. 가쇄에 쓰인 붉은 잉크는 세기가 바뀔 무렵 상용화되었던 아닐린 염료가 거의 확실해 보인다. 아닐린 염료는 처음에는 석탄, 나중에는 석유를 원료로 만들어졌고, 이내 모든 인쇄 잉크에 사용되었다. 원래 우표에 쓰인 잉크는 무기 안료를 아마인유에 갠 것이다. 정확한 재료는 녹토로 보인다. 녹토는 이탈리아에서 대량으로 채

1919: 왕관을 도안으로 한 스페인 우표(1872)
위에 가쇄.

취되던 싸구려 안료였다. 녹토는 인쇄판을 많이 손상시키는 것으로
알려져 있었기에 왜 우표 인쇄에 사용했는지는 수수께끼다.

후에 주비곶에서는 모로코 우표를 사용했다. 스페인은 1956년까
지 일부 모로코 땅에 보호령을 두고 있었다. 스페인 보호령은 따로
떨어진 두 지역으로 나뉘어 있었다. 북쪽 지역은 지브롤터 해협에 접
한 좁다랗고 작은 땅이었고, 남쪽 지역은 주비곶을 포함하는 넓은 땅
으로, 보통 '스페인령 사하라'라는 이름으로 불렸다.

생텍쥐페리의 기록

프랑스는 1920년대에 스페인의 허락을 받고 주비곶 바로 북쪽에
비행기 착륙장을 지었다. 그곳은 남아메리카와 다카르로 향하는 우
편 비행기들의 중간 기항지 역할을 했다. 우편 비행기 한 대는 보통

편지 3만 통 정도를 수송했고, 가끔 승객을 실어 나르기도 했다. 작가 앙투안 드 생텍쥐페리는 1927년부터 1928년까지 이 비행 기지의 책임자로 일했다.

햇살에 드러나는 주비곶의 풍경은 마치 텅 빈 무대처럼 보였다. 그림자도 없고, 배경막도 없는 무대.[11] … 내가 가진 것이라곤 스페인의 요새에 붙여 지은 판잣집 한 채, 그리고 판잣집 안의 세면대 하나, 바닷물이 담긴 물항아리 하나, 작달막한 침대 하나가 전부였다.[12]

비행 기술은 아직 초기 단계다. 생텍쥐페리는 장거리 운항, 열악한 기자재, 빈번한 고장 등으로 위험하기 짝이 없는 비행 환경에 대해 이야기한다. 더군다나 유목민들과의 마찰이 끊이지 않아, 경계를 한시도 늦출 수 없다.

주비곶의 밤은 정확히 15분 단위로 나뉘었다. 초병은 큰 소리로 규정에 맞추어 경계경보를 외쳤고, 외침 소리는 초병에서 초병으로 전달되었다. … 우리는 암흑 속의 배에 오른 승객들과 같았다. 외침 소리는 점점 가까워지면서 커지더니, 바닷새처럼 우리 머리 위를 맴돌았다.[13]

한편 낮은 밤만큼 공포스럽지 않았다.

추장들은 요새 밖에서 우리와 마주치면 욕조차도 하지 않았다. 옆으로 고개를 돌리고 침을 뱉을 뿐이었다. 그들의 자만심은 자신들의 힘이 세다는 착각에서 비롯되었다. 그들은 소총 300정으로 무장한 군대를 전시체제로 배치해놓고는 "여기서 프랑스 땅까지 진격하려면 100일 이상 걸리는 걸 프랑스는 다행으로 알라"고 입버릇처럼 말했다.[14]

추장들을 달래기 위해 비행기 여행을 시켜주기도 한다. 때로는 아예 프랑스까지 데려간다. 추장들 중에는 호수며 숲이며 푸른 들판 따위를 보고 눈물을 터뜨리는 이들도 있다. 주비곶에서는 물이 황금만큼 귀하다. 모래를 몇 시간씩 파고 들어가야 겨우 구경할 수 있는 것이 "낙타 오줌이 섞인 흙탕물, 물이다! … 주비곶의 무어인 꼬마들은 돈을 구걸하지 않는다. 빈 깡통을 내밀고 물을 구걸한다. '물 좀 주세요, 물이요.'"[15]

19세기의 모습 그대로

주비곶 시대는 1956년 모로코가 마침내 독립하면서 막을 내렸다. 이 지역은 이름이 '타르파야 지구'로 바뀌면서(일대에서 자생하는 억센 관목인 타마린드의 현지 이름을 붙인 것이다) 모로코의 한 주로 격하되었다. 지역의 인구는 약 5,000명 수준에서 오늘날까지 변화가 없다. 주민들의 생계수단은 고기잡이, 그리고 여전히 이 지역을 유랑하는 살라위족과의 교역이다.

곶에서 내륙 쪽으로 좀 들어가면, 갈색 자갈이 깔린 대로 양쪽으로 소박한 2~3층짜리 건물들이 옹기종기 늘어서 있다. 성냥갑 모양의 건물들은 벽면과 지붕에 시멘트 블록이 군데군데 드러난, 19세기 전반의 모습 그대로다. 대부분은 매우 노후하여 금방이라도 모래 위로 무너질 듯하다.

책 앙투안 드 생텍쥐페리(Antoine de Saint-Exupéry), 『야간 비행(Vol de nuit)』(1931)

앙투안 드 생텍쥐페리, 『인간의 대지(Terre des hommes)』(1939)

아서 코튼(Arthur Cotton), 『주비곶 이야기(The Story of Cape Juby)』(1894/1912)

백기사의 몰락
South Russia

노보로시스크에는 적어도 다섯 가지 시간 체계가 있었다. (1) 현지 시간.
(2) 선박용 시간. (3) 페트로그라드 시간(러시아 전역에서 철도용 표준시로 쓰
였고 의용군에서 공식적으로 사용했다). (4) 시멘트 작업 시간(매시마다 경적을
울려 알렸다). (5) 영국 선교단 시간(선교단 시계에 따른 것으로, 정확하지 않았
다). 가장 앞선 시간과 가장 늦은 시간은 약 한 시간 30분 차이가 났고,
다른 시간들은 그 사이에 위치했다. 이러니 시간 약속을 지키는 것은 쉽
지 않았다. 그래도 약속에 늦으면 항상 핑곗거리가 있어서 다행이었다
고 할까![16]

영국 언론인 칼 에릭 베크호퍼는 혼란스러웠다. 그가 흑해 북동쪽
연안의 항구도시 노보로시스크에 도착한 것은 1919년 11월 말, 런던
에서 보트를 타고 여행길에 오른 지 한 달 만이었다. 그가 출발했을
때는 백위군白衛軍의 한 세력인, 이른바 '의용군'이 공세를 펼치며 모
스크바로 진격할 태세를 취하고 있었다. 그러나 이제 전세가 역전되

어 의용군은 베크호퍼가 방금 도착한 이곳을 향해 황급히 남하하고
있었다.

니콜라이 2세의 폐위와 백위군

약 2년 전의 러시아혁명에 뒤이어 일어난
내전이 러시아를 휩쓸고 있었다. 1917년 니
콜라이 2세가 반란에 의해 폐위되자, 황제에
게 충성하던 몇몇 장군이 캅카스로 몸을 피해
볼셰비키의 적위군赤衛軍에 맞설 세력을 규합

국가	남러시아
연대	1919~1920
인구	미상
면적	1,130,000 km^2

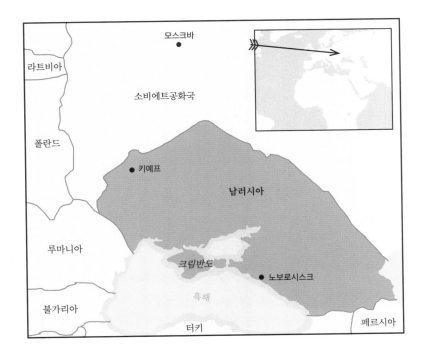

했다. 그중에는 안톤 이바노비치 데니킨 장군도 있었다. 그는 넉넉한 풍채, 양 끝이 올라간 콧수염과 염소 턱수염으로 강건한 인상을 풍기는 외모였지만, 지력은 부족했다는 것이 영국 공작원 시드니 라일리의 평이다.[17] 그럼에도 데니킨은 상당한 병력을 끌어모아 백위군 의용군의 남부 전선을 맡았다. 또 콜차크 제독이 이끄는 비슷한 규모의 병력이 동부 전선과 더 나아가 시베리아까지를 맡았다. 이들을 가리켰던 '의용군'이라는 이름은 과장된 것이었다. 실제로는 강제 징병이 광범위하게 이루어졌다.

백위군은 프랑스, 미국, 폴란드, 영국으로부터 무기와 자금을 지원받았다. 이들 나라는 백위군이 승리해야 유럽 상품의 수출 시장이 전쟁 이전의 규모를 회복할 것이라고 생각했다. 또 니콜라이 2세가 재위 중에 미국과 유럽의 여러 은행에 진 막대한 빚을 백위군 측은 떼먹지 않으리라 보았다.

1919년 봄, 데니킨은 '남러시아정부South Russian Government'를 비공식적으로 창설했다. 남러시아정부의 영토는 남동쪽으로 캅카스산맥에서 북서쪽으로 키예프까지 뻗어 있었으며, 드네프르강을 중심으로 양쪽에 비옥한 평야가 펼쳐져 있었다. 남쪽으로는 흑해에 맞닿아 있어 긴 해안선과 크림반도를 아울렀다. 데니킨은 관내에 행정 사무소 몇 곳을 설치했고, 위풍당당해 보이는 군사법원도 같이 지었다. 반역이나 이적행위를 저지른 자는 번거로운 절차를 거치지 않고 즉결 처형하는 등 전반적으로 엄하게 다스렸다.

따뜻한 옷이 승리의 비결

같은 해 가을, 백위군은 대대적인 모스크바 공격에 나선다. 그러나 작전은 실패로 끝난다. 장군들이 옥신각신하며 의견이 맞지 않았던 것이 주요 이유였다. 더군다나 병사들은 제대로 훈련되어 있지 않았고, 식량 등 물자의 보급체계도 갖춰져 있지 않았다. 병사들은 이동 중에 알아서 먹을 것을 찾아야 했다. 결국 주민들을 대상으로 대대적인 약탈과 폭동이 벌어지고, 마을의 씨를 말리는 대학살이 자행되기에 이른다. 특히 볼셰비키를 지지한다고 알려진 유대인 마을이 표적이 된다. 볼셰비키 지도자 레프 트로츠키는 백위군의 행태에 대해 "약탈과 강간이라는 추잡한 꼬리를 단 혜성"이라고 비판한다.[18] 그때까지 내전에 가담하지 않았던 러시아인들 다수가 적위군에 합류하기 시작한다.

날씨도 가을치고 춥다. 베크호퍼가 어느 쪽이 이길 것 같냐고 묻자 노보로시스크 철도역의 짐꾼은 주저 없이 대답한다. "당연히 볼셰비키죠. 옷을 따뜻하게 입었잖아요."[19]

베크호퍼는 북쪽으로 향하는 기차 안에서 커다란 버터 바구니를 든 예쁜 아가씨를 만난다. 그녀는 버터를 최전선으로 가져가 비싸게 팔 생각이라고 한다. 베크호퍼는 "투기꾼이시구면"이라며 장난스럽게 손가락질을 한다. 그녀가 웃으며 받아친다. "그럼 어때요? 요즘 세상에 투기꾼 아닌 사람이 어디 있나요?"[20] 베크호퍼는 기차를 어느 역에서 내려야 안전하냐고 묻는다. 최전선이 계속 앞뒤로 왔다 갔다 하고 있어서 정확히 알 길이 없다. 키예프는 최근 16번이나 탈환과 재탈환이 거듭되며 주인이 계속 바뀌었다. 키예프의 대성당은 백위군이 예배당으로 바꾸었다가 적위군이 곡식 창고로 바꾸어놓기를 반복했다.[21]

이루지 못한 복수의 꿈

데니킨은 남러시아정부의 우표를 발행하는 것도 잊지 않았다. 내가 가진 전형田型블록 우표는 1919년 5월에 첫 발행분으로 나온 것이다. 고무풀이 아직 많이 남아 있고, 황갈색을 띠는 것으로 보아 도축장 폐기물을 원료로 했을 것이다. 이후의 발행분과 구별되는 차이점이다. 아직까지 맛이 느껴진다. 틀림없이 푹 삶은 말고기 맛이다.

꽃 장식으로 둘러싸인 타원 안에는 작긴 하지만 창을 휘두르는 기사가 그려진 것이 분명하다. 그 주인공은 물론 성 게오르기우스, 돈키호테와 대척점에 있는 인물이다. 전설에 따르면 무슬림과 탐욕스러운 용으로부터 마을과 아름다운 처녀들을 구했다고 하며, 차르의 문장에도 들어간 성인이다. 데니킨은 이 성인이 상징하는 대의에 공감했을 것이다. 데니킨을 움직인 동력은 상당 부분 종교의 힘이었다. 독실한 러시아정교회 신자였던 데니킨의 눈에 적위군의 신성모독 행위는 갈수록 개탄스럽기 짝이 없었다.

전쟁이 계속되던 1920년 겨울, 남러시아에는 극심한 인플레이션이 일어난다. 1월 20일자 소인이 찍힌 내 전형블록 우표 한 장의 액면가가 35코페이카다. 한 장으로는 제일 작은 편지를 부치기에도 값

1919: 데니킨 휘하의 군대에서 발행한 우표.
성 게오르기우스의 조그만 문양이 들어 있다.

이 모자랐다. 그로부터 두어 달 후, 미사용 우표를 모두 거두어들여 훨씬 높은 가격을 가쇄하는 조치가 실시된다. 내가 가진 우표의 경우는 한 장당 5루블, 즉 500코페이카로 가격이 오른다.

이 무렵 남러시아는 이미 세력이 기울어 몰락하기 직전이다. 3월 말경에는 영토가 크림반도와 그 위쪽의 좁다란 해안지대밖에 남지 않는다. 결국 3월 30일, 데니킨 장군이 이끄는 남러시아정부는 해체되고, 데니킨 장군은 백위군의 지휘권을 표트르 니콜라예비치 브란겔Pyotr Nikolayevich Wrangel 남작에게 넘긴다. 브란겔은 마치 노쇠한 고등법원 재판관처럼 나이 들어 보이는, 극렬 성향의 귀족이었다. 데니킨은 영국 군함을 타고 몸을 피했고, 브란겔은 '러시아남부정부Government of South Russia'를 수립한다. 그 이름은 기존의 이름을

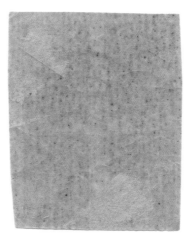

같은 우표의 뒷면. 갈색 고무풀로 보아
1919년 5월에 제작된 것이다.

단어 순서만 바꾼 것에 불과했다.

브란겔의 군대는 여름이 가고 가을이 가도록 크림반도를 굳건히
장악하고 있다. 그러나 적위군과 크고 작은 교전을 끊임없이 벌이는
가운데 많은 병사가 희생당한다. 겨울이 오자, 그 전해 겨울보다도
더 모진 추위가 닥친다. 전투복 상의에 이끼를 채워 넣으며 버티지만
혹한에 동사하는 병사들이 늘어간다. 11월, 백위군은 마침내 두 손
을 든다. 남은 병사와 병사의 가족들까지 15만 명에 달하는 사람들
이 러시아 흑해함대의 남은 함선에 몸을 싣고 피난한다. 그 후 이들
은 대부분 발칸반도에 정착한다.

장군들은 더 먼 곳으로 몸을 피한다. 데니킨은 미국에 정착해 살다
가 1947년 심장마비로 죽는다. 생전에 다섯 권짜리 회고록도 썼다.[22]

브란겔은 남아 있는 백위군 장교들을 모아 연합체를 결성하고 복수를 꿈꾼다. 이후 벨기에에 정착했다가 사망하는데, 소비에트의 첩자에게 독살당한 것으로 보인다.

책 칼 에릭 베크호퍼(Carl Eric Bechhofer), 『데니킨의 러시아 그리고 캅카스에서 1919~1920(In Denikin's Russia and the Caucasus 1919~1920)』(1923)

안톤 이바노비치 데니킨(Anton Ivanovich Denikin), 『어느 장교의 군생활: 회고록 1872~1916(The Career of a Tsarist Officer: Memoirs 1872~1916)』(1975)

석유 열풍과 금파리 떼

Batum

바툼의 역사는 열강들의 이권 추구와 석유를 향한 탐욕으로 얼룩져 있다. 이곳의 역사는 동일한 패턴을 끝없이 반복해왔고, 21세기에 들어서도 같은 패턴이 이어지고 있다. 그 중심에는 아니나 다를까 이번에도 영국이 있다. 영국은 1918년 12월부터 1920년 7월까지 바툼을 지배했다.

바툼은 원래 캅카스 지역의 흑해 쪽 해안에 위치한 평범한 해안 도시에 지나지 않았다. 그러나 캅카스 횡단철도의 종착역이 되면서, 1899년 노르웨이 작가 크누트 함순이 이곳을 찾았을 무렵에는 국제적으로 꽤 주목받는 도시가 되어 있었다.

도시는 옥수수밭, 포도밭과 산으로 둘러싸인 비옥한 땅에 자리하고 있다. 산들을 올려다보면 군데군데 불탄 흔적이 눈에 띄고, 드러난 맨땅에서 쿠르드족이 양을 몰고 있다. 초록 융단 같은 숲 사이로 폐허만 남은 성들이 비죽비죽 솟아 있다. ⋯ 바툼의 일상에서는 어딘지 남

미의 분위기가 느껴진다. 호텔 식당에 들어오는 사람들은 옷차림이
다 신식이고, 실크 드레스에 보석으로 치장하고 있다. … 거리는 널찍
하지만 자갈 포장은 되어 있지 않아, 찻길이나 인도나 다 모랫바닥이
다. 항구는 배들로 분주하다. 남쪽으로 멀리 터키에서까지 온 작은 돛
단배들, 알렉산드리아와 마르세유로 향하는 유럽의 대형 증기선들로
빼곡하다.[23]

함순은 이 도시에 마음을 빼앗긴다. 하지
만 그럼에도 도시 부근에 넓게 펼쳐진 습지는
"건강하지 않은" 모습이다. 약 50년 후 이곳

국가 바툼
연대 1918~1920
인구 20,000명
면적 50km²

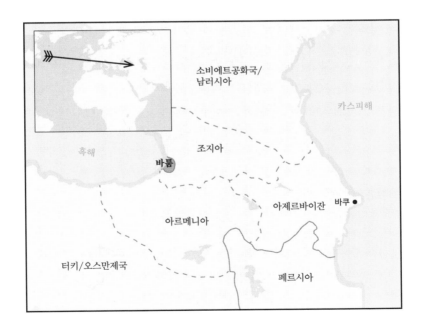

251

을 찾은 여행 작가 에릭 링클레이터도 같은 인상을 받았다. 링클레이터는 금파리가 어마어마하게 많다고 적고 있다. "우리가 묵은 객실은 시끄러운 벌집을 방불케 했고, 낮에 찾은 식당은 윙윙거리는 구름속 같았다."[24] 원인은 비 때문이다. 바툼은 이 일대에서 가장 강우량이 많은 지역이다.

혁명가와 소설가

함순이 바툼을 방문하고 두어 해가 지난 후에 청년 이오시프 스탈린이 바툼에서 파업을 이끌고 선동죄로 거듭 투옥되는 등 혁명가로서의 자질을 연마했다. 스탈린은 이 시절 자신의 업적이 무척 자랑스러웠는지, 나중에 초현실적 소설『거장과 마르가리타』로 유명한 작가 미하일 불가코프에게 자신의 청년 시절을 소재로『바툼』이라는 희곡을 써달라고까지 했다. 그러나 완성된 작품은 스탈린이 보기에 자신을 너무 순진하고 낭만적인 인물로 묘사하고 있었기 때문에 출간본 전체를 파기할 것을 지시했다. 불가코프는 크게 낙담했고, 몇 주 후에 오랜 지병인 신장 질환으로 사망했다.

석유의 미래

노르웨이인인 프리티오프 난센이 국제연맹의 고등판무관 자격으로 1925년에 바툼을 찾았다. 그는 아르메니아인 집단학살에서 살아남은 생존자들이 캅카스 지역의 더 깊숙한 땅에 새로 정착하도록 돕고자 했다. 난센은 보좌관인 비드쿤 크비슬링과 함께 동행했다.

두 사람은 바툼을 둘러보고 좋은 인상을 받았다. 난센은 파리 따위에 짜증낼 사람은 아니었지만, 대로 가에 심어진 부채야자나무의 관리 상태가 열악한 것에는 매우 불편한 심기를 내비쳤다. "장대 끝에 너저분한 술이 달린 듯한 모습이 마치 자루가 길고 끝이 너덜너덜한 싸리비 같다."[25] 그리고 시당국에 딱 부러지는 조언까지 남겼다. "잎이 무성한 단풍나무와 피나무를 심었으면 훨씬 나았을 것이다."[26]

난센과 크비슬링은 카스피해 연안의 항구도시 바쿠와 바툼을 잇는 송유관도 시찰했다. 송유관은 20세기 초에 건설되어 석유의 육로 수송에 한창 이용되고 있었다. 바쿠는 당시 세계 최대의 유전지대였다.

1870년대에 원유 생산을 시작한 바쿠 유전은 이내 세계 산유량의 50퍼센트 이상을 점유하기에 이르렀다. 그 중심에는 브라노벨이라는 스웨덴 회사가 있었다. 알프레드 노벨의 형 루드비히 노벨이 경영하는 회사였다. 루드비히 노벨은 이전에는 자원으로 취급되지 않았던 석유의 "미래가 밝다"고 일찌감치 선언하고는[27] 세계 최초의 유조선을 설계하고, 송유관을 통한 석유 수송 기술도 개발했다.

바쿠와 바툼 간의 송유관은 직경 20센티미터에 길이 900킬로미터였으며, 중간에 높이 1,000미터에 달하는 산등성이를 타고 넘는 구간도 있었다. 고도 차이를 해결하기 위해 여러 곳에 펌프장을 두고 정교한 양수 시설을 구축했다. 난센은 감탄해 마지않았다.

영국이 몇 년 전에 바툼의 항구를 점령하기로 결정한 것도 바로 이러한 제반 여건에 감탄했기 때문이었다. 영국 함대는 1913년에 연료를 석탄에서 석유로 전환했기에 더더욱 이곳에 군침을 삼킬 수밖에 없었다. 전후의 유럽은 바야흐로 대대적인 석유 열풍에 휩싸여 있었다. 영국 외무장관 조지 커즌 경은 이렇게까지 단언했다. "연합국은 석유의 물결을 타고 떠올라 승리했다."[28]

마침내 볼셰비키에게로

오스만제국이 이 지역에서 철수한 후인 1918년 크리스마스, 영국은 2만 명의 병력으로 바툼을 점령했다. 그리고 즉시 기술자들을 투입해 송유관을 따라 곳곳에 설치된 펌프장들의 개보수 작업에 착수했다.

점령군을 보는 주민들의 시선은 곱지 않았다. 그런가 하면 지역 내에서는 서로 다른 민족들 간에 주권을 다투는 분쟁이 그치지 않았다. 그리고 북쪽에서는 볼셰비키가 서서히 압박해 오면서 난민 행렬이 봇물처럼 쏟아지고 있었다.

수지 타산이 맞지 않는다고 판단한 영국은 바툼을 차지하겠다는 생각을 접었다. 1920년 여름, 영국 해군은 마지막까지 주둔하고 있던 병사들을 군함에 싣고 떠났다. 영국은 바툼을 케말 아타튀르크가 이끄는 튀르크 세력에 넘겨주었고, 아타튀르크는 넘겨받은 땅을 주저 없이 볼셰비키에 헌납했다. 이곳에 사는 무슬림들의 안전을 보장하겠다는 약속을 받아낸 후였다.

분명한 V자

영국은 처음에는 우편제도 관리를 바툼 시의회에 맡겼다. 발행할

1919: 알로에나무를 도안으로 한 현지 우표에
영국이 가쇄.

우표의 도안은 당연히 영국 군주의 아름다운 초상화를 써야 했다. 하지만 시의회는 우표 도안에 이 지역의 상징을 담았다. 예쁜 알로에나무가 그려져 있고 그 위에 "바툼스카야 포치타(바툼 우편)"라는 문구가 키릴문자로 적혀 있다. 지역 인쇄소에서 몇 가지 다른 색상으로 인쇄되었고, 천공은 없었으며, 첫 발행분은 1919년 4월 4일에 나왔다. 그러나 후에 시의회가 영국 점령에 반대하는 총파업을 지지하자 영국은 우표 재고를 모두 몰수해 "영국 점령지British Occupation"라는 문구를 가쇄한 다음 다시 돌려준다.

내가 소장한 7루블짜리 우표도 그런 역사를 거쳤다. 바툼의 우표는 오랜 세월 동안 대량으로 위조되었지만, 내 우표는 진품일 가능성이 높다. 그 근거는 왼쪽에서 세 번째와 네 번째 가지가 분명한 V자를 그리고 있다는 점이다. 위조품은 그 두 가지가 보통 평행하게 그려져 있다.

장소에 비해 시대를 덜 중요하게 생각하는 필자 같은 사람은 함순, 스탈린, 난센, 크비슬링이 우연히 한자리에 모이면 어떻게 될까 하는 흥미로운 상상을 해보곤 한다. 가령 기차역 앞의 식당에서 철갑상어 찜과 보드카를 식탁에 놓고 마주 앉았다면 말이다. 오로지 정치적 견해만 놓고 보면 서로 싸울 일은 거의 없을 것이다. 그렇지만 콧수염과 턱수염 스타일에 관해서라면 대단히 심도 깊은 토론이 벌어지지 않았을까. 유일하게 수염을 기르지 않은 크비슬링이 아마 중간에서 중재자 역할을 했을 것이다.

책 크누트 함순(Knut Hamsun), 『환상의 나라에서(I Æventyrland)』(1903)
프리티오프 난센(Fridtjof Nansen), 『아르메니아를 지나(Gjennem Armenia)』(1927)
에릭 링클레이터(Erik Linklater), 『내 등에 탄 사내(The Man on My Back)』(1941)

히틀러가 열어준 다과회

Danzig

1933년, 단치히자유국의 의회 선거에서 국가사회주의당(나치당)이 승리를 거두자, 히틀러는 자신의 베를린 집무처인 국가수상부에서 축하 다과회를 연다며 초청장을 보낸다. "말 그대로 다과, 즉 커피와 케이크가 나왔다. '집에서 어머니가 해주시던' 슈트로이젤쿠헨과 나프쿠헨(차에 곁들여 먹는 독일식 케이크들)이었다. 히틀러가 안주인 역할을 했다. 그는 신이 나 있었고, 심지어 다정해 보이기까지 했다."[29]

헤르만 라우슈닝은 흐뭇했다. 단치히에 땅을 갖고 있던 그는 이번 선거에서 단치히자유국의 상원의장으로 선출되었다. 오랜 세월 방치되었던 이 작은 나라도 이제 좀 질서가 잡히겠구나 싶었다.

갤리온 범선과 코그 범선

단치히자유국은 비스툴라강(현재의 비스와강) 하구의 비옥한 삼각주에 자리하고 있었다. 서쪽에 조금 펼쳐진 구릉지를 제외하면, 단치

발트해

독일

단치히 시

단치히

폴란드

독일

국가 단치히	
연대 1920~1939	
인구 366,730명	
면적 1,966km²	

히 땅은 온통 평평하고 경작하기 쉬운 일급 농경지였다. 게다가 발트해 남동쪽 모서리에 자리 잡은 전략적 위치 때문에 이 땅은 여러 세기 동안 선망과 분쟁의 대상이 되었다. 특히 북적거리는 항구도시는 누가 차지했느냐에 따라 지오테샨츠Giotheschants, 지다니Gidanie, 그단시크Gdancyk, 단치크Danczik, 댄치그Dantzig, 그단스크Gdańsk, 단치히Danzig 등 다양한 이름으로 불리며 주변 세력의 인기를 한 몸에 받았다. 중세 이후 단치히는 죽 프로이센의 지배를 받았고, 1809년부터 1814년까지만 잠깐 나폴레옹 치하에 놓였다. 그러다가 1871년에는 새로 수립된 독일

제국에 편입되었다.

독일이 제1차 세계대전에서 패한 후, 베르사유조약은 "단치히가 국제연맹의 보호를 받는 자유국이 된다"고 규정했다. 폴란드가 이 결정을 지지했다. 1918년에 독립을 얻은 폴란드는 이제 독일의 간섭을 받지 않고 발트해로 진출할 전용 무역 통로를 갈구했다. 그리고 단치히의 철도망과 항구들을 자유로이 이용할 수 있는 권리도 원했다.

이곳 주민 35만 명은 95퍼센트가 독일계였으므로 당연히 이 결정에 반대했다. 하지만 주민들은 남동쪽의 알렌슈타인처럼 주민투표를 실시한다는 결정을 이끌어내지 못했다. 결국 1920년에 단치히자유국이 수립되었고, 새 국적을 받아들이지 않을 사람은 2년 안에 땅과 집을 두고 떠나야 했다. 주민 대부분은 그대로 남았다. 하지만 폴란드가 단치히시에 속한 작은 반도 베스테르플라테에 군수 보급창까지 짓는다는 계획이 알려지자 주민들은 거세게 반대했다.

폴란드는 이곳에서 자체적으로 우체국을 운영할 권리도 얻었다. 폴란드 우표에 단치히의 폴란드식 이름인 "그단스크"를 가쇄한 우표를 모든 우편물에 붙였다. 내가 가진 우표는 1926년에 발행된 것으로, 돛을 활짝 펼친 스페인의 '갤리온' 범선을 도안으로 하고 있다. 그 전해에 발행된 폴란드 우표에 가쇄한 것이다. 이 우표는 단치히의 국영 우체국에서 1921년에 발행한 유사한 디자인의 우표를 좀 유치한 방식으로 조롱한 것이라고 볼 수 있다. 물론 단치히의 우표는 갤리온 범선이 아니라 좀더 아담한 한자동맹의 '코그' 범선을 도안으로 하고 있다. 물밑에서 벌어지는 정치적 신경전이 엿보이는 대목이다. 국제연맹은 '단치히 자유한자도시'라는 명칭을 강력히 반대했었다. 동유럽 내륙 지역과 활발한 교역을 벌이며 조선업 등이 호황을 누렸던 단치히의 황금기를 떠올리게 하는 이름을 원치 않았던 것이다. 한자동맹의 코그 범선은 누가 봐도 그 시절을 대표하는 상징이었다.

제국으로의 복귀

한자동맹의 코그 범선이 그려진 우표에는 "랑푸어Langfuhr"라고 소인이 찍혀 있다. 랑푸어는 단치히시 서쪽 근교의 소도시로, 중상류층 거주 지역이다. 그곳은 작가 귄터 그라스가 어린 시절을 보낸 곳이기도 했다. 그라스의 가족은 예쁘게 다듬은 돌로 지은 넓은 4층 건물에서 살았다. 부모는 건물 1층에서 식료품점을 운영했다. 그라스의 소설 몇 편은 질퍽한 진흙땅에 수로가 바둑판처럼 교차하는 부근 농경지를 배경으로 주인공의 어린 시절이 펼쳐지며 시작한다. 소설 『양철북』에서 화자이자 주인공인 오스카는 엄마 손에 이끌려 바닷가의 진흙 둑으로 나들이를 가곤 한다. 오스카는 황금색 단추가 달린 검정 세일러코트 차림으로, 둑을 따라 방방 뛰며 까불까불 걷는다. 엄마는 너무 말도 많고 궁금한 것도 많은 아들의 손을 놓칠세라 꼭 잡고 있다. 한번은 부두 노동자 모자를 쓰고 누빈 재킷을 입은 노인이 말 대가리로 장어 낚시를 하는 걸 보게 된다. 매끄러운 검은색 갈기가 달린 머리통의 이 구멍 저 구멍으로 장어들이 꿈틀거리

1926: 스페인의 갤리온 범선을 묘사. 폴란드에서
1925년에 발행된 우표에 단치히 국영 우체국이 가쇄.

1921: 한자동맹의 코그 범선을 묘사. 단치히 국영
우체국 발행.

며 삐져나온다.

"이것 좀 보시오!" 노인이 쉰 목소리로 연신 권했다. "자 한번 보시오!" 그러고는 고무장화를 신은 한쪽 발로 말의 입을 비틀어 열더니 작대기를 쑤셔 넣어 벌렸다. 말의 큼직큼직한 누런 이가 웃는 것 같았다. 달걀처럼 둥근 대머리의 노인은 양손을 말 목구멍 속으로 집어넣더니 장어 두 마리를 한번에 끄집어냈다. 굵기가 거의 노인의 팔뚝만 했고 길이도 딱 그만 했다. 이 광경을 본 엄마는 입이 떡 벌어지더니 아침에 먹은 것을 다 토해냈다. 달걀흰자며 줄줄 늘어지는 노른자며 빵 덩어리가 뿜어 나오는 커피와 우유에 섞여 쏟아졌다.[30]

때는 1930년대 초, 나치당은 이미 몇 년 전부터 독일 정계에서 무시하지 못할 세력으로 떠오르고 있었다. 1933년 1월, 히틀러는 독일 총리로 선출되자마자 곧바로 단치히 내의 반폴란드 세력을 규합하기 위해 선동에 나섰다. 덕분에 헤르만 라우슈닝과 나치당은 같은 해에 열린 의회 선거에서 승리할 수 있었다. '제국으로의 복귀'라는 구호 아래 나치는 곧 모든 폴란드계 주민을 조직적으로 박해하기 시작했다. 폴란드계 주민이 단치히자유국 인구의 20퍼센트 이상을 차지하고 있을 무렵이었다. 1만 명이 넘었던 유대인들 역시 박해를 받았다. 단치히는 1938년 11월 9일 밤부터 10일 새벽에 일어난 '수정의 밤Kristallnacht' 사건(나치 대원들이 독일 전역에서 일으킨 반유대폭동. 당시 깨진 유리창 파편들이 거리를 가득 메웠다고 해서 그런 이름이 붙었다 - 옮긴이)

에도 휘말렸다. 많은 이들이 두려움에 달아났다.

1938년, 독일의 요아힘 폰 리벤트로프 외무장관은 단치히의 독일 반환을 요구하고 나섰다. 미국, 프랑스, 영국은 거부 의사를 명확히 했다. 폴란드는 독일이 허튼 수작이라도 부리면 무력으로 침공하겠다고 으름장을 놓았고, 세 나라는 폴란드의 편을 들었다.

1939년 9월 1일, 독일군이 국경을 넘어 단치히를 침공하면서 제2차 세계대전이 발발한다. 주민들은 저항하지 않았으나, 베스테르플라테에 주둔하던 소규모의 폴란드 병력은 맞서 싸운다. 시내의 폴란드 우체국도 포위된 채 15시간을 버티며 저항한다. 결국 우체국 건물은 통째로 잿더미가 되었고, 우표 따위는 물론 남아나지 않았다.

독일은 곧바로 4,500명이 넘는 폴란드인들을 잡아들이고 주요 지도자들을 참수한다. 이후에는 유대계 주민들도 잡아들이고, 폴란드인 여성들을 불임화한다.

이미 오래전 히틀러에게 등을 돌린 전 상원의장 헤르만 라우슈닝은 미국으로 피신했다. 라우슈닝은 자신이 우려했던 최악의 악몽이 현실이 되는 것을 지켜보며 절망한다. "한 인간이 온 세상을 극단으로 몰아가고 있다. … '지옥에서 온 짐승'이 활개를 치며 돌아다니고 있다."[31]

귄터 그라스는 나치의 청소년 조직인 히틀러유겐트에 소속된다. "세례를 받고, 예방접종을 받고, 견진성사를 받고, 교육을 받았다. / 포탄 파편을 갖고 놀았고 / 성령과 히틀러 초상화 사이에서 컸다."[32] 그라스는 나중에 나치 친위대에서 복무하며 동부 전선에서 전투에 참여했다.

　단치히 지역은 전쟁 중에 폭격으로 무참히 파괴되었고, 1945년 3월 30일에는 러시아군에 점령당한다. 그러나 몇 달 후 체결된 포츠담협정에 의해 폴란드로 합병되고, 단치히시는 '그단스크'로 영구히 개명된다. 남아 있던 독일인들은 모두 추방되고 그 자리를 남동쪽에서 이주해온 폴란드인들이 채운다.

책　헤르만 라우슈닝(Hermann Rauschning), 『히틀러와의 대화(Gespräche mit Hitler)』(1939)

　　　권터 그라스(Günter Grass), 『양철북(Die Blechtrommel)』(1959)

영화　폴커 슐뢴도르프(Volker Schlöndorff) 감독, 「양철북(Die Blechtrommel)」(1979)

동토凍土의 이상주의자들
Far Eastern Republic

1921년 늦은 밤, 우랄산맥 기슭의 도시 페름. 역사 밖에 놓인 눈썰매들이 휘몰아치는 진눈깨비에 하얗게 덮여간다. 갈색 털모자와 두꺼운 털외투, 덧신 차림의 두 사람이 미끄러운 승강장을 급한 걸음으로 걷는다. 다부진 체격의 남자가 손짓을 조금 하며 앞서간다. 호리호리한 여자가 마지못해 따라간다. 기관차는 이미 증기를 한껏 내뿜으며 대기하고 있다. 시베리아 횡단철도에 새로 투입된 이 열차는 모스크바를 출발해 신생 극동공화국으로 간다. 목적지는 수도 치타, 예상 도착 시간은 일주일 후다.

보리스 파스테르나크의 대하소설 『닥터 지바고』의 한 장면을 간략히 묘사해본 것이다.[33] 라리사 표도로브나(라라)는 혁명기의 혼란스러운 모스크바를 벗어나 당국의 허가 없이 우랄산맥 쪽으로 거처를 옮긴 상태였다. 라라는 궁지에 빠지지만 변호사 코마로프스키의 도움으로 아슬아슬하게 위기를 모면하고, 코마로프스키는 라라를

국가 극동공화국	
연대 1920~1922	
인구 3,500,000명	
면적 1,900,000km²	

멀리 동쪽으로 피신시킨다. 칭송받을 용감한 행동 같지만 사실 코마로프스키는 제 잇속만 차리는 파렴치한이었다. 그는 한편으로는 라라를 차지할 속셈이었고, 또 한편으로는 볼셰비키 정권에서 일하고 있어 두 사람이 찾아가는 동쪽 지방에 새로 세워진 공화국의 법무장관으로 은밀히 내정된 터였다. 사실 코마로프스키는 극동공화국의 외무차관을 지낸 므스티슬라프 페트로비치 골로바체프라는 인물을 모델로 했다.[34]

건국의 배후

극동공화국은 1920년 4월에 탄생했다. 처음에는 바이칼호 동쪽 인접 지역만을 영토로 했다. 북쪽으로 툰드라와 스텝지대에서 남쪽으로 몽골 부근 산악 지역까지 아우르는, 아한대 기후대에 자리 잡은 땅이었다. 이곳엔 수백 년간 몽골 유목민과 여러 튀르크계 부족들이 주로 살았고, 중국 상인들도 일부 살았다.

치타는 러시아의 카자크인들이 1600년대 말에 세운 도시였다. 그러나 별로 중요치 않은 군사 주둔지로만 쓰이다가, 19세기 초에 차르가 정적과 정치범들을 수감하는 유형지로 이용했다. 도시는 거리와 광장이 종횡으로 촘촘히 교차하고 그 위에 건물들이 늘어서 있었지만, 세상 그 어느 도시보다 무질서한 분위기였다. 건축양식이 실로 천차만별이었다. 고대 그리스 양식의 웅장한 관청 건물, 웨딩케이크처럼 층층이 쌓아올린 낭만적인 러시아식 건물, 거기에 무수히 흩어져 있는 오두막들까지, 아무런 계획도 질서도 없이 마구 뒤섞여 있었다.

외견상 극동공화국은 공산주의자들인 볼셰비키보다 훨씬 민주적 성향을 띠었던 사회주의자들이 세운 나라였다. 이들은 자유지상주의적 사회주의libertarian socialism를 표방했고, 사상적 영향을 미친 인물로 철학자이자 운동가 표트르 크로포트킨 대공을 꼽았다. 크로포트킨은 자신의 정치사상을 정립한 1892년 저서 『빵의 쟁취』에서, 중앙정부도 없고 사익 추구도 없는 사회 모델의 얼개를 제시했다. 극동공화국은 자유선거와 보통선거의 원칙을 곧 공표했다. 어느 모로 보나 그러한 이상을 추구하면서 국민이 주인인 독립국가가 될 것으로 보였다. 그러나 사실 이 모든 것은 모스크바의 볼셰비키 정부가 치밀한 계획 하에 꾸민 사기극이었다.

음모로 탄생한 나라

볼셰비키는 1917년 혁명 이후 꾸준히 동쪽으로 세력을 넓혀가면서 날이 갈수록 사기를 잃어가는 왕당파 백위군 세력을 변두리로 몰아내고 있었다. 그러나 태평양 쪽에서는 철저히 무장한 7만 병력의 일본군이 기다리고 있었다. 일본은 백위군 편이긴 했지만 전의를 급속히 잃어가고 있었다. 어쨌든 볼셰비키는 일본군과 정면으로 부딪치고 싶지 않았기에 임시 해결책으로 극동공화국이라는 완충국을 세운 것이었다.

민주주의의 허울을 쓴 이 신생국을 이용해 다른 나라들의 불안감을 잠재울 수 있으리라는 기대도 있었다. 하지만 단 한 나라도 여기에 넘어가지 않았고, 신생국은 국가로 인정받지 못했다. 그러나 영국의 운동가·평화주의자·철학자인 버트런드 러셀은 이 신생 공화국에 깊은 공감을 느꼈다. 그런 그를 공화국도 고마워했다. 1921년, 베이징에서 병상에 누워 있는 그에게 치타의 지도자들은 끊임없이 샴페인을 보내주었다. 나중에 외무장관에 오르는 이그나티우스 유린은 공식 특사로 직접 샴페인을 들고 찾아가기도 했다. 1921년 6월 러셀은 어느 편지에 "내 평생 이렇게 친절한 사람은 거의 만나본 적이 없다"라고 적었다.[35] 극동공화국의 지도자들조차도 자신들이 음모의

1921: 수확한 밀단을 배경으로 닻과 곡괭이
가 교차된 모습을 담은 문양.

희생양이라는 것을 몰랐음을 어느 정도 짐작하게 하는 대목이다. 설령 뭔가 미심쩍은 것을 눈치챘다 해도 그들이 본바탕이 순진하고 선의에 넘치는 이상주의자들이었다는 사실은 틀림이 없다.

일본군은 극동공화국이 수립된 해 가을에 철병하면서, 점령했던 땅도 함께 내놓았다. 곧 극동공화국은 태평양 연안 지역과 항구도시 블라디보스토크까지 아우르게 되었다. 이제 인구는 350만 명 이상에 이르렀다. 우표도 발행되었다. 처음에는 제정러시아 시대에 남은 재고를 모아 가쇄해 사용했다. 그러다가 우표 네 종을 새로 도안해 차츰 추가로 유통시켰다. 미적인 면에서 더 나을 것은 없었다. 내가 가진 우표도 새로 도안된 우표로, 언뜻 보기엔 상당히 고리타분해 보이는 디자인이다. 몇 년 전 남러시아에서 백위군이 사용한 우표와 형제처럼 닮아 보인다. 하지만 자세히 살펴보면, 한가운데의 문양은 수확한 밀단을 배경으로 닻과 곡괭이를 교차해놓았다. 남러시아 우표의 창을 든 기사와는 상징하는 바가 상당히 다르다. 평화와 형제애의 메시지가 느껴진다. 문양을 둘러싼 화환 모양의 장식에는 극동공화국의 러시아어 이름인 '달녜보스토츠나야 레스푸블리카Дальневосто́чная Респу́блика'에서 딴 키릴문자 'Д', 'В', 'Р'가 찍혀 있다.

노벨문학상 수상작에 쏟아진 의심과 혹평

마지막 필사의 몸부림이라고 해야 할까, 백위군의 잔존 병력은 1921년 5월 블라디보스토크에서 항전을 다시 시도했다. 일본군의 다소 미온적인 지원을 받아, 백위군은 그다음 해 10월까지 블라디보스토크를 겨우 수성하며 버티지만, 그게 마지막이었다. 백위군은 완전히 절멸하고 말았고, 일본은 이제 관심이 없었다. 그러자 완충국도 더는 존재할 이유가 없어졌다. 볼셰비키 지도자 레닌의 제안에 따라 극동공화국은 1922년 11월 15일에 해체되었고, 이로써 러시아 내전은 종지부를 찍었다.

『닥터 지바고』에 나오는 악당의 모델, 골로바체프는 베이징으로 건너가 볼셰비키의 유능한 스파이가 되었다.[36] 보리스 파스테르나크는 1958년 노벨문학상을 수상했다. 노벨위원회의 결정은 파스테르나크의 수상을 선전에 이용하려던 미국의 압력에 따른 것이라는 루머가 돌았다. 작품 자체는 졸작이라고 보는 사람도 많았다. 러시아 작가 블라디미르 나보코프는 평소 소비에트에 비판적인 인물이었음에도 이 작품에 대해서는 "어설프고 진부하며 감상적인, 한심스러운 작품. 뻔한 상황, 방탕한 변호사들, 현실에 있을 법하지 않은 여자들, 로맨틱한 강도들, 식상한 우연의 일치로 이루어져 있다"고 평했다.[37]

책   리처드 K. 데보(Richard K. Debo), 『생존과 통합: 소비에트 러시아의 대외정책 1918~1921(Survival and Consolidation: The Foreign Policy of Soviet Russia 1918~1921)』(1992)

보리스 파스테르나크(Boris Pasternak), 『닥터 지바고(Doctor Zhivago)』(1958)

영화   데이비드 린(David Lean) 감독, 「닥터 지바고(Doctor Zhivago)」(1965)

이슬람 요람에서 벌어진 파시스트들의 비행기 경주
Tripolitania

열기가 아른거렸다. 엄청나게 더웠다. 이곳은 사헬제파레 고원에 자리한 엘아지지아 교역소 부근. 청년은 언덕을 오르고 있었다. 언덕 위에는 바람, 강우량, 기압, 기온을 측정하기 위해 간이로 설치해놓은 조그만 기상관측소가 있었다. 멀리 북쪽으로 푸른 지중해가 아득히 보이고, 수도 트리폴리가 있는 곳에는 모스크의 첨탑들이 솟아 있었다. 좀더 가까이에는 초록빛 농경지가 펼쳐져 있었고, 농경지는 발치의 바짝 마른 황갈색 사막과 어색하리만큼 뚜렷한 경계를 이루었다. 서쪽으로 모래더미가 불쑥불쑥 솟은 사막은 차츰 평탄해지면서 광활한 돌투성이 잿빛 평원으로 바뀌었다가 남쪽의 산맥으로 이어졌다. 그 산맥을 넘어오는, 푄 현상에 의해 덥혀지고 건조해진 바람을 '기블리'라고 불렀다. 이곳의 극악한 더위에는 그 바람이 한몫을 했다.

땀조차 나지 않는 메마른 더위 속에서 마지막 계단을 간신히 오른 청년은 관측 기기가 들어 있는 나무 상자에 다다라 온도계의 눈금을 힘겹게 읽었다. 섭씨 57.8도였다. 정말 높은 온도였다. 하지만 청년은 방금 읽은 온도가 지구상에서 관측된 역대 최고 기온일 줄은 꿈에도 몰랐다. 이곳은 트리폴리공화국, 날짜는 1922년 9월 13일이었다.

아랍 최초의 공화국

트리폴리공화국은 1918년 11월에 이탈리아로부터 독립을 선포한, 아랍 최초의 공화국이었다.

독립운동을 주도한 것은 트리폴리시의 시

국가 트리폴리타니아	
연대 1922~1934	
인구 500,000명	
면적 353,000km²	

민들이었다. 1911년 이탈리아가 오스만제국으로부터 이곳 땅을 빼앗고 나서, 트리폴리 시민들은 이탈리아로부터 독립을 약속받았다. 그러나 이탈리아는 일대의 땅을 모두 식민지로 삼아버렸다. 트리폴리 시민들은 제1차 세계대전이 끝나고 이탈리아가 전쟁의 상처를 추스르는 틈을 노렸다. 그들은 아랍인, 베르베르인, 투아레그인을 모두 아우르는 세속 국가를 목표로 했다. 민족마다 다른 사회제도와 이슬람 종파를 그대로 유지하며 함께 어울려 사는 나라였다.[38]

그들은 1919년 파리 인근 베르사유 궁에서 열린 평화회의에 대표단을 보내 국제적 승인을 받으려 했다. 트리폴리의 대표들은 협상장에 입장 자체가 허용되지 않았지만, 금빛으로 반짝이는 기둥 사이에서 기다리다가 휴식시간에 다른 참석자들이 밖으로 나오면 붙잡곤 했다. 그러나 그들에게 돌아오는 것은 냉담한 반응뿐이었다. 32개 참가국 대표들의 머릿속에는 더 중요한 문제들이 많았다. 더구나 동쪽의 다른 아랍국들과 달리 트리폴리 땅에서는 석유도 발견되지 않았다. 대표단은 낙담하여 귀국했다.

그 무렵 이탈리아는 더욱 강경한 자세로 전환했다. 비행기로 일대에 전단을 뿌리며, 독립운동을 중지하지 않으면 침공하겠다고 협박했다. 침공이 실제로 이루어질 기미는 보이지 않았지만, 트리폴리공화국의 지도자들은 1919년 6월에 헌법을 최종적으로 제정하고 나서 이탈리아와 논의를 하기로 한다. 어쨌든 완전한 독립을 얻게 되리라는 것을 아무도 의심하지 않는다. 신생 공화국은 실제로 일부 양보를 얻어낸다. 아랍어를 이탈리아어와 동등하게 대우하겠다는 약속 그리고 시민권과 언론 자유에 관한 몇 가지 약속도 이끌어낸다. 그리고 일종의 국민투표로 선출된 의원들로 의회를 구성한다.

마레 노스트룸 시대?

1922년 9월까지는 모든 것이 평화롭게 진행된다. 그러다가 엘아지지아에서 역대 최고 기온이 관측되었을 무렵, 상황은 돌변한다. 10월, 무솔리니가 이끄는 파시스트당이 이탈리아의 권력을 잡는다. 그리고 바로 다음 달, 이탈리아가 이곳에 파병한다. 이탈리아군은 트리폴리시에서 멈추지 않고, 동쪽의 키레나이카까지 국경을 넘어 진군한다. 키레나이카는 이탈리아령이었지만, 현지의 이탈리아 관료들은 들끓는 반란에 오랫동안 골머리를 앓고 있었다. 이탈리아군은 거기서 더 나아가 트리폴리공화국 남쪽의 광대한 사막지대인 페잔으로까지 진군하기에 이른다. 무솔리니의 목표는 시칠리아 해협 북쪽과 남쪽 땅을 모두 아우르는 '대大이탈리아'를 건설하는 것이었다. 다시 말해 지중해가 이탈리아의 내해內海가 되는, 마레 노스트룸Mare Nostrum(라틴어로 '우리 바다'라는 뜻으로 로마 시대에 지중해를 부르던 명칭 – 옮긴이) 시대를 열겠다는 것이었다.

트리폴리공화국은 군사 장비가 열악했다. 더구나 이탈리아가 '분할통치' 전술로 여러 부족들을 분열시키자, 트리폴리공화국은 모든 저항을 포기한다.[39] 새 식민지는 이름을 트리폴리타니아로 바꾸고, 이탈리아 정착민들은 재빨리 비옥한 해안 지역을 차지한다. 현지 주민들은 내륙 쪽으로 쫓겨난다. 거처를 옮기지 않고 용감히 버티는 소수의 주민은 이탈리아 당국의 도로 공사나 기타 기반 시설 건설에 무조건 무상 노동을 제공해야 했다.

이탈리아군은 키레나이카에서 만만치 않은 저항에 부딪힌다. 특히 전투적이고 잘 무장된 대규모 무슬림 민병대의 저항이 거세다. 그들에게 이슬람, 국민주의, 반식민주의는 동일한 현안이나 마찬가지다.[40] 이탈리아군은 10만 명 이상의 포로를 강제수용소에 억류한다. 대학살이 끊임없이 자행되고, 화학무기까지 사용된다.

불안정한 진압

1929년 1월, 피에트로 바돌리오 장군이 이 지역 전체의 총독으로 임명된다. 그는 저항을 포기하고 무기를 반납하고 법질서를 준수하는 자는 사면해주겠다고 약속한다.

> 우리는 또한 주민들을 우리 손으로 통치하게 되었으니, 이들을 보살피고 더 문명화된 생활 방식으로 이끌어야 한다. 우리의 목표를 이루고자 한다면, 주민들이 우리와 한편이 되고 우리의 관습과 법규를 준수해야만 도덕적·물질적 혜택이 있음을 실감하게 해야 한다.[41]

그래도 이 지역의 분위기는 그리 좋아지지 않지만, 1931년 무렵에는 저항군이 거의 붕괴한다. 주민들은 차츰 도시와 해안 지역으로 돌아오지만, 그곳은 이탈리아인들이 이미 대부분 장악한 후다. 농장이나 공장에 일꾼으로 들어가 그럭저럭 나쁘지 않은 조건으로 일하는

1934: 항공기 경주대회 '오아시스 서킷'과 트리폴리에서
열린 무역박람회를 기념하는 특별 우표.

방법밖에 없다.

뒤바뀐 기록

트리폴리공화국은 자체 우표를 발행할 만큼 국정을 안정시키지는
못했다. 그러나 이탈리아인들은 우편제도가 꼭 필요했기에 트리폴
리타니아 식민지를 세우자마자 준비 작업에 착수했다.

이탈리아 정착민들은 고국에 보내는 편지에, 자신들은 지배 민족
으로 상전처럼 살고 잡일은 모두 현지 주민이 한다고 이야기한다. 더
위에 불평하면서도 새로 지은 경주 트랙에서 매년 국제 자동차 경주
대회가 열린다고 자랑한다. 날로 수가 급증하는 상류층 사람이라면,
'트리폴리타니아 비행 클럽L'Aereo Club della Tripolitania'에 대해 이야기
한다. 비행 클럽은 무척 왕성한 활동을 벌이고, 1934년 여름에는 '오
아시스 서킷Circuito delle Oasi'을 기념하는 우표 두 종이 발행된다. 트
리폴리타니아 국경 외곽을 따라 진행되는 국제 항공기 경주대회다.

경주의 출발점은 트리폴리항의 수상비행기 기지다. 그 분위기가 충분히 상상된다. 향수와 갓 무두질한 가죽과 기름 냄새가 진동하는 가운데, 이런저런 엔진의 성능에 관해 전문적인 토론이 벌어졌을 것이다. 처음 출발한 비행기 몇 대는 산을 넘어오는 기블리에 애를 먹다가 포기하고 돌아온다. 세 대는 목적지까지 못 가고 중간에 착륙한다. 나머지 비행기들은 코스를 완주해 우아덴 호텔 외곽의 선착장에 들어오고, 그곳에서 샴페인 축하연이 열린다. 내가 가진 우표에는 대회 기념으로 특별 제작된 소인이 찍혀 있다. 소인이 찍힌 상태가 흠잡을 데 없이 완벽하다. 우체국 직원은 이 소인을 찍고 의자에 기대 흐뭇한 미소를 지었을 법하다. 아마 그 역시 비행기 애호가였을 듯하다. 그 손길에서는 파시즘적인 맹목적 추앙마저 느껴진다.

1934년 12월 3일, 트리폴리타니아는 키레나이카, 페잔과 함께 이탈리아령 리비아로 병합되었다. 제2차 세계대전 중 이탈리아는 이 식민지 전체를 연합국에 빼앗겼다. 트리폴리타니아와 키레나이카는 영국의 군정 치하에 놓였다가, 1951년 독립한 리비아 왕국의 영토가 되었다. 트리폴리타니아는 하나의 주로 관리되다가, 1963년 행정단위가 잘게 나뉘면서 여러 구역으로 분할되었다.

리비아 내전 중이던 2011년, 1918년 트리폴리공화국에 대한 승인을 거부했던 나라들에 노르웨이가 가세하여 수도 트리폴리에 폭격을 퍼부었다. 이로써 독재자 무아마르 카다피가 권좌에서 축출되었다. 그다음 해, 기상학자들은 엘아지지아가 보유하고 있던 최고 기온 기록을 뒤집었다. 도저히 그런 기온이 나왔을 수가 없다면서[42] 당시 관측자가 온도계 판독 훈련을 제대로 받지 못한 것이 분명하다고 했다. 대개는 정확한 '벨라니식스' 방식의 온도계였지만, 눈금 교정이 잘못되었을 수도 있다고 했다. 이로써 세계 최고 기온의 영예는 미국 캘리포니아의 데스밸리에서 관측된 섭씨 56.7도가 차지하게 됐다.

책 리사 앤더슨(Lisa Anderson), 『트리폴리공화국(The Tripoli Republic)』(1982)

알리 압둘라티프 아미다(Ali Abdullatif Ahmida), 『현대 리비아의 형성 과정: 국가 수립, 식민지화, 저항의 역사(Making of Modern Libya: State Formation, Colonization and Resistance)』(2011)

국민낭만주의와 음울한 숲속 나라
Eastern Karelia

내가 가진 동카렐리야의 우표는 북극광이 빛나는 하늘 아래 울부짖는 곰의 모습을 도안으로 하고 있다. 곰은 쇠사슬을 벗어던지고 싸울 태세를 하고 있다. 도안은 화가 악셀리 갈렌칼렐라의 작품을 소재로 했다. 핀란드의 국민 서사시 『칼레발라』의 삽화로 유명한 화가다. 『칼레발라』는 동카렐리야 지방에서 수집된 이야기들을 소재로 한 작품이다. 제1부는 창조 설화로, 물오리 한 마리가 침엽수림을 가로질러 날아오는 장면이 있다. "아름다운 새는 수면 위를 미끄러지듯 날아와 푸르스름한 소용돌이 속에서 처녀의 무릎 뼈를 발견했다. 새는 그곳이 작은 언덕인 줄 알았다. 꼭 푸르른 잔디밭 같았다."[43]

악셀리 갈렌칼렐라는 외국 문물에 밝았다. 파리에서 교육받으며 상징주의와 아르누보의 영향을 크게 받았다. 에드바르 뭉크와 베를린에서 공동 전시회를 열었고, 후에 케냐와 멕시코로 장기간 연수를 떠나기도 했다. 한편 그는 매우 낭만적인 성향의 공공연한 국민주의

자였다.

갈렌칼렐라는 같은 핀란드인인 건축가 엘리엘 사리넨, 작곡가 장
시벨리우스 등과 함께 '카렐리야주의'를 주창했다. 그들은 핀란드
문화의 요람이 동카렐리야 지방이라고 믿었
다. 호수와 풀 덮인 늪지대에 가문비나무, 전
나무, 자작나무가 온통 빼곡히 들어찬 예스러
운 땅, 드문드문 나 있는 빈터에 조그만 은회
색 농가를 짓고 생기 없는 남자들과 머리카

국가 동카렐리야	
연대 1922	
인구 약 100,000명	
면적 50,000km²	

락이 뻣뻣한 여자들이 사는 그곳에 핀란드 문화의 뿌리가 있다고 믿었다.

이곳 농부들은 수천 년에 걸쳐 후흐타('가문비나무'라는 뜻)라는 화전농법을 완벽히 발달시켰고, 20세기에 들어서도 여전히 같은 농법을 쓰고 있었다. 이 화전 농법의 원리는 간단했다. 가문비나무를 베어 그 자리에서 겨우내 말린 다음 불태웠다. 그리고 재 속에 호밀이나 순무를 심었다. 보통 두 가지 작물을 윤작으로 재배했다. 수확 후에 척박해진 토양도 영양분이 조금은 남아 있어, 양을 풀어 키우다 보면 나무가 새로 자랐다.

그러나 화전 농법을 하려면 땅이 넓어야 했다. 따라서 농가들은 서로 멀리 떨어져 있을 수밖에 없었다. 이 때문에 사람들의 성격이 괴팍한 경우도 많았고, 또 집집마다 호밀을 말릴 건조용 가마도 있어야 했다. 굴뚝 없는 본채와 사우나 판잣집에 가마까지 있다 보니, 스칸디나비아 다른 지방에 비해 농가의 건물들이 다소 어수선하게 배치되어 있었다. 그리고 이곳에는 나무가 무한정 있었기 때문에 사시사철 어디서나 불을 피워댔다. 그렇게 하여 연기와 서리가 교대로 감싸고 도는 풍경 속에서 카렐리야주의자들은, 적어도 외부의 시선으로 보기에는 타 문화에 오염되지 않은 듯한 선조들의 참된 정취를 발견했다.

머리가 아닌 심장

핀란드는 역사가 비교적 짧은 나라다. 핀란드 반도는 700년간 스웨덴의 지배를 받았다. 그러다가 1808년 러시아 황제 알렉산드르 1세에게 정복되어 러시아의 속령이 되었다. 그러면서 다소 현실과 어울리지 않는 '핀란드대공국'이라는 이름이 붙었다.

볼셰비키가 1917년 러시아혁명으로 전제정권을 몰아내자 핀란드인들은 이전까지 가까웠던 러시아와의 관계가 더 지속될 수 없다고 보았다. 핀란드는 같은 해 12월 6일 독립을 선포했고, 신생 소비에트 정권은 이를 받아들였다. 1920년 타르투조약을 통해 양국은 새 국경선에 합의했다.

그러나 조약에 의해 핀란드계 주민이 거주하는 넓은 지역이 동카렐리야에서 소비에트 쪽으로 넘어가게 되었다. 주민들은 배신감을 느끼고 반란을 일으켰다. 핀란드에서도 약 500명의 의용군이 반란에 가담했다. 그중에는 스웨덴 북부와 노르웨이 북부 일부를 아우르는 '대핀란드'의 수립을 꿈꾸는 이들이 많았다. 나중에 나치가 구상한 '대독일'의 축소판이라 할 만했다.

반란군은 신속히 활동에 착수해, 조금이라도 소비에트에 동조하는 것으로 의심되는 사람은 모조리 조직적으로 숙청했다. 동시에 핀란드로부터 공식적인 지지를 확보하기 위해 대대적인 노력을 기울였다. 그들은 핀란드 정부에 지지 의사를 타진했지만 거절당했다. 반란군 지도자 중에 보비 시벤이라는 21세의 철학도는 이에 낙담하여 스스로 목숨을 끊었다. 그는 애절하기 그지없는 유서를 핀란드 외무장관 루돌프 홀스티에게 보냈다. 그는 후에 이 편지를 "역사상 가장 과장이 심한 편지"라고 평한다.[44]

시벤은 머리가 아닌 심장에 총을 쏘았다. 이는 죽을 때조차 미적인 측면을 중시한 핀란드의 여러 영웅들이 예전부터 택했던 방법으로서 스스로를 그들과 같은 반열에 올려놓으려는 다분히 상징적인 행위였다.

진짜 우표, 가짜 소인

전쟁이 계속되면서 구스타프 스빈호푸드가 이끄는 분리주의 진영이 처음엔 상당한 전과를 거둔다. 스빈호푸드는 1921년 가을, 동카렐리야 땅의 상당 부분을 점유한다. 매서운 겨울 추위 속에서 참혹한 전투가 이어지고, 양 진영은 숲속에서 물러설 수 없는 결전을 벌인다. "파편 튀는 소리는 흡사 팽팽한 쇠줄이 갑자기 갈가리 찢어지는 소리 같다. 나무들은 폭풍이 몰아치듯 마구 흔들린다. … 나무 몸통이 쩍쩍 쪼개져 허연 속이 껍질 사이로 훤히 드러난다."[45]

그러나 1월 초, 소비에트군의 대대적인 공격이 펼쳐지면서 사태가 급반전한다. 카렐리야 반란군은 식량 부족과 동상으로 고생한다. 급기야 2월 초, 저항 세력은 붕괴된다. 공황 상태에 빠진 반란군은 핀란드 국경 쪽으로 황급히 퇴각한다.

울부짖는 곰 우표가 유통된 것은 이 무렵이었다. 우표가 실제로 유효했던 기간은 눈이 펄펄 내리던 1922년 겨울, 1월 31일부터 2월 16일까지 두어 주에 불과했다. 내가 가진 우표는 "우투아Uhtua"의 소인이 찍혀 있다. 2월 6일 무렵 이미 소비에트군에게 빼앗긴, 쿠이티애르벳[46] 호반의 마을이다.

1922: 울부짖는 곰을 소재로 한 도안.

우편물을 처리하던 우체국장은 아득하면서도 또렷하게 들려오는 기관총 소리, 창밖의 거리에서 들려오는 날카로운 명령 소리, 군화 바닥의 징이 얼어붙은 노면을 때리는 소리에 틀림없이 불안했을 것이다. 그럼에도 소인이 안정적이고 깔끔하게 찍힌 것이 쉽게 이해되지 않는다. 그래서 우표 자체는 진품이 분명해 보이지만 소인은 가짜가 아닐까 추측해본다. 실제로 가짜 소인을 찍은 우표가 많다.

이듬해 봄, 소비에트연방과 핀란드가 조약을 체결하면서 종전이 이루어졌다. 조약에 의해 카렐리야는 '카렐리야자치소비에트사회주의공화국'이라는 나라가 되어 어느 정도의 자치권까지도 허용되었다. 얼마 동안은 원하는 이들이 핀란드로 안전하게 옮겨갈 수 있도록 안전통행권을 발부해주었다. 약 3만 명의 카렐리야인이 핀란드로 이주했다. 초기에는 학교에서 핀란드어로 수업하는 것도 허용되었다. 그러나 얼마 지나지 않아 통치는 엄격해졌고, 1930년대 중반 이 지역은 사실상 소련 내의 여느 공화국과 다를 바 없게 되었다.

동카렐리야는 제2차 세계대전 중에 재탈환되었다. 이번에도 그 동력은 '대핀란드'를 수립하겠다는 야망이었다. 하지만 이번에는 핀란드 정부가 직접 나섰고, 독일의 강력한 지원도 있었다. 동카렐리야 침공은 독일의 소련 침공 작전인 '바르바로사 작전'의 일환이었다. 이 작전에서 히틀러의 주목표는 북쪽의 콜라반도에서 남쪽의 크림반도에 이르는 소련 땅을 모두 정복하는 것이었다. 핀란드는 동카렐리야의 상당 부분을 1941년부터 점유했지만, 1944년 소련에 다시 빼앗기고 만다.

사라진 대핀란드의 꿈

오늘날 이 땅은 러시아연방에 속한 21개 공화국 중 하나인 카렐리야공화국에 속해 있다. 카렐리야공화국은 영토가 북으로 백해白海, 남으로 라도가호湖와 오네가호에 이르며, 주요 산업은 임업과 목재 가공업이다.

1980년대 말 페레스트로이카 정책이 시행된 후, 문화적으로 유연한 분위기가 확연해진다. 핀란드어를 학교에서 제2언어로 사용하는 것이 허용될 기미도 보인다. 그러나 과대망상을 품었던 대핀란드 주창자들은 자취를 감추었고, 카렐리야주의도 영원히 묻혀버리고 말았다. 그래도 청년 보비 시벤의 정신은 1995년 헬싱키에서

창설된 국민주의 정당 '핀란드인당True Finns'을 통해 명맥이 이어지
고 있다.

책   에이노 프리베르그(Eino Friberg), 『칼레발라(The Kalevala)』(영역, 1989)
하가르 올손(Hagar Olsson), 『목각쟁이와 죽음: 카렐리야 설화(The Woodcarver
and Death: A Tale from Karelia)』(1965)

음악 장 시벨리우스(Jean Sibelius), 「카렐리야 모음곡(Karelia Suite)」, 작품번호 11번
(Opus 11)(1892/94)

시詩와 파시즘
Carnaro and Fiume

아드리아해의 깊숙한 중심, 해안선을 따라 메마른 산비탈이 이어진 이 곳은 세계에서도 손꼽힐 만큼 극단적인 기후 변화를 자랑하는 곳이다. 바닷물 온도가 해수욕하기에 무리가 없는 늦봄에도 조금만 내륙으로 들어가면 산꼭대기에 눈이 하얗게 쌓여 있다. 그리고 1년의 반을 차지하는 겨울 내내, 북동쪽에서 '보라' 바람이 시도 때도 없이 산비탈을 타고 불어 내려온다. 풍속은 초속 30미터가 넘는다.

2,000년 전에 로마인들이 해안도시 리예카를 계획할 때, 이러한 기후 특징은 중요한 고려 사항이었다. 로마인들은 큰길을 항상 바람의 방향과 직각이 되게 냈다. 또 건물들은 자연석을 쌓아 견고하게 지었다. 세월이 흐르면서 도시는 현대화를 거듭했지만 그러한 건축 양식 자체는 1900년대까지도 변함없이 유지되었다. 북쪽으로 산중턱에 자리한 마을들과 더 내륙으로 들어가 좁다란 산속 계곡에 자리한 마을들도 집을 지은 원리는 같았다.

전후 완충국을 둘러싼 갈등

1920년대에 리예카는 이탈리아 이름인 '피우메'로 불린 자치국의 중심지였다. 이 나라는 1920년 가을 석 달 동안은 '카르나로'로 불리기도 했다. 주민은 대부분 이탈리아인이었고, 크로아티아인과 헝가리인이 소수 섞여 있었다. 일상 대화는 이탈리아어로 했고 간간이 크로아티아어 단어도 쓰였다.

피우메는 일찍이 1700년대에도 한동안 자유국의 지위를 누렸었다. 그러다가 헝가리 왕국에 속하면서 자치권이 좀더 제약되는 이른바 '코르푸스 세파라툼'(라틴어로 '분리체'라는

국가 카르나로/피우메	
연대 1919~1924	
인구 60,000명	
면적 28km^2	

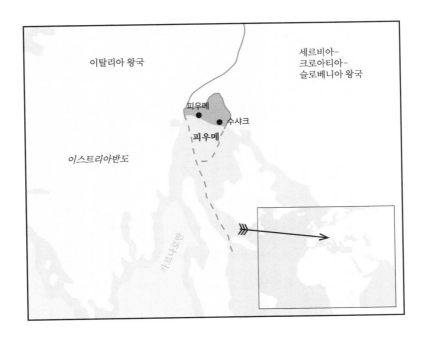

뜻)이 되었다. 그리고 헝가리와 오스트리아가 1867년에 하나로 합쳐질 때까지 그 형태를 유지했다.

이 조그만 지역의 운명을 놓고 논란이 본격적으로 불거진 것은 제1차 세계대전의 뒤처리 방안을 합의하는 과정에서였다. 오스트리아-헝가리제국은 전쟁에서 참패했고, 승리한 열강들은 아드리아해 깊숙한 구석에 완충국을 하나 박아놓고자 했다. 이는 이 지역에 영토권을 갖고 있던 두 나라, 이탈리아 왕국과 세르비아-크로아티아-슬로베니아 왕국(후의 유고슬라비아 왕국)의 뜻에 정면으로 배치되었다. 그러나 승전국들은 주장을 굽히지 않았다. 이곳에 피우메자유국을 세우고 국가의 기틀을 다져야 한다고 했다. 미국 대통령 우드로 윌슨은 한 술 더 떠서 이 자유국에 국제연맹 본부를 두고 군축과 평화를 추진하는 국제기구들도 이곳에 설치하자고 했다.

하지만 의견은 좁혀지지 않았고, 민족 간의 충돌이 점점 잦아졌다. 소요를 진압하고 질서를 잡기 위해 영국, 미국, 프랑스가 군대를 파병했다.

파시스트의 원조

바로 이 상황에서 노년에 접어든 이탈리아 시인이자 '몬테네보소 공公'으로도 알려진 가브리엘레 단눈치오가 등장한다.

단눈치오는 1863년, 아드리아해 중간쯤에 위치한 이탈리아의 작은 해안도시 페스카라의 부유한 지주 집안에서 태어났다. 열여섯 살에 첫 시집『이른 봄』을 발표하고, 곧 파리의 퇴폐주의(데카당스) 예술가들과 어울렸다. 그는 상당히 많은 시, 소설, 극작품을 써냈다. 하나같이 격정적이라고 해도 좋을 만큼 정열적이었다. 작품을 쓰지 않을 때는 삶의 쾌락에 탐닉하며, 마약과 에로티시즘의 금단을 깨는 등 소문이 자자하게 방탕한 생활을 했다. 그는 자신의 활약상을 모두 일기에 꼼꼼히 적어놓았다. 그는 1900년대 초 이탈리아에서 일어난 '미래주의' 예술운동에도 동조한다. 미래주의자들은 미래지향적인 태도를 주창하며, 속도와 신기술을 작품의 중심 테마로 삼았다. 단눈치오는 비행기, 어뢰, 기관총, 자동차 따위를 무척 좋아했다.

1910년, 이미 평생 발표할 작품을 거의 다 내놓은 단눈치오는 정계에 진출한다. 정치인으로서도 불같은 기질에는 변함이 없어, 좌파 이념과 우파 이념 사이에서 계속 갈팡질팡한다. 그러나 제1차 세계대전이 일어나자 이탈리아가 프랑스와 같은 편이 되어 "게르만족 미개인들과 맞서 싸우는 라틴 민족의 전쟁"에 참전해야 한다고 즉각 주장하면서 태도를 확실히 굳힌다. 그리고 이탈리아가 결국 연합국에 가담하자 자신도 곧바로 자원하여 전쟁에 참가한다.

단눈치오는 아기 때의 얼굴이 워낙 천사 같아서 가브리엘레로 이름을 지었다고 한다. 종전 후에 찍은 사진에도 그런 인상이 꽤 남아 있다. 그렇지만 머리가 많이 벗겨진 데다 눈매에서 느껴지는 정열은 무언가 일반적인 감정의 소유자는 아님을 짐작하게 한다. 그는 키도 꽤 작은 편이었다. 그래도 자신이 영웅시했던 나폴레옹보다는 컸다. 전쟁을 통해 국민주의의 우월성을 확신한 그는, 이른바 실지失地회복주의Irredentism를 주장하는 이들의 대열에 섰다. 이탈리아계 주민들의 거주 지역을 모두 아울러 이탈리아에 통합하려는 움직임이었다. 그 지역에는 피우메도 포함되었다. 피우메는 인구 6만 명 중에 이탈리아계 주민이 4만 명에 이르렀다. 단눈치오는 어떤 희생을 치르더라도 기필코 피우메를 이탈리아 땅으로 만들겠다고 선언하고는 "피우메가 아니면 죽음을 달라O fiume o la morte"고 했다.[47]

1919년 9월 12일, 단눈치오는 결연하고 분기충천한 2,600명의 이탈리아 국민주의자들로 구성된 비정규군을 이끌고 피우메에 입성한다. 그중 상당수는 제1차 세계대전에 참전한 사람들이었다. 단눈치오의 군대는 연합국 점령군을 피우메에서 몰아내고, 현지 이탈리아 주민들에게 영웅 대접을 받는다.

단눈치오는 피우메를 15개월간 점령하면서 고국 이탈리아에 자신의 기획을 공식적으로 승인하고 지원해줄 것을 거듭 요청했지만 소득을 얻지 못한다. 정부 당국은 오히려 단눈치오에게 투항을 요구하며, 피우메를 봉쇄 압박한다. 프란체스코 니티 대통령은 이미 전쟁으로 50만 국민이 목숨을 잃었다면서 이상주의에 빠진 글쟁이 허식가들의 치기 어린 행동 때문에 이탈리아를 잃을 수는 없다고 강경하게 나온다.[48]

단눈치오는 이에 맞서서 놀랍지 않은 수순을 밟는다. 1920년 9월, '카르나로이탈리아집정부'의 수립을 선포한 것이다. 이름은 인근의 카르나로만(현재의 크바르네르만)에서 따왔다. 모양새와 장식을 중시한 그는 즉시 국기 제작에 들어갔고, 완성된 국기에는 뱀이 자기 꼬리를 물고 있는 그림 밑에 "퀴스 콘트라 노스quis contra nos"라는 라틴어 문구가 들어갔다. '누가 우리를 반대하리오'라는 뜻이었다.

신생국은 단눈치오를 '두체Duce'('수령'의 의미)로 하는 국가체제를 정비했으며(나중에 이탈리아 파시스트들도 같은 국가 모델을 채택한다), 몇 가지 획기적인 제도를 도입했다. 예를 들면 여성의 완전한 참정권 부여, 음악을 권력 행사와 문화 교육의 토대로 삼는 정책 등이었다. 단눈치오는 모든 관구 내에 공공자금으로 합창단과 오케스트라를 두기로 하고 입장이 무료인 1만 석 규모의 콘서트홀을 설계하기 시작한다.

로마 진군

우표도 섬세하게 디자인해 대량으로 찍어낸다. 국가의 큰 수입원으로 삼을 의도였다. 우표는 단눈치오 본인의 초상화를 도안으로 한 것도 있었으며, 전 세계의 수집가들을 대상으로 유통되었다.[49] 1920년 9월에 카르나로이탈리아집정부가 공식 수립되고 나서는 그 국명인 "레젠차 이탈리아나 델 카르나로Reggenza Italiana del Carnaro"가 가쇄되었다. 단검과 밧줄을 도안으로 한 내 우표도 가쇄된 우표다. 도안이 전하는 메시지는 누가 봐도 선명하다.

이 무렵 단눈치오는 로마로 진군하여 정권을 탈취한다는 '로마 진군'을 처음으로 제안했고, 이는 나중에 무솔리니의 혁명에 일조하게 된다. 많은 이탈리아 국민들이 단눈치오에게 동조하면서 이탈리아 해군의 일부 함대가 자발적으로 단눈치오의 휘하로 들어온다. 얼마 지나지 않아 카르나로의 군대는 잘 훈련된 4,000명의 병력을 거느

1920: 단눈치오의 피우메 진군 1주년 기념우표.
아르베섬과 베글리아섬을 점령한 후에 가쇄.

리게 된다. 꽤 대단한 규모였지만, 전력이 훨씬 우세한 이탈리아군
이 1920년 크리스마스에 퍼부은 기습 공격을 막아내기에는 역부족
이었다. 이탈리아 해군의 안드레아도리아 순양함이 도시에 맹포격
을 가하자, 12월 29일 단눈치오는 오토바이를 타고 북쪽으로 달아
난다.

열강들이 세운 나라

이렇게 하여 '피우메자유국'이 마침내 수립되었다. 두어 달 전에
라팔로조약에서 이미 서면으로 합의된 대로였다. 조약에 따라 이탈
리아 왕국과 세르비아 – 크로아티아 – 슬로베니아 왕국 간의 의견 차
이는 모두 무시되었다. 피우메자유국의 영토는 28제곱킬로미터의 소

1922: 베네치아 갤리선을 도안으로 한 1919년
발행 우표에 가쇄. 제헌의회의 구성을 알리고 있다.

박한 면적이었으며, 해안을 따라 서쪽으로 뻗은 좁다란 통로 모양의
땅으로 이탈리아와 이어졌다. 미국과 유럽 열강들의 바람대로, 피우
메자유국은 완전한 주권국이 되었다. 국제사회로부터 신속히 인정도
받았다.

1921년 봄에는 의회 선거가 실시되었다. 이탈리아 국민주의 세력
도 다시 도전에 나섰지만, 결과는 독립을 주장하는 자치주의 세력의
완승이었다. 기존 우표는 폐기되고 새 우표가 발행되었다. 대체로 전
보다 좀 덜 감상적인 도안들이 이용되었다. 나는 1922년에 발행된
이 시절의 우표도 한 장 갖고 있다. 베네치아 갤리선의 그림 위에 "피
우메 제헌의회Costituente Fiumana"라는 문구가 가쇄되어 있다. 이제 헌
법도 갖춘 버젓한 나라임을 만방에 알리려는 것이었다.

그러나 안정되어 보이는 모습은 허울일 뿐이었으니, 소요가 끊
이지 않고 쿠데타 시도가 잇따랐다. 그때마다 이탈리아군이 진압

하곤 했다.

뽑거나 때우거나

한편 이탈리아에서 지내던 단눈치오는 암살 기도를 피하다가 부상을 입는다. 어쩔 수 없이 1922년 여름에 예정되었던 로마 진군을 포기한다. 그러자 신진 정치인 베니토 무솔리니가 홀로 전면에 나서서 로마 진군을 이끈다.

이는 쿠데타로 귀결되고, 무솔리니는 '두체'로 불린 총리의 자리를 차지한다. 그는 곧바로 단눈치오 치하의 피우메에서 쓰였던 의식과 선전 기법을 다수 차용한다. 이를테면 검은 셔츠를 입은 조직원들, 화려한 시가행진, 감정에 호소하는 발코니 연설 같은 것들이다. 풍부하다 못해 과할 정도의 몸짓도 빠질 수 없다.

단눈치오는 분노한다. 뒷전으로 밀려난 기분이다. 게다가 무솔리니가 도입하려는 파시즘 정치에도 적잖은 의구심이 든다. 단눈치오의 이런 태도에 무솔리니는 불편한 심기를 보인다. "썩은 이는 양자택일해야 한다. 뽑거나 금으로 때우거나. 단눈치오의 경우 내 선택은 후자다."[50]

단눈치오는 훈장과 표창을 수두룩하게 받고, 1938년 뇌졸중으로 사망한다. 장례는 국장으로 치러지고, 그의 시신은 생전의 뜻에 따라 가르다 호반의 자택 내에 있는 영묘에 똑바로 선 자세로 안장된다.

조약에 난도질당한 도시

파시스트들이 이탈리아의 정권을 잡은 뒤에 피우메 문제가 주목받기 시작했다. 1924년 1월 말, 세르비아 – 크로아티아 – 슬로베니아 왕국은 이탈리아의 강압을 견디지 못하고 피우메자유국을 해체·분할하는 내용의 로마조약에 서명했다. 이탈리아가 땅의 대부분을 가져갔고, 세르비아 – 크로아티아 – 슬로베니아 왕국은 도시 동쪽의 수샤크라는 보잘것없는 구역만 손에 넣었다. 모든 결정은 피우메의 선출 정부를 전혀 거치지 않고 이루어졌다. 피우메 정부는 외국으로 망명한다.

제2차 세계대전이 일어나기 직전 피우메를 여행한 영국 작가 리베카 웨스트는 그곳에서 목격한 암울한 광경을 이렇게 묘사한다.

> 우리 앞에 나타난 도시는 마치 꿈 같았다. 머리가 지끈거리는 악몽이었다. 본래는 위풍당당한 남쪽 지방 항구답게 햇볕에 검게 탄, 원숙하고 옹골찬 도시이건만, 각종 조약으로 난도질당한 나머지 초현실적인 모습으로 변해버렸다.[51]

1945년에 전쟁이 끝나자, 옛 피우메 정부의 잔존 세력은 20년 남짓 계속된 망명을 마침내 끝내고 고국으로 돌아왔다. 당시 도시를 점령했던 유고슬라비아 당국은 다시 제 손으로 뭔가 해보려던 자치주의자들의 뜻을 무참히 묵살했다. 이제 고령에 접어든 자치주의자들 상당수는 소리 소문 없이 조용히 살해당했다. 이윽고 1947년 파리강화조약에 따라 피우메는 '리예카'라는 새 이름으로 유고슬라비아에 공식 합병되었다.

유고슬라비아가 해체된 후 리예카는 크로아티아의 가장 중요한 항구도시가 되어 오늘에 이른다. 그리고 단눈치오는 옛 명성을 온전히 회복해, 이탈리아를 대표하는 시인 중 한 명으로 추앙받고 있다.

책　루시 휴스핼릿(Lucy Hughes-Hallett), 『창(槍): 시인, 유혹의 달인, 전쟁 전도사였던 가브리엘레 단눈치오의 삶(The Pike: Gabriele D'Annunzio, Poet, Seducer and Preacher of War)』(2013)

알체스테 데 암브리스(Alceste de Ambris), 가브리엘레 단눈치오(Gabriele D'Annunzio), 『카르나로 자유 헌장(La Carta di Libertà del Carnaro)』(1920) (영어 외 외국어 자료〔이탈리아어〕. 영어로는 다음 URL에서 읽을 수 있음: https://en.wikisource.org/wiki/Constitution_of_Fiume)

영화　조반니 파스트로네(Giovanni Pastrone) 감독, 「카비리아(Cabiria)」(1914)

1925~1945

그 첫인상은 어떻게 보면 옛날 디즈니 만화영화에서 크리스마스 선물공장의 장난감들이 요정들에게 색칠 받을 순서를 줄지어 기다리는 모습을 연상시킨다. 하지만 이곳 사우스셰틀랜드 제도에서 줄지어 있는 것은 장난감이 아니라 진짜 펭귄들이다. 턱시도를 입은 듯한 모습에, 꼿꼿한 자세로 기웃기웃하고 끽끽 울어대는 펭귄들이다. 안타깝게도 이 펭귄들은 색칠 받을 순서를 기다리고 있지 않다. 이들은 디셉션섬의 거대한 간유 공장에서 연료로 쓰일 운명이다. 일꾼들이 펭귄을 한 마리씩 날개를 잡고 번쩍 들어 던져 넣는다. 지방질이 많은 땔감 덕분에 장작불이 활활 타오른다.

이니

사우스셰틀랜드 제도

채널 제도

탕헤르 국제관리지역

샤세노

하타이

탄누투바

만주국

악의 한가운데에서

Manchukuo

나치 독일의 의사 요제프 멩겔레는 인간의 극악함을 상징하는 인물로 유명하다. 그는 제2차 세계대전 중에 아우슈비츠 수용소에서 잔학하기 짝이 없는 인체 실험을 자행한 것으로 악명을 떨쳤다. 하지만 그의 참혹한 만행도 몇 해 앞서 동아시아의 만주국에서 벌어졌던 일들에는 비할 수 없다.

일본은 중국 만주 지방을 침략하고 이듬해인 1932년 이른 봄 이곳에 새 나라를 세웠다. 당시에는 이것이 무엇의 전조인지 아는 사람이 드물었다. 나중에 중국의 역사학자들은 어느 모로 보나 일본의 괴뢰국에 불과했던 만주국에 '거짓 위僞' 자를 붙여서 '위만주국僞滿洲國'이라고 불렀다. 그럼에도 만주국은 엘살바도르와 도미니카공화국으로부터 국가로 인정받았고, 제2차 세계대전 때 추축국으로 연합국과 맞서는 독일과 이탈리아 그리고 바티칸시국(이 지역에 선교사를 많이 파견했었다)도 곧이어 만주국을 인정했다.

만주국의 영토는 북쪽으로 아무르강 유역의 아한대 지역부터 남쪽으로 보하이만의 비옥한 평원지역에 이르렀다. 중국과 접한 남쪽 국경선은 만리장성의 끝 구간과 일치했다.

만주는 1900년대까지 순수하게 농토로 이루어진 땅이었으며, 몇 개의 현縣으로 나뉘어 중국 황제의 통치를 받았다. 주민들은 곳곳에 저절로 생겨난 마을에서 살았다. 초가집은 때 만 되면 쏟아지는 폭우에 외벽이 상하지 않게 처마를 길게 빼 지었다. 얇은 벽들은 온통 판자와 미닫이문으로 이루어져 있어서 무더운 여름날에 활짝 열어젖히기 좋았다. 하지만 현

국가	만주국
연대	1932~1945
인구	30,880,000명
면적	1,554,000km²

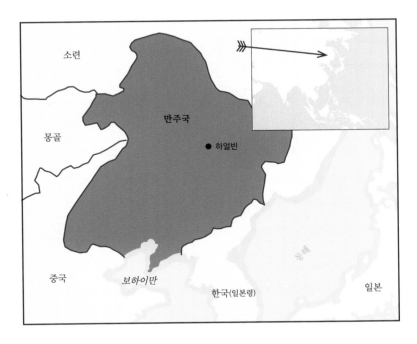

대 서양인의 눈으로 보면 의아한 점이 있었다. 집들이 매서운 겨울 추위에 대비해 단열이 전혀 되어 있지 않았던 것이다. 그래도 이곳 사람들에게는 방법이 있었다. 날이 추워지면 집 한가운데에 있는 골방으로 들어갔다. 방바닥이 온돌이라서 장작을 때면 따뜻해졌다. 거기에다 집 안에서도 외투를 그대로 입었다.

1800년대 말에 만주를 가로지르는 철도가 건설되면서, 철로가 지나가는 마을들은 읍으로, 시로 확장되었다. 폴란드와 러시아 출신 기술자들이 설계에 참여하여 유럽 스타일을 여기저기에 가미했다.

마지막 황제

이미 도시화가 진행되던 만주였기에, 일본은 순조롭게 계획을 진행할 수 있었다. 신생 만주국의 인구는 3,000만에서 5,000만으로 급속히 늘었다. 주로 일본인의 이민에 따른 것이었다. 일본은 동해를 사이에 둔 형제국끼리 협력하면 양국의 평화 증진에 도움이 된다는 내용의 선전 활동을 벌였다. 이에 발맞추어 내가 가진 우표는 학 한 마리가 물 위를 사뿐히 나는 평화로운 정경을 묘사하고 있다. 그러나 그림 아래쪽, 그러니까 한자 문구 바로 위에는 해군 함선의 깃발이 살짝 비치고 있다.

일본의 구미를 돋운 것은 일차적으로 이 지역의 광물자원, 특히 대규모 철광이었을 것이다. 일본은 만주국이 조금이라도 정통성 있는 나라로 보이게 하려고, 멸망한 청나라의 황제였던 푸이溥儀를 데려와 최고 통치자로 앉혔다. 푸이는 약골인 데다 체격이 비리비리했다. 얼

1940: 함선의 깃대 위를 나는 만주의 학.

굴에서 둥근 뿔테 안경밖에 보이지 않았기 때문에 이를 만회하기 위해 견장, 훈장, 메달을 주렁주렁 늘어뜨린 위엄 있는 제복을 입었다. 푸이의 역할은 일본이 만든 법령에 서명하거나 제철소, 교량, 기차역에서 준공식 리본을 자르는 것이 거의 전부였다. 그럼에도 푸이는 제2차 세계대전 막바지에 소련이 '8월의 폭풍' 작전을 벌여 대대적으로 침공해올 때까지 권좌에 머물렀다.

푸이는 일본으로 도피하여 미국에 투항하려 했지만 소련군에 붙잡혀 시베리아로 보내졌다. 베르나르도 베르톨루치 감독은 영화 「마지막 황제」에서 중국에 송환된 푸이가 철저한 마오주의자로 생을 마감한 것으로 묘사한다. 푸이는 『황제에서 시민으로』라는 자서전도 썼다. 자서전에서 그는 자신의 죄를 솔직히 인정한다. "나는 부끄러운 줄도 모르고 대반역자가 되어, 내 조국 땅의 상당 부분을 식민지로 만든 유혈 정권의 들러리 노릇을 했다."[1]

인간 통나무

푸이는 만주국에서 일본이 벌이고 있던 사악한 행위에 대해 아마 알지 못했을 것이다. 1935년 무렵에는 이미 정수 업무를 하는 것으로 위장한 731부대가 만주국을 실험실 삼아 생화학무기를 개발하고 있었다.

총책임자였던 이시이 시로石井四郎 중장은 키가 180센티미터로, 당시 일본인 기준으로는 거인이었다. 푸이처럼 둥근 뿔테 안경을 썼지만 훨씬 더 균형 잡힌 체격과 성격이었다. 늘 옷을 잘 입고 다니고, 머리를 포마드로 단정히 빗어 넘겼다. 자기중심적인 면이 조금 있었던 듯하지만 그래도 동료들 사이에서 인기가 좋았다. 물론 술에 만취해 괴상한 행각을 벌인 적이 있고 동네 기생집에 밤마다 쳐들어가긴 했지만, 그래도 주변 사람들에게 존경받았고 그런 일탈 덕분에 오히려 더 호감을 샀다.[2]

부대가 자리한 곳은 하얼빈시 남쪽, 핑팡의 황량한 벌판이었다. 넓이 6제곱킬로미터의 땅에 크고 작은 직사각형 콘크리트 건물 150동이 지어졌다. 영내에는 부대원들의 영적 건강을 위한 신사神社도 있었고, 아이들이 다니는 학교들도 있었다. 이시이 시로는 매일 아침 하얼빈의 자택에서 방탄 리무진을 타고 출근했다. 그는 옛 러시아 시절에 지은 대저택에서 아내와 일곱 자녀 그리고 하인들을 데리고 살았다. 나중에 이시이의 장녀가 묘사한 바에 따르면 소설 『바람과 함께 사라지다』에서 튀어나온 듯한 목가적 풍경이었다.[3]

이곳에서 벌어지는 실험의 주축은 산 사람을 대상으로 한 생체 실험이었다. 뇌와 창자의 적출과 변형, 말 피의 주입, 가스실·저압실·원심분리기 투입 등이 이루어졌다. 그러나 가장 중요했던 것은 전염성 생물학적 물질에 대한 체계적 실험이었다. 탄저균, 발진티푸스균, 이질균, 콜레라균은 물론이고, 비교적 생소하지만 그들 못지않게 끔찍한 페스트균까지 실험했다. 전염 매개체로 선택된 것은 파리였다. 특수 제작한 번식통 수천 개에서 파리를 키웠다.

생체 실험의 대상은 주로 중국과 러시아의 민간인들이었으며, 이들은 '통나무'라는 뜻의 '마루타'라고 불렸다. 어린이, 부녀자, 노인, 할 것 없이 모두 마루타로 희생되었다. 이렇게 펑팡에서 총 1만 명 이상이 죽었고, 살아남은 사람은 단 한 명도 없었다. 그뿐만 아니라 그 외의 곳에서 죽은 사람이 100만 명이 넘었다. 전염 매개체인 파리를 중국의 몇 개 도시에 살포하는 실험 등이 실시되었기 때문이다. 당시 기근이 들었던 난킹[4] 시내 곳곳에 파라티푸스균을 넣은 빵 수백 개를 군인들이 슬쩍 두고 가기도 했다.

잠자는 악마

1945년 731부대원들은 푸이와는 달리 일본으로 도주하는 데 대부분 성공했다. 일본에서 이들은 미군 앞에 자진하여 나섰고, 곧 연합군 태평양 총사령관 더글러스 맥아더 장군의 명령으로 면책권을 부여받았다. 동시에 전쟁 범죄의 증거 자료는 파기되었다. 이시이 시로를 비롯한 다수의 부대원들은 새로 발족한 '미국 생물학무기 개발 프로그

램'에 신속히 합류했다. 이시이 시로는 1959년에 편안한 죽음을 맞았다. 좀더 살았더라면 미국이 새로 얻은 지식을 베트남전에서 매우 성공적으로 활용하는 모습까지 지켜볼 수 있었을 것이다.

만주국은 1945년 다시 중국 영토가 되었다. 이제 그 땅은 라오닝성, 지린성, 헤이룽장성, 네이멍구자치구의 일부로 나뉘어 있다. 오늘날 731부대의 흔적은 거의 찾아볼 수 없지만, 야산 밑에는 세계적으로 거의 유례가 없는 무시무시한 화학물질 폐기장이 도사리고 있다. 아직까지는 별탈이 없어 보인다. 그러나 앞으로 하얼빈 일대에 이상 고온과 폭우 현상이 함께 지속되기라도 하면, 잠자는 악마가 깨어날지도 모른다.

책   헬 골드(Hal Gold), 『731부대의 기록(Unit 731: Testimony)』(2004)

사이먼 윈체스터(Simon Winchester), 아이신교로 푸이(愛新覺羅溥儀), 『황제에서 시민으로(From Emperor to Citizen: The Autobiography of Aisin-Gioro Pu Yi)』(1987)

무라카미 하루키, 『태엽 감는 새』(1994)

영화   베르나르도 베르톨루치(Bernardo Bertolucci) 감독, 「마지막 황제(The Last Emperor)」(1987)

울창한 열대우림 속에서 벌어진 죄악과 속죄
Inini

이니니의 자체 우표는 1932년부터 발행되었다. 프랑스령 기아나의 우표에 가쇄한 형태였다. 관내의 우편제도는 명색만 겨우 유지할 정도였고, 특별히 개선하려는 사람도 없었다. 1946년에 이니니가 프랑스령 기아나에 다시 병합되자, 미사용 우표 몇 궤짝이 남는다. 나중에 우표는 전 세계로 퍼져 수집가들의 손에 들어간다. 내가 가진 우표도 그런 경우인 듯싶다. 생텔리, 생로랑, 카옌 등지의 어느 다락방에서 곰팡이 포자와 정글의 습기에 몇 년간 푹 절었다가 온 녀석이면 좋을 것이다. 그 정도면 소인 찍힌 우표만은 못해도 아주 나쁘지는 않다. 우표 뒷면을 조심스레 핥으니 달착지근하고 쌉싸래한 맛이 입안 가득 퍼진다. 좋은 신호다.

프랑스령 기아나가 자리한 곳은 적도 바로 북쪽의 비가 많이 내리는 지역이었다. 해안에서 조금만 내륙으로 들어가면 무성한 열대우림이 빽빽이 들어차 있었다. 물건이나 사람을 수송하려면 작은 보트에 싣고 복잡하게 얽힌 강줄기를 따라 이동해야 했다. 최초의 이주자

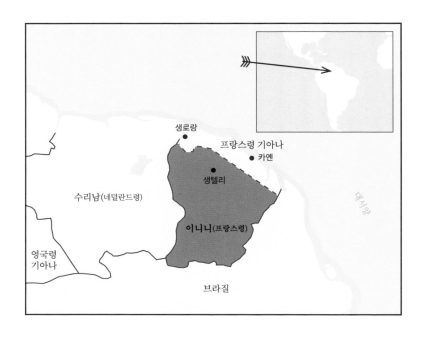

들은 금광에 대한 소문을 듣고 찾아온 사람들이었다. 서쪽 어딘가에 있다고 전해지는 황금의 도시 엘도라도를 수많은 탐험대가 찾아 나섰다. 그리고 금광이 진짜로 발견되었다. 매장량은 그리 많지 않았지만, 오늘날까지 금광

국가 이니니

연대 1931~1946

인구 5,000명(1941)

면적 60,000km²

채굴이 이 지역의 주요 산업으로 유지될 만큼은 되었다.

미국인 여행작가 해설트 데이비스는 이 지역에 와서 '판판'이라는 크리오요(유럽인 혈통으로 식민지에서 태어난 사람 – 옮긴이) 채금꾼에게 들은 이야기를 적었다. 어느 날 밤, 판판의 꿈에 머리 없는 여자가 나타나 프티티니니강 강둑의 어떤 곳을 일러주었다. 여자는 수박만 한

금덩이를 내보였다. 그다음 날 밤에도 꿈에 똑같은 여자가 나타났다. 이번에 여자는 화가 잔뜩 나 있었다. 그러자 판관은 동료들을 설득해 함께 그곳을 찾아갔다. 꿈속의 여자가 말했던 나무를 발견했다. 땅을 판 지 몇 분 만에 삽이 뭔가에 걸렸다. 마치 땅속에 머리 하나가 들어 있는 것 같았다. 그렇게 판관은 전설로만 듣던 '라 그랑 페피트'(큰 금덩어리)를 발견했다.[5]

악마섬

금광 채굴은 대부분 불법이었다. 그러다 보니 때때로 무자비한 폭력이 따랐다. 이 지역은 공교롭게 유형지로도 쓰였기 때문에 전반적으로 죄악과 유혹과 속죄로 점철된, 말세에 접어든 세상을 방불케 하는 분위기였다.

말썽꾼들을 기아나로 유배 보내기 시작한 것은 프랑스혁명 때부터였다. 1800년대 중반부터는 이곳에 수감 시설을 숱하게 지었다. 해안을 따라 배치된 시설들에 프랑스의 죄수들도 가두고 식민지의 선동꾼들도 가두었다. 그중 '악마섬'이라는 이름이 붙은 유명한 감옥에는 알프레드 드레퓌스, 앙리 샤리에르 등 역사적으로 유명한 골칫덩이들이 수감되었다. 샤리에르는 1941년 코코넛 자루에 몸을 싣고 기적적으로 탈출에 성공하여 자신의 이야기를 소설로 써냈다.[6]

1900년대 초, 식민 당국은 이곳의 운영 재원을 다각화할 방법을 꾀했다. 이에 따라 프랑스령 기아나의 내륙 지역은 주로 농업, 임업, 금광 채굴업에 이용하기로 했다. 효율적인 운영을 위해 1930년에는

1931: 프랑스령 기아나에서 1929년에 발행된
우표에 가쇄. 도안은 칼리나족의 궁수를 묘사.

내륙 지역을 별개의 식민지로 분리했다. 총독을 파견하여 생텔리를
다스리게 하고는 '이니니'라는 명칭을 부여했다(서쪽 수리남과의 경계
선 역할을 하던 마로니강의 지류에서 유래한 명칭이었다).

원주민의 삶

이니니는 면적이 벨기에의 두 배 정도였지만, 인구는 원주민을 제
외하고 3,000명에 불과했다. 원주민이 몇 명인지에는 아무도 관심
이 없었다. 아라와크족, 칼리나족, 에메릴론족, 팔리쿠르족, 와얌피
족, 와야나족 등 원주민들은 열대우림 깊숙이 작은 마을들을 짓고

살았다. 그들은 천연자원을 제각기 다양한 방식으로 이용했다. 와얌피족은 화전민이었고 에메릴론족은 주로 사냥과 활낚시를 했다. 마을은 강둑 근처 빈터에 지어졌고, 한 마을에 열 명에서 100명 정도가 살았다. 집은 둥그런 모양으로 큼직하고 시원하게 지어, 여러 세대가 같이 살았다. 팔뚝 굵기의 나뭇가지로 벽을 짓고, 야자나무 잎으로 지붕을 이었다.

원주민들은 이곳 자연환경을 빠삭하게 꿰고 있었지만, 원주민들을 동원하여 길을 내고 철로를 까는 것은 가망이 없어 보였다. 그래서 타지에서 죄수들을 데려와 일꾼을 확보했다.

담장 없는 감옥

1931년 6월 3일, 인도차이나반도에서 출발한 증기선 라마르티니에르호가 안남인[7] 523명을 싣고 35일간의 항해 끝에 이곳에 도착한다. 모두 프랑스 식민 당국에 대한 반란죄로 수감되어 있던 사람들이다. 그중에는 응우옌 닥 방이라는 사람도 있다. 베트남 북쪽 끝의 중국 국경 부근에 있는 선즈엉현 출신이었다. 그는 이렇게 적었다. "생로랑에서 강을 좀 거슬러 올라가 우리가 지낼 교도소에 도착했다. 카옌을 떠난 지 몇 주 만이었다. 강줄기를 따라 조그만 섬 수백 개가 떠 있는 아름다운 풍경이었다."[8]

응우옌 등 죄수들은 곧바로 작업에 투입된다. 수용소를 짓고, 먹고 살 작물을 키울 땅을 개간한다. 그다음에는 곳곳에 도로와 철로를 내는 작업에 투입된다. 매일 비가 내리고 기온은 거의 항상 30도를 웃

돈다. 말라리아로 많은 사람이 죽지만, 그래도 살 만한 편이다. 못 먹어서 죽는 사람은 없다. 도망쳐도 정글 때문에 갈 곳이 없었기에 수용소에는 담장을 치지 않았다. 비번인 수감자는 사냥과 낚시를 마음껏 할 수 있다.

그러나 복역을 마친 사람도 집으로 돌아가는 것은 꿈도 꿀 수 없다. '배가법倍加法, Doublage Act'에 따라 형기를 마친 사람도 형기가 8년 미만이었으면 그만큼의 기간을 더, 8년 이상이었으면 평생을 이곳에서 살아야 한다. 프랑스 당국으로부터 땅과 가축을 받고 처자식을 인도차이나에서 데려올 수는 있었지만, 이곳을 떠날 수는 없다. 그러다 유럽에서 전쟁이 터지고 프랑스에 친독 정권인 비시Vichy 정부가 들어서면서 이니니는 공중에 뜬 상태가 된다.

어느 날 밤, 응우옌은 가까스로 탈출에 성공하고, 몇 주 만에 북쪽의 영국령 기아나에 도달한다. 그곳에서 드골 장군이 이끄는 자유프랑스 임시정부에 충성을 맹세하고 망명을 요청한다. 훗날 그는 항구도시 조지타운에 프랑스식과 아시아식을 결합한 레스토랑을 열고 현지 여성과 결혼한다.

행정구역만 파리식

이니니 계획은 처음부터 끝까지 대실패였다. 삼림 개간은 거의 이루어지지 않았고, 그나마 완성한 철로와 도로는 금세 망가졌다. 지금 보면 참 다행이었다. 이곳 정글에는 이루 말할 수 없이 다양한 생물이 살고 있기 때문이다. 이곳은 1,200종 이상의 나무를 비롯한 수많은 식물종, 그리고 고함원숭이·퓨마·맥 등 다양한 동물종의 보금자리다. 이곳 땅 1헥타르의 생물다양성이 유럽 전체의 생물다양성보다 높은 것으로 알려져 있다.[9]

프랑스 정부는 국내에서 반대의 목소리가 높아지자 1946년에 프랑스령 기아나를 더는 유형지로 이용하지 않기로 했다. 그때까지 이 유형지에서 복역한 죄수는 8만 명이 넘었다. 이곳은 여전히 프랑스령이다. 다만 이제는 외교 현실에 맞지 않는 '식민지' 대신 '해외 데파르트망(주)'으로 불린다. 그리고 여러 '아롱디스망(구)'으로 나뉘어 있어, 행정구역만 보면 마치 파리 도심에 와 있는 느낌이다.

책 르엉 반 히(Hy V. Luong), 『마을의 혁명: 북베트남의 전통과 변화 1925~1988 (Revolution in the Village: Tradition and Transformation in North Vietnam 1925~1988)』(1992)

앙리 샤리에르(Henri Charrière), 『빠삐용(Papillon)』(1970)

영화 프랭클린 J. 섀프너(Franklin J. Schaffner) 감독, 「빠삐용(Papillon)」(1973)

암울한 작은 섬, 유년기의 낙원
Saseno

기원전 700년 무렵에 쓰인 호메로스의 서사시 『오디세이아』는 트로이 전쟁의 영웅 오디세우스의 귀향을 그린 작품이다. 오디세우스가 탄 배가 오기기아라는 섬을 지나갈 때, 섬에 살고 있던 칼립소(티탄족인 아틀라스의 딸)라는 님프가 배를 붙잡는다. 칼립소는 오디세우스에게 빵과 물을 먹이며, 그를 7년 동안 놓아주지 않는다.

역사학자들은 『오디세이아』가 상당 부분 실제 사건을 바탕으로 했다고 입을 모은다. 그리고 오기기아섬은 아드리아해 어귀의 작은 섬인 사세노와 특징이 일치한다고 한다.[10] 이에 반론을 한다면 사세노에는 수원水源이 전혀 없다는 사실을 들 수 있을 것이다. 아무리 님프라도 어떻게 물 없이 살았는지, 더군다나 오디세우스와 목마른 선원들을 어떻게 데리고 살았는지 수수께끼다.

진격의 이유

사세노는 비록 메마르고 척박한 섬이지만 늘 탐내는 세력이 많았다. 근대 훨씬 이전부터 님프의 현실 버전이라 할 만한 해적들이 진을 치고 있었고, 이후에는 터키, 그리스, 영국, 특히 점령을 수없이 반복한 이탈리아 등 열강들이 섬을 차지하고 있었다. 이 섬은 발로나만(오늘날 알바니아의 블로러만) 초입에 떡하니 자리 잡은 덕분에 오트란토 해협을 오가는 배들이 훤히 내다보이는 요충지였다. 가히 아드리아해의 지브롤터(지중해와 대서양을 잇는 좁은 통로인 지브롤터 해협에 위치한 땅 – 옮긴이)라 할 만했다.

1914년에 섬을 지키고 있던 인원은 장비가

국가 사세노	
연대 1914~1944	
인구 군인 10여 명	
면적 5.7km^2	

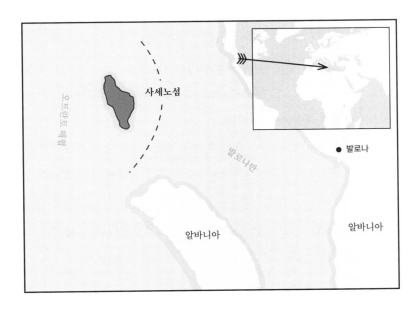

변변치 않은 그리스 군인 여남은 명에 불과했다. 파란 옷을 입고 모자에 깃털을 꽂은 이탈리아 베르살리에리 부대가 상륙하자, 그리스 군인들은 저항 없이 항복했다. 침략군은 지체 없이 본토로 계속 진격해 항구도시 발로나(지금의 블로러)를 점령했다. 섬에는 물이 없다는 것이 진격의 주된 이유였다. 1920년에 알바니아가 발로나를 탈환한 이후 사세노에 남아 있던 이탈리아 군인들은 서쪽의 본국에서 나무 통에 담아 보내주는 좀 퀴퀴한 냄새가 나는 물로 연명해야 했다.

낙타의 혹

사세노섬의 면적은 6제곱킬로미터가 채 되지 않는다. 섬은 털이 듬성듬성 빠진 쌍봉낙타가 등을 바다 위로 빼꼼 내민 듯한 모습이다. 낙타의 두 혹은 높이가 300미터가 좀 넘는다. 오트란토 해협에 맞닿은 서쪽 해안은 깎아지른 듯한 절벽이다. 알바니아를 마주 보는 동쪽 해안은 바다가 더 잔잔하고, 고요한 만 두 곳이 좁다란 돌투성이 해변으로 이어진다. 그중 최적이라고 판단된 북쪽의 세인트니컬러스만에 방파제와 부두가 지어졌다.

그리고 곧 해군 기지가 지어졌다. 처음에는 작은 고속어뢰정만 운용했다. 그러다가 1922년 집권한 무솔리니가 고색창연한 라틴어로 지중해는 '마레 노스트룸', 즉 '우리 바다'라고 선언하자 해군 기지에는 한 개 잠수함 전단이 추가로 배속되었다.[11] 잠수함은 이탈리아 해군의 핵심 전략이었다.

1922: 1906년에 발행된 이탈리아 우표에 가쇄.
도안은 비토리오 에마누엘레 3세의 초상화.

세상에서 가장 암울한 곳

내가 가진 우표는 이탈리아 국왕 비토리오 에마누엘레 3세의 초상화를 도안으로 했다. 국왕은 콧수염을 말쑥하게 기르고 늠름하게 앞을 응시하고 있는 모습이다. 하지만 실제 그는 그림에 묘사된 모습과는 분위기가 좀 달랐다. 그는 수줍음이 많고 내성적이었던 것으로 알려져 있다. 정치를 싫어해서 정치와는 항상 거리를 두었다. 그러나 예외적으로 무솔리니에게는 신중한 지지를 표명했고, 그 후 무솔리니는 제멋대로 나라를 쥐고 흔들었다. "사세노"라고 밋밋하게 가쇄한 우표는 1922년에만 사용되었다. 그 후에는 일반 이탈리아 우표가 사용되었다.

내가 가진 우표는 아마도 해군 병사가 집에 보내는 편지에 붙였을 것이다. 편지는 검열을 받았기에 병사는 북쪽으로 발칸반도 앞바다의 격랑을 헤치고 다니는 고된 순찰 임무에 대해서는 일언반구도 적지 않았을 것이다. 옆 막사의 병사와 가졌던 비운의 밀회에 대해서도 물론 적지 않았을 것이다. 하지만 코르푸섬 앞바다에서 잡은 황새치에 대해서는 적었을 만하다. 썩은 모차렐라 치즈를 미끼로 쓰면 물고기가 바로 덥석 물었다. 어쨌거나 이곳 생활은 사람이 그립고, 고향이 그립고, 지겹도록 지루하다. 징집병들에게 사세노섬은 세상에서 가장 암울한 곳이었다.

기억 속에서 황금처럼 빛나는 섬

그러나 리나 두란테라는 사람은 이곳에 대해 사뭇 다른 추억을 지녔다. 그녀의 나이 세 살 때 기지 지휘관이었던 아버지가 아내와 네 딸을 데리고 섬으로 이주했다. 그들 가족은 1,500명의 군인들 가운데 유일한 민간인이었다. 리나의 가족은 막사에서 멀리 떨어진, 남쪽 봉우리 꼭대기의 작은 집에서 살았다. 마치 이야기 속에 나오는 탑 같았다고 그녀는 적고 있다.

리나 두란테는 후에 언론인이자 작가로 이름을 알렸다. 사회주의자이자 페미니스트로, 1968년의 학생운동에 동조하기도 했다. 그녀는 섬에서 보낸 어린 시절을 계속 회상하곤 했다. 금작화가 피는 여름이면 그곳은 "하늘빛 바다 위의 금덩어리처럼"[12] 온통 노랗게 물드는 곳이었다.

그녀는 그곳의 다양하고 특이한 동물들도 기억했다. 유럽뱀눈도마

뱀, 달마티아장지뱀, 발칸녹색도마뱀은 어지간해선 몸길이가 20센티미터를 넘지 않았다. 어느 병사에게서 털이 뻣뻣한 고양이를 받고는 반대하는 아버지에게 결국 허락을 받아 키우기도 했다. 자매들과의 화목했던 추억, 바다에서 다이빙을 실컷 하고 놀았던 기억도 회상했다. 리나는 사세노섬을 사랑했다. 그러나 1939년에 제2차 세계대전이 발발하자 가족은 결국 섬을 떠나야 했다.

냉전 시대의 섬

1943년부터는 독일이 섬을 차지했다. 그러다가 1년 후에 알바니아군이 섬을 점령하고, 이름을 '사잔'으로 바꾸었다.

냉전 초기에 소련 해군은 이곳에 큰 잠수함 기지를 설치했고, 나중에는 기지를 확장해 생화학무기 공장도 세웠다. 소련과 알바니아의 관계가 급속히 냉각되면서 기지는 1961년에 폐쇄되었다. 그 후 알바니아가 중국의 지원을 받아 몇 년간 이곳 시설을 직접 운영했다.

먼지만 남은 섬

오늘날 세인트니컬러스만에는 알바니아와 이탈리아가 공동으로 관리하는 조그만 해안경비대 기지가 있다. 그곳에서 가까운 봉우리 위에는 실용적인 노란색 군사용 건물 몇 채가 빛바래고 부서진 채 널브러져 있고, 특수 제작된 알바니아의 민간인용 방공호가 여기저기에 거의 고스란히 남아 있다. 알바니아 본토에도 이런 방공호가 수천 개 있다. 섬 어디를 가도 녹슨 고철 더미가 드문드문 쌓여 있고, 소련이 무기 실험에 쓰다 버린 방독면 무더기도 간간이 눈에 띈다.

지금 섬의 모습은 그 어느 때보다 추레하지만, 앞으로도 더 나아지긴 어렵다. 기상 예측에 따르면 남아드리아해는 앞으로 강우량이 크게 줄어들 것으로 보인다. 게다가 금세기에 걸쳐 기온도 상당히 오를 것으로 예상된다. 얼마 후면 섬에는 자욱한 먼지만 남을 것이다. 그래도 그리스의 신들은 개의치 않을 듯하다. 또 리나 두란테에게도 그리 나쁘지는 않을 듯하다. 섬에 다시 가보는 것이 평생의 소원이었던 그녀는 거듭 방문을 시도했다. 철의 장막이 걷힌 후에도 그녀의 시도는 계속됐지만, 섬의 군사적 중요성 때문에 번번이 거부당했다.

그러다가 리나가 죽고 몇 년 후에 리나의 절친한 친구였던 작가이자 영화감독 카테리나 제라르디가 입도 허가를 받아냈다. 제라르디는 촬영팀을 데리고 섬에 들어갔고, 여기서 찍은 영상으로 리나의 어린 시절을 다룬 다큐멘터리를 만들었다.

책 데이비드 아불라피아(David Abulafia), 『위대한 바다: 지중해 2만 년의 문명사(The Great Sea: A Human History of the Mediterranean)』(2011)

카테리나 제라르디(Caterina Gerardi), 『리나의 섬: 사세노로 돌아가다(L'Isola di Rina, Ritorno a Saseno)』(2013)

문을 꽁꽁 걸어 잠근 나라의 별난 우표

Tannu Tuva

오스트리아 작가 오토 맨헨헬펜이 1931년에 낸 『투바 여행기』에는 어느 영국인 모험가의 이야기가 나온다. 쥘 베른 소설의 주인공을 좀 닮은, 부유한 스포츠맨 스타일의 그 모험가는 여행의 목표가 오직 한 가지다. 세계 모든 지역의 지리적 중앙 지점에 "내가 이 대륙의 중앙인 이곳에 왔었노라"라고 새긴 기념비를 하나씩 놓는 것이다.[13] 그의 모습을 충분히 상상해볼 수 있다. 말끔히 면도한, 검게 그을린 얼굴. 덥수룩한 금발. 양옆을 끈으로 묶은, 살짝 해진 카키색 바지. 모험가는 멀리 남쪽으로 알타이산맥까지 펼쳐진 광활한 초원을 응시한다. 양손을 허리에 올리고 서서 흐뭇한 표정을 짓는다. 이미 아프리카와 북아메리카, 남아메리카를 정복한 그다. 이제는 아시아도 평정했다.

아시아 대륙의 정중앙은 탄누투바의 살담이라는 마을 옆에 있는 언덕 꼭대기인 것으로 알려져 있다. 모험가가 그곳에 세운 기념비는 후에 철거되어, 소련의 콘크리트 조각상으로 대체된다.

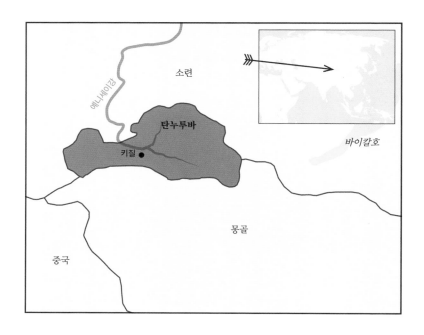

유목민의 생활

1921년 러시아혁명 이후의 혼란 속에서 탄
누투바가 자치공화국으로 선포되었다. 승려
돈두크 쿨라르를 총리로 하고 불교를 국교로
했다. 그럼에도 탄누투바는 친소 성향이 강한

국가	탄누투바
연대	1921~1944
인구	95,400명
면적	170,500km²

나라였다. 1911년부터 우량카이라는 제정러시아의 보호령에 속해
있었기 때문이다. 그전에는 튀르크, 중국, 몽골의 지배를 차례로 받
았다. 땅 크기는 영국 본섬만 했고, 푸른 초원 위에 예니세이강의 원
류인 작은 강줄기 몇 개를 따라 숲이 듬성듬성 있었다. 주민들은 대
개 유목 생활을 했고, 무속 신앙을 숭배했다. 그들은 낙타와 양, 야크

떼를 몰고 돌아다녔고, 유르트에서 살았다.

큰 천막집인 유르트는 분해하여 낙타에 싣고 다니기 편리한 구조다. 유르트를 짓는 법은 3,000년 전이나 지금이나 변한 것이 없다. 나무 골조를 격자 모양으로 짜서 벽을 두른 다음 완만한 경사의 원뿔 모양 지붕을 올린다. 집 전체를 두꺼운 양모 펠트로 덮어 비와 한파를 막는다. 집 안에는 중앙에 화로가 있고, 긴 의자들이 둘레에 놓여 있다. 화로로 고기와 유제품을 조리한다. 저녁 식후에 투바인들은 버터 양초의 희미한 불빛 아래에서 최고의 별식인 버터차와 잠바(보릿가루를 볶아 경단처럼 빚은 음식 – 옮긴이)를 즐기곤 한다.

그러나 유목 생활을 포기하는 가족들이 차츰 늘어갔다. 수도 키질 교외의 광산에 보수가 두둑한 일자리가 많았다. 도시 북쪽의 풀 덮인 언덕 위에는 유르트 수백 채가 우후죽순처럼 세워졌다. 유르트들은 화려한 색과 기하학적 패턴에 사자와 호랑이, 흰죽지수리와 용 등의 그림으로 꾸민 것이 많아서 러시아 이민자들이 주로 사는 시내의 밋밋하고 투박한 목조 건물들과 크게 대비됐다.

파인만의 집착

1944년, 탄누투바는 급속히 팽창하던 소련에 합병되면서 자치권을 영원히 잃고 말았다. 그 전후 사정은 분명치 않지만, 우라늄을 비롯한 천연자원이 새로 발견된 사실과 분명히 관련 있었을 것이다. 이 무렵 세계는 바야흐로 핵의 시대로 접어들고 있었다.

오토 맨헨헬펜은 서유럽인으로서 탄누투바자치국의 모습을 직접 목격한 몇 안 되는 사람 중 한 명이었다. 그가 방문한 1929년에도 비자를 얻기는 무척 힘들었다. 그는 이렇게 적고 있다. "이 기관 저 기관을 수없이 전전하며 증명서, 도장, 서명, 인가장을 받고, 수백 줄에 이르는 설문지를 작성했다(귀하는 1917년에 무슨 일을 했고 그 이유는 무엇이었습니까?)."[14]

이 지역은 소련에 합병된 뒤 전면 봉쇄되었다. 때는 냉전 시대였고, 미국은 이곳에 (미국의 로스앨러모스의 비밀 시설과 견줄 만한) 거대한 핵무기 시설이 들어섰다고 추측했다.

미국의 물리학자이자 노벨상 수상자인 리처드 파인만은 탄누투바에 가보고 싶다는 생각에 거의 집착적으로 골몰하고 있음을 고백한다. 방문을 부단히 시도했으나 실패하고는 그 과정을 그린 책『투바 – 리처드 파인만의 마지막 여행』을 1991년에 출간한다. 파인만의 말을 그대로 믿는다면(안 믿을 이유도 없겠지만) 그의 관심은 물리학과 별 관계가 없었다. 그의 마음을 빼앗은 것은 순전히 이 나라의 독특한 언어, 두 음을 동시에 내는 목노래 창법 '회메이', 그리고 우표였다.

향토색이 묻어나는 우표

탄누투바의 우표는 매우 독특한 형태로 진화했다. 1926년에 처음 발행된 우표는 불교의 육도윤회도六道輪廻圖에 몽골문자로 숫자와 글자를 찍었다. 한마디로 그리 독창적이진 않았다. 그러다가 깜짝 놀랄 만큼 현대적인 디자인의 우표가 줄지어 등장했다. 크기가 큼직한 데

1936: 낙타 몰이꾼. 도안은 오토 맨헨헬펜이
1931년에 발간한 책에 실린 사진을 사용했다.

다가 모양이 대체로 삼각형 또는 마름모꼴이었다. 주제로는 낙타, 스라소니, 곰, 야크, 경마, 사냥, 씨름 등을 생동감 넘치게 묘사했다. 이 우표들은 헝가리의 우표 수집가 벨러 세쿨러가 아이디어를 낸 것으로 추정된다. 벨러 세쿨러라면 값나가는 에티오피아 우표를 완벽히 위조한 것으로 더 유명한 인물이었다.[15]

우표들은 보통의 유럽 우표처럼 "투바 우표Postage Tuva"라고 로마자로 적혀 있다. 그리고 대부분 국내에서 전혀 유통되지 않고 수집가들에게 직접 판매된 것이 확실해 보인다. 디자인과 인쇄는 모두 모스크바에서 이루어졌고, 소인도 모스크바로 찍힌 것이 많다. 개중에는 초원을 배경으로 떠 있는 비행선이나 나란히 달리는 낙타와 기차를 담은 것도 있다. 그러나 탄누투바에 비행선이 왔거나 철로가 놓인 적이 있다는 증거는 전혀 없다.

향토색이 조금이라도 묻어나는 우표들은, 오토 맨헨헬펜이 찍은 사진을 좌우 반전시켜 그대로 쓴 경우가 많다. 낙타 몰이꾼을 묘사한 내 우표는 그의 책에 실린 사진을 가져다 쓴 것이다. 탄누투바에서 우표가 쓰일 일은 거의 없었지만, 그래도 이 우표는 실제로 그 나라에서 쓰였던 것이 아닐까 추정해본다. 곧바로 우표첩으로 직행한 우표라고 보기엔 소인이 찍혀 있을 뿐만 아니라 너무 닳고 해졌기 때문이다.

악귀는 악귀로 쫓는다

오늘날 탄누투바는 러시아연방을 이루는 하나의 공화국이다. 인구는 30만 명 남짓이고 그중 3분의 2가 투바인인 것으로 알려져 있다. 다수의 투바인들은 여전히 유목 생활을 하며, 러시아인들은 광업과 농업에 종사한다.

2000년대 초에 이 지역을 여행한 노르웨이인 조니 하글룬에 따르면, 스탈린 때 지어진 작은 마을들은 이후 관리가 거의 이루어지지 않았다. 건물, 도로, 배전 시설, 하수 시설 할 것 없이 다 망가졌거나 상태가 엉망이었다.

그래도 마을에는 사람들이 계속 살면서 버터차를 마시고 무당을 따르는 풍습을 그대로 이어갔다. 무당은 이제 굿을 할 때는 석면으로 만든 신을 신지 않았고, 숯불 위에서 춤도 추지 않았지만, '혼을 씻는' 일은 계속했다. 하글룬은 날이 어두워지면 밖에 나가지 말라는 주의를 무시하고 나갔다가, 금방 북과 채찍을 든 무당 두어 명과 마주쳤다. 무당들은 그를 보자마자 막무가내로 혼을 씻어야 한다며 온몸을 흠씬 두들겨 팼다. 자고로 "악귀는 악귀로 쫓는" 법이라고 했다.[16]

책　오토 맨헨헬펜(Otto Mänchen-Helfen), 『투바 여행기(Reise ins Asiatische Tuwa)』 (1931)

　　　랄프 레이튼(Ralph Leighton), 『투바: 리처드 파인만의 마지막 여행(Tuva or Bust!: Richard Feynman's Last Journey)』(1991)

요리　버터차(5회 음용분)
　　재료: 찻잎 100g, 물 1ℓ, 버터 200g(야크젖 버터면 더 좋음), 소금
　　만드는 법: 찻잎을 물에 풀고 12시간 동안 끓인다. 이따금 찌꺼기를 걷어주고, 물이 졸면 채워준다. 찻물에 버터와 약간의 소금을 넣어 밀폐 용기에 담고, 걸쭉한 기름처럼 될 때까지 흔든다. 사기 재질의 머그잔에 낸다.

잠바
　　재료: 버터차, 보릿가루
　　만드는 법: 보릿가루를 프라이팬에 약한 불로 볶는다. 반죽그릇에 버터차를 먼저 조금 따르고, 그 위에 보릿가루를 부어 섞은 다음 동그랗게 경단 모양으로 빚는다. 반죽이 촉촉하면서 약간 찰기가 생길 때까지 버터차를 조금씩 부어준다. 버터차와 함께 먹는다.

현세에 부활한 소돔

Tangier International Zone

노란 벽돌이 빛나는 스파르텔곶의 등대가 거친 대서양을 내려다보며 300미터 높이의 절벽 위에 서 있다. 퍼렇게 녹슨 등실을 받치고 있는 등탑은 사각으로 각진 모양과 총을 쏘는 구멍까지 북서아프리카 무어인의 성곽 건축양식을 모방했다. 등대는 1864년에 국제 협력으로 완공되었다. 미국과 영국·프랑스·스페인 등 유럽의 해운 강국들이 영구히 공동으로 관리·보수하기로 협정을 맺고 함께 건설했다.

멀리 북쪽으로 지중해의 초입이 보이고, 스페인 본토와 지브롤터도 보인다. 뒤를 돌아보면, 2,000년 전 울창한 밀림으로 뒤덮이고 코끼리 떼가 몰려다녔던 광활한 땅이 펼쳐져 있다. 1900년대 초에 접어든 지금, 땅은 훨씬 더 척박해 보이고, 사막화의 조짐마저 군데군데 눈에 띈다. 동쪽으로는 탕헤르시가 보인다. 항구 주변 언덕 위에 성냥갑 같은 흰색 집들이 오밀조밀 모여 있다. 그곳에서 무슨 일이 벌어지고 있는지, 이곳에서는 영 보이지 않는다. 하지만 외곽에 살던

농민들에게, 이른바 이 '탕헤르국제관리지역'이라는 곳은 현세의 소
돔이라 부를 만한 죄악의 늪, 알라의 노여움을 산 땅으로 여겨졌을
것이다.

세 나라의 우편제도가 공존하다

아프리카 북서쪽 끝의 이 돌출된 땅에
눈독을 들인 세력은 예로부터 한둘이 아니
었다. 이미 지브롤터를 차지하고 있던 영국
도 마찬가지였다. 독일 황제 빌헬름 2세가
탕헤르의 샤리프와 우호를 다지기 시작하

국가 탕헤르국제관리지역	
연대 1923~1956	
인구 150,000명	
면적 373km²	

자, 영국은 앞으로 지중해를 마음대로 드나들지 못하게 될지도 모른다는 우려가 커졌다.

영국은 제1차 세계대전에서 승리함으로써 조금 안도감을 느꼈지만, 그래도 앞장서서 탕헤르국제관리지역의 창설을 주창했다. 1923년, 모로코의 술탄 그리고 앞서 등대를 공동 관리하기로 했던 나라들이 협약을 맺음으로써 탕헤르국제관리지역이 정식으로 수립되었다. 국제관리지역은 탕헤르시와 그 주변 지역으로 구성하고, 완전히 비무장화하기로 했다. 행정은 협약 당사국에서 각기 파견한 외교관들이 맡되, 소수의 현지인 대표들과도 협력하기로 했다. 또한 모든 일에 정부의 개입을 최소화한다는 원칙을 세웠다. 어떤 형태의 경제적 규제도 하지 않았으므로, 세금이나 관세 따위도 전혀 없었다. 그러다 보니 의료나 빈곤 관련 사회안전망도 전혀 기대할 수 없었다. 다국적 판사 네 명으로 구성된 사법제도가 있었지만 극히 중대한 사건이 아니면 심리 대상으로 삼지도 않았다.

이곳에는 자체 우편제도도 없었기에 영국, 스페인, 프랑스의 우편제도가 각기 따로 운영되었다. 그리고 어느 쪽을 이용할지는 주민의 선택에 달려 있었다. 스페인 우표가 제일 쌌다. 영국 우표는 제일 비쌌지만 배달 사고도 제일 적었다. 프랑스 우표는 제일 예술적이었다.[17] 영국은 본국 우표에 "탕헤르Tangier"를 가쇄해 썼고, 채택한 도안은 아니나 다를까 군주의 근엄한 초상화였다. 반면 프랑스는 식민지인 프랑스령 모로코의 우표를 이용했다. 내가 가진 프랑스 우표는 뤽올리비에 메르송이 도안한 것으로, 오른쪽에 앉아 있는 베르베

1936: 영국 체신청에서 같은 해에 발행한 에드워드 8세 국왕의 얼굴이 담긴 우표에 가쇄.

1948: 어느 무어인의 얼굴. 스페인 체신청 발행.

1918: 프랑스 체신청에서 1902년에 발행한 프랑스령 모로코의 우표에 가쇄.

르인 여성의 모습이 소인에 일부 가려져 있다. 여성은 우표 구매자를 약간 유혹적으로 쳐다보고 있다. 튼튼한 팔뚝이며 사슬갑옷 비슷한 옷차림이 추수철이 와도 아무 걱정이 없다고 말하는 듯하다. 스페인도 향토색 풍기는 우표 경쟁에서 질 수 없다는 듯, 탕헤르 전용 우표를 곧 발행했다. 그중 하나는 어느 이름 모를 무어인의 얼굴을 도안으로 했다. 고개를 돌려 뭔가를 보는 얼굴에 두려운 기색이 역력하다. 도안자의 의도인지는 알 길이 없으나, 이곳의 분위기를, 적어도 토착민들이 느끼는 분위기를 잘 보여주고 있는 셈이다. 사실 당시 탕헤르 주민의 3분의 1 이상은 뭔가 부정한 일에 몸담고 있었다.[18] 가장 흔한 '종목'은 밀수, 돈세탁, 국제 무기 거래였다. 현금 입출은 즐비한 국제 은행과 수천 개의 우체통 관리 회사에 맡기면 알아서 해주었다.

미국 문학의 요람

경제적 자유주의는 자유로운 문화적 분위기를 낳기도 했다. 남쪽의 리프산에서 상인들이 낙타에 아편과 해시시(대마의 진을 굳힌 물질 – 옮긴이)를 가득 싣고 빈번히 찾아왔고, 금세 도심에는 이성애자든 동성애자든 이용할 수 있는 매춘업소가 30곳 이상 생겼다. 이곳들은 대부분 아동 매춘부도 고용했다.

이렇다 보니 탕헤르국제관리지역에는 실로 다양한 사람들이 모여들었다. 그저 돈벌이만을 위해서가 아니라 저마다 무언가 원하는 것을 위해 찾아온 사람들이었다. 여기에 자국에서 살인, 부도, 전쟁범죄, 양심적 병역거부, 금지된 정치운동 등의 죄를 짓고 징역형을 피해 도망쳐온 사람도 많았다. 이런저런 상황이 맞물리면서 탕헤르는 "서로 다른 나라, 언어, 문화가 아무 거리낌 없이 한데 섞일 수 있는 곳"[19]이 되었다. 비트족(1950년대 전후 미국의 풍요로운 물질 문화 속에서 보수화된 기성세대에 반발해 저항적인 문화와 기행을 추구했던 젊은 세대 – 옮긴이), 힙스터(유행 등을 따르지 않고 자신만의 패션, 음악, 문화를 좇는 사람-옮긴이) 등 미국에서 건너오는 별난 사람들도 점점 늘어갔다. 그 중에는 작가 폴 볼스도 있었다. 볼스는 '메디나'로 불리던 구시가의 고지대에 작은 집을 하나 샀다. "아주 좁고 불편한, 성냥갑 같은 집이 모로 서 있었다."[20] 그는 탕헤르가 첫눈에 마음에 쏙 들었다.

> 골목길들은 화려하고 괴상한 복장의 사람들로 북적거렸다. … 메디나의 구불구불한 뒷길은 때로는 집 밑으로 난 굴을 지나기도 하고, 때로는 계단을 한참 오르기도 하는데, 호젓하게 사색하며 산책하기에 좋다. … 길이 끝나는 곳마다 거의 예외 없이 자연 풍경이 펼쳐진다. 내 시선은 나도 모르게 코앞의 사물을 벗어나 먼 곳에 머물며, 배들이 정박한 항구나, 산맥이나, 아득히 해안선이 보이는 바다를 응시한다.[21]

볼스의 뒤를 이어 트루먼 커포티, 테네시 윌리엄스, 앨런 긴즈버그, 윌리엄 버로스 등 동료 미국 작가들도 이곳에 둥지를 틀었다. 그들은 모두 사치스러운 사교 생활에 열중했다. 울워스Woolworth 기업의 상속녀 바버라 허턴 같은 갑부 후원자들이 돈을 대주었다. 파티를 벌이지 않을 때는 열심히 글에 집중하며, 후에 컬트적인 인기를 누릴 작품들을 썼다. 세계에서 탕헤르만큼 미국 문학에 큰 기여를 한 도시는 없다고 해도 과언이 아니다.[22]

서구의 마지막 향락 문화

이 모든 상황은 1956년 10월 29일 돌연 끝나고 말았다. 모로코의 나머지 지역이 최근 스페인과 프랑스의 식민 치하에서 독립한 터였다. 상당히 개방적인 모로코의 이슬람 정권도 탕헤르국제관리지역을 그대로 존속시킬 수는 없었다. 매춘업소들은 하룻밤 사이에 폐쇄되었고, 모든 마약 거래는 금지되었다. 이제 서방의 향락 문화를 이어가는 곳은 이곳의 코카콜라 보틀링 공장 정도뿐이었다. 공장 측은 독립을 기념하는 국민들의 거리 축제에 콜라 1,000상자를 기꺼이 무료로 제공했다.[23]

그 후 탕헤르는 산업화와 현대화의 단계에 접어들었다. 도시의 모습은 완전히 바뀌었다. 그때까지 떠나지 못하고 있던 폴 볼스는, 그럼에도 이 도시에서 얼마간의 위안거리를 찾았다.

지난 4분의 1세기 동안 이렇게 모습이 크게 바뀐 곳은 지구상에 거의 없을 것이다. … 옛것이라면 모조리 척척 부숴버리고 있는데도 (게다가 새로 짓는 유럽식 건물들은 거의 하나같이 흉물스럽고, 모로코인들이 짓는 건물들은 더 심하다) 탕헤르가 미적인 면에서 참혹함을 면하고 있는 것은 어째서일까?[24]

책 폴 볼스(Paul Bowles), 『탕헤르 속의 세계(The Worlds of Tangier)』(1958)
그레이엄 스튜어트(Graham Stuart), 『탕헤르 국제도시(The International City of Tangier)』(1931)

영화 조지 왜그너(George Waggner) 감독, 「탕헤르(Tangier)」(1946)

집단학살과 조작된 주민투표
Hatay

1915년 9월 15일, 오스만제국의 내무장관 탈라트 파샤는 터키 지역에 거주하는 아르메니아인의 강제 이주와 관련해, 다음과 같은 지령을 내렸다.

"본 명령을 거역하는 자는 정부와 뜻을 같이한다고 볼 수 없다. 가혹한 수단을 동원해서라도 여성, 아동, 병자를 가리지 말고 모두 말살하라. 감정도 양심도 아랑곳하지 말라."[25]

오스만제국은 수백 년간 다양한 민족을 포용하여 번영을 이루었지만, 바야흐로 제국 내의 터키 지역에서는 강력한 국민주의 운동이 일어나고 있었다. 이에 따라 인종 청소의 필요성이 대두되었다.[26] 우선 캅카스 지역에 뿌리를 둔 민족 중에 점점 인구가 늘고 있는 아르메니아인을 제거해야 했다. 1916년 말까지, 50만에서 100만 명에 이르는 아르메니아인이 학살당했다. 이 참사는 후에 '아르메니아인 집

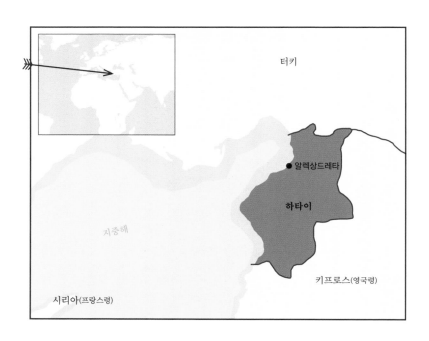

지도 레이블:
터키
알렉상드레타
하타이
지중해
키프로스(영국령)
시리아(프랑스령)

단학살'로 불리게 되었다.

오스만제국의 몰락과 터키공화국의 수립

　민족 박해는 남쪽으로 하타이 지역까지 확
대되었다. 이 지역은 아라비아반도의 관문으

국가 하타이	
연대 1938~1939	
인구 234,379명	
면적 4,700 km²	

로, 일찍이 알렉산드로스 대왕과 사자심왕 리처드 같은 정복자들이
대군을 이끌고 지나갔던 곳이다. 이들이 휩쓸고 지나갈 때마다 이 지
역은 무참히 유린되었으니, 오론테스강 유역에 펼쳐진 비옥한 땅은
건져갈 만한 것이 많았다. 그러면서 이 지역의 주민 구성은 다수의
튀르크인 외에도 시리아인, 그리스인, 체르케스인, 유대인, 쿠르드

인, 아르메니아인 등 세월이 갈수록 다양해졌다.

오스만제국이 제1차 세계대전에서 패하자, 프랑스와 영국은 중동의 중앙 지역을 갈라서 나눠 가졌다. 땅의 분할은 석유 매장지와 수송로를 기준으로 했다. 프랑스는 하타이 지역을 포함한 북쪽 지대를 차지하고는 그곳의 항구 이름을 따서 알렉상드레타라는 이름을 붙였다. 이 결정에 즉각 반대하고 나선 것은 오스만제국이 멸망하고 그 뒤를 이은 터키공화국이었다. 터키공화국의 수반들은 전신인 오스만제국 못지않게 국민주의 성향이 강했다. 1930년대 초에 그들은 하타이 지역이 과거 40세대 동안 터키인의 고향이었다면서 이제 터키 땅으로 되돌려야 할 때가 되었노라고 선언했다.

위기를 잠재우기 위해 국제연맹과 프랑스 그리고 영국은 이 지역에 독립된 중립국을 세우기로 하고 그 기초가 될 헌법을 작성했다.

어느 촌장의 서가

하타이공화국, 터키어로 '하타이데블레티'는 1938년 7월 4일에 수립이 선포되었다. 민주적 선거를 위해 국제연맹은 대표단을 파견해, 21세 이상의 모든 남자를 유권자로 등록하게 했다. 요나스 리는 노르웨이에서 파견된 대표였다. 그는 당시 경찰관이면서, 맥스 마우저라는 필명으로 인기 범죄소설을 써서 나름 유명해진 작가이기도 했다. 당시는 아프리카 정글을 무대로 한 『페티시』라는 소설을 출간한 직후였다. 대표단은 베를린에서 오리엔트 특급열차를 타고 출발했고, 요나스 리는 기차에서 T. E. 로렌스의 『지혜의 일곱 기둥』을 탐독했다. 그 책에는 요나스 리가 찾아가는 하타이를 배경으로 한 대목이 있었다.[27] 하타이에 도착한 그는 아마누스산맥에 거주하는 유권자들의 등록 업무를 맡았다.

폭염 아래 황폐한 풍경이 펼쳐져 있다. 몇 달째 구름 한 점 없는 하늘에 이글거리는 태양은, 무자비하게 작열하며 살아 있는 모든 것 위로 뜨겁게 내리쬔다. … 산으로 둘러싸인 광대한 평원이 우리 앞에 펼쳐져 있다. 그 위로 오론테스강의 누런 흙탕물이 굽이굽이 유유히 흐르며 지중해로 나아간다.[28]

아마누스산맥에는 아르메니아인 마을이 몇 곳 있다. 제1차 세계대전 중 오스만제국의 박해가 극에 달했을 때, 이곳 주민들은 무사다으산(모세의 산) 꼭대기로 몸을 피해 40일간 참호에 숨어 버티다가 마침내 프랑스 해군에 구조되었다.[29] 이제 많은 주민이 옛 터전에 돌아와 있었다.

요나스 리는 비타스라는 마을에서 칼루스티안이라는 아르메니아인 촌장을 만난 이야기를 기록했다. 행간에서 범죄소설 작가다운 눈썰미가 느껴진다.

어깨가 떡 벌어지고 키가 훤칠하며 서근서근한 성격에 한창 일할 나이인 촌장은 풍파에 거칠어진 강인한 인상의 얼굴이었다. 열정, 비탄, 근심의 세월이 얼굴에 깊은 주름으로 패어 있었고, 굵은 목소리에

1939: 케말 아타튀르크 대통령의 모습을
담은 1931년 터키 우표에 가쇄.

는 진지함이 깔려 있었다.[30]

요나스 리가 촌장의 책장을 유심히 살펴보았음은 물론이다. 그는
감탄을 금치 못한다. "이 아르메니아인 촌장의 서가에는 히틀러의
『나의 투쟁』도 무솔리니의 전쟁일기도 빼놓지 않고 꽂혀 있었다."[31]

왜곡된 민주주의

하타이공화국의 선거 결과 터키인들이 의회의 다수를 차지한다.
지체 없이 터키 법과 터키 화폐가 도입되고 터키어가 공용어로 채택
된다. 한편 터키공화국의 초대 대통령 케말 아타튀르크는 이미 직접
국기의 도안을 마쳤을 뿐만 아니라 이제는 자신을 소재로 한 일련의

우표를 도입할 것을 지시한다. 터키공화국은 종교의 자유가 있는 세속 국가이기에 우표 속의 아타튀르크는 소박한 셔츠 깃에 밝은 색의 나비넥타이를 맨, 세련된 양복 차림이다. 얼핏 보았을 때는 퍽 온화한 인상이다. 이것이 민주주의라고 말하고 있는 듯하다. 그러나 한편으로는 어딘지 모르게 쌀쌀하고 서늘한 느낌이다.

선거 결과는 아르메니아인들에게 공포로 다가온다. 많은 아르메니아인이 아랍인, 그리스인, 유대인, 쿠르드인의 대규모 이주 행렬에 동참해 남쪽과 동쪽으로 국경을 넘어 도피한다. 법질서를 수호하기 위해 대규모의 터키군 병력이 투입되자 집단이주의 물결이 더욱 거세진다.

결국 선거가 조작되었다는 결정적 증거가 드러난다. 그 방법은 유권자 명부의 조작, 알라위파 아랍인들의 매수, 아랍인과 아르메니아인의 조직적 배제 등이었다.[32] 그러나 국제연맹의 대표들이 이에 전혀 주목하지 않는 가운데, 터키인들이 최후의 승자가 된다. 그 가을이 지나기 전에 또 한 차례의 주민투표가 실시된다. 이번에는 하타이를 터키에 영구적으로 편입할 것인지가 안건이었고, 터키인들이 또다시 승리한다. 프랑스는 별 반대를 하지 않는 대신 유럽에서 다시 전쟁이 일어날 경우 중립을 지키겠다고 약속하는 조약에 서명할 것을 터키에 요구한다.[33] 1939년 6월 29일, 하타이 의회는 공식적으로 해산되고, 하타이는 터키의 땅이 된다. 그리고 곧이어 터키의 한 주로 지정된다.

한편 노르웨이에 돌아간 요나스 리는 범죄소설 작가를 그만두었다. 그는 노르웨이의 극우 국민사회주의 정당인 민족단일당Nasjonal Samling에 입당했고, 후에 크비슬링 정부의 내각에서 장관을 지냈다.

하타이주에서는 터키 문화와 터키어의 위상을 강화하기 위해 엄격한 규제가 가해졌다. 일상 대화에서조차 터키어 사용이 오랫동안 의무화되었다. 세월이 지나면서 규제는 다소 풀렸지만, 여전히 학교에서는 터키어만 사용된다.

책 프란츠 베르펠(Franz Werfel), 『무사다으산에서 지낸 40일(Die vierzig Tage des Musa Dagh, 영어판: The Forty Days of Musa Dagh)』(1933)
요나스 리(Jonas Lie), 『평화와 분쟁(I "fred" og ufred)』(1940)

영화 테리 조지(Terry George) 감독, 「더 프로미스(The Promise)」(2016)

우표를 이용한 항거

The Channel Islands

1940년 여름, 하얀 구름을 뚫고 천천히 강하하던 독일 낙하산병들의 눈에 들어온 채널 제도는 마치 파란 바다 이곳저곳에 선명한 초록색 풀언덕이 아무렇게나 뿌려진 듯한 모습이었을 것이다. 그리고 조금 더 접근하면 접근할수록, 이곳은 주업이 농업일 테고, 농사짓기는 참 편하겠다는 생각을 하지 않을 수 없었을 것이다. 어디를 보나 완만한 기복뿐, 산이나 숲은 찾아볼 수 없었다. 물이 얕은 만의 끝자락마다 흰색 집들이 조그만 마을을 이루고 있었고, 간혹 부두와 방파제를 갖춘 큰 항구도시도 있었다.

줄리아 트리메인은 채널 제도의 중간쯤에 위치한 사크섬에 살았다. 1940년 7월 3일, 그녀는 일기장에 최근의 일들을 적었다.

그들은 좋은 사람들인 것 같고 우리가 정해진 규칙만 다 잘 지키면 우리 일상에 큰 변화가 없을 것이라고, 다들 입을 모아 말한다. 밤 11시

이후 외출 금지, 호텔에서는 맥주 이외 증류주의 판매 금지, 일체의 총기 압수, 국가 제창 금지 … 그중에서도 최악은 벨에어 호텔에 휘날리는 나치독일 국기다. 거의 40년간 내가 사랑해온 이 아름다운 작은 섬에서 그런 것을 볼 날이 올 줄 누가 알았을까.[34]

채널 제도는 수백 년간 바이킹과 노르망디 공국에 수탈당하다가 1200년대에는 영국령이 되었지만, 그럼에도 어느 정도의 자치권을 유지했다. 두 개의 행정구('베일리윅')로 나뉘어 각각 영국이 지명하는 행정관('베일리프')

국가	채널 제도
연대	1940~1945
인구	66,000명
면적	194km²

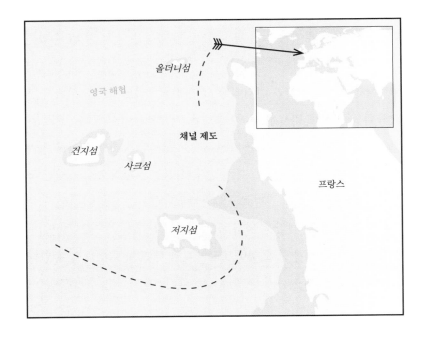

의 통치를 받았다. 남쪽 행정구는 가장 큰 섬의 이름을 따서 '저지Jersey'라고 했고, 북쪽 행정구는 두 번째로 큰 섬의 이름을 따서 '건지Guernsey'라고 했다.

제2차 세계대전이 발발했을 때 채널 제도의 인구는 약 9만 2,000명이었다. 영국은 유럽 대륙에서 철수하고는 채널 제도가 방어해야 할 만한 전략적 가치가 없다고 선언했다. 결국 1940년 6월 집단 피난이 이루어지면서 주민의 약 25퍼센트가 배에 실려 영국으로 이송되었다. 이송된 사람들은 거의 모두 아이, 소년 아니면 징용될 나이의 청년들이었다.

독일도 채널 제도 점령을 대단한 전략적 쾌거로 생각한 것은 아니었다. 히틀러에게 채널 제도는 영국 땅을 처음으로 일부나마 점령했다는 선전상의 의미가 컸다. 그래서 모든 과정은 총성 한 발 울리지 않고 평화적으로 이루어졌다. 그리고 독일은 꼭 필요한 변화만 도입했다. 증류주 판매 제한 이외에도 시간대를 그리니치 표준시에서 중앙유럽 표준시로 바꿨고, 차량 통행을 좌측통행에서 우측통행으로 바꿨다. 또 당시 독일이 짓고 있던 '대서양 방벽'의 일부를 이룰 벙커와 터널의 건설에 착수했다. 대서양 방벽 건설은 남쪽으로 스페인 국경에서부터 북쪽으로 핀마르크(노르웨이의 북단)까지 방어선을 구축하는 것을 목표로 해안을 따라 수백 개의 진지를 짓는 작업이었다. 건설 작업에는 동유럽과 북아프리카에서 데려온 포로들을 동원했고, 작업자들은 큰 수용소 몇 곳에 수용했다.

은밀한 저항

독일은 불안할 것이 없었다. 젊은 남자들은 대부분 섬을 떠났다. 섬은 지형상 감시하기는 쉬웠으며, 저항 운동을 벌이기는 어려웠다. 제일 큰 골칫거리는 어둠을 틈타 담벼락이며 가로등마다 칠해놓은 V자였다. 이 문제를 해결하기 위해 독일은 공공건물마다 벽보를 붙여 제보를 종용했다.

독일 당국을 모욕하기 위해 V자 또는 그 밖의 글자나 기호를 눈에 띄는 곳에 표시하는 자에 관해 제보하는 사람에게는 포상하겠음.[35]

전 세계의 모든 지배 세력과 마찬가지로, 독일도 이곳에서 우표를 발행하기 시작했다. 주민들을 불필요하게 자극하지 않기 위해 힌덴부르크, 무터 게르마니아, 히틀러 등의 모습이 들어간 독일 우표를 사용하는 손쉬운 방법을 택하지 않았다. 대신 현지 도안가들에게 작업을 요청했다.

건지에서 작업을 맡은 사람은 에드워드 윌리엄 보딘이었다. 그는 아마 애국자였던 듯싶다. 이 기회를 놓치지 않고, 비록 미미할지언정 나름의 저항 운동을 아주 은밀하게 벌였다. 우표를 확대해 보면, 네 귀퉁이마다 미세한 V자가 보인다. 그렇지만 워낙 작아서 독일은 보지 못했거나, 아니면 보고도 무시하기로 했던 듯하다. 주민들이 이 항거를 알아보았는지도 확실치 않다. 도안이며 지질이며 천공이 너무 조악해서 눈여겨보았을지 의문이다.

1941: 건지에서 발행된 우표. 도안은
영국 국왕 조지 6세의 문장.

1943: 저지에서 발행된 우표. 도안은 해초 따는 사
람들을 묘사.

그러나 가장 과감한 도발은 도안의 주제로 삼은 사자 세 마리였다. 독일은 이것이 현지 행정관 가문의 문장일 거라고 생각하고 간섭하지 않았다. 하지만 사실 이 사자 세 마리는 영국 국왕 조지 6세의 문장에서 그대로 따온 것이었다. 일찍이 사자심왕 리처드 시절부터 문장에 쓰이던 요소였다.

저지에서 우표의 도안을 맡은 에드먼드 블램피드는 아예 더욱 교묘하게 메시지를 숨겼다. 독일 지휘관 크나푸스로부터 현지 풍경을 담은 우표 시리즈를 제작해달라는 의뢰를 받고 그는 작업에 착수했다. 그중 해초 따는 사람들을 묘사한 3펜스짜리 우표는 액면가 위에 뒤집힌 V자가 씌워져 있다. 게다가 꼬부라진 장식 곡선 두 개는 '조지 렉스George Rex'의 머리글자인 'GR'로 읽힐 수 있다('렉스'는 왕을 뜻하는 라틴어로 왕의 이름 뒤에 쓰임 – 옮긴이). 다시 말해 영국 국왕에 대한 경의를 표한 것으로 해석할 만하다.

독일군이 올려준 격조

한편 사크섬에 사는 줄리아 트리메인은 당시 섬에서 보고 듣고 느낀 것들을 계속 일기장에 적어 내려간다. 대규모로 몰려온 독일군 파견대가 이제 주민들의 집을 숙소로 삼기 시작했다. "독일 군인들은 아주 호사를 누리고 있을 것이다. 맛있는 사크 버터가 얼마든지 있는 데다 집에서 잡은 고기와 집에서 만든 빵에 우유도 잔뜩 있고, 가게에는 물건들이 그득하니까."[36]

사크섬의 여성 영주는 오랫동안 섬을 자신의 봉건 영지처럼 다스렸다. 그녀는 취태 부리는 것을 싫어해서 술에 만취하는 것을 벌써 오래 전부터 금지하고 있었다. 또한 섬을 아주 특별한 관광지로 만들기 위해 시끄러운 탈것의 운행도 금지했다. 모든 이동은 도보로 하거나, 꼭 필요하면 말이나 달구지를 이용해야 했다. 독일인들은 영주가 정한 법령을 대체로 받아들였다. 심지어 그녀를 방문할 때마다 목례를 하고 손에 입을 맞추고 다시 목례를 하는 예법도 그대로 따랐다. 영주는 만족스러웠다. 독일 장교 가운데 몇 명은 귀족 출신이라는 사실에 더욱 흡족했다. 섬의 격조가 이처럼 높았던 적이 없었다.

해방

1944년 6월 6일, 연합군은 채널 제도를 지나, 노르망디 해안을 통해 유럽 본토에 상륙했다. 연합군이 프랑스 내륙으로 더 진격해 들어가자, 채널 제도는 거의 고립 상태가 되고 말았다. 대륙으로부터 식품과 물자를 공급받던 보급로가 끊어졌다. 배급량이 엄격히 제한되었지만, 주민들과 독일 점령군은 굶주림과 궁핍 속에서 몇 달을 버텼다.

채널 제도는 유럽에서 제2차 세계대전이 막을 내리기 전에 해방되었다. 사크섬도 1945년 5월 10일에 해방을 맞았다. 피란 갔던 사람들이 늦여름부터 가을에 걸쳐 돌아오자, 모든 것이 예전과는 많이 달라져 있었다. 토지 소유권은 복잡하게 꼬였고, 아이들은 현지 방언을 잊었다.

이곳의 일상은 조금씩 제자리를 찾아갔다. 독일군 방어 시설의 잔해가 곳곳에 남아 있는 채로, 관광 산업이 전에 없는 호황을 맞았다. 채널 제도는 또한 버뮤다와 비견되는 조세 피난처로 자리매김하게 되었다. 그리고 사크섬에서는 트랙터 몇 대가 특별 허가를 받아 자동차 금지 규정의 적용을 면제받았다.

책 사이먼 해먼(Simon Hamon), 『채널 제도 침략: 목격자 증언, 신문 보도, 의회 회의록, 회고록, 일기를 통해 알아보는 1940년 독일의 영국 섬나라 침공 사건(Channel Islands Invaded: The German Attack on the British Islands in 1940 Told Through Eye-Witness Accounts, Newspaper Reports, Parliamentary Debates, Memoirs and Diaries)』(2015)

땔감이 된 펭귄들

South Shetland Islands

그 첫인상은 어떻게 보면 옛날 디즈니 만화영화에서 크리스마스 선물 공장의 장난감들이 요정들에게 색칠받을 순서를 줄지어 기다리는 모습을 연상시킨다. 하지만 이곳 사우스셰틀랜드 제도에서 줄지어 있는 것은 장난감이 아니라 진짜 펭귄들이다. 턱시도를 입은 듯한 모습에 꼿꼿한 자세로 기웃기웃하고 끽끽 울어대는 펭귄들이다. 안타깝게도 이 펭귄들은 색칠받을 순서를 기다리는 것이 아니다. 이들은 디셉션섬의 거대한 간유 공장에서 연료로 쓰일 운명이다. 일꾼들이 한 마리씩 펭귄의 날개를 잡고 번쩍 들어 불길 속에 던져 넣는다. 지방질이 많은 땔감 덕분에 장작불이 활활 타오른다.

이 책에 소개된 곳들 가운데 사우스셰틀랜드 제도만큼 많은 피를 본 곳은 없다. 동물까지 포함하면 그런 계산이 나온다. 단지 펭귄만이 아니다. 1960년대에 이르기까지 어마어마한 수의 물개와 고래가 포획·도살당해, 간유와 마가린, 농축 사료의 원료로 쓰였다. 대왕고래 한 마리의 혈액량은 약 1만 리터다. 물론 직접 비교할 일은 아니지만, 이는 인간 2,000명의 혈액량에 해당한다. 또 달리 표현하면, 제2차 세계대전 기간을 통틀어 노르웨이군이 흘린 피의 총량에 해당한다.

비교적 초기인 1914~1915년의 포획철에도 이미 사우스셰틀랜드 제도의 해안에 끌려온 대왕고래의 수는 1,800마리에 달했다.[37] 1930년 무렵에는 포획되는 고래의 수가 두 배로 늘었다. 대왕고래뿐만 아니라 참고래, 혹등고래, 향고래 등도 함께 잡혔다.

국가 사우스셰틀랜드 제도

연대 1944

인구 0명

면적 3,687km²

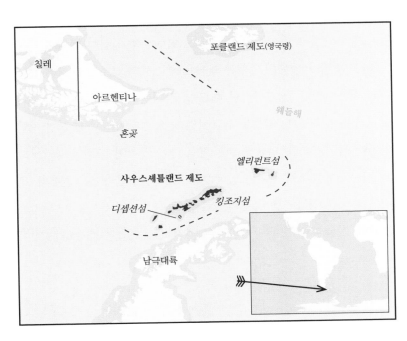

사우스셰틀랜드 제도는 남극대륙에서 약 100킬로미터 떨어진 근해에 모여 있는 섬들의 무리로, 북쪽의 안데스산맥이 이어져 내려온 것이다. 열 개 남짓의 비교적 큰 섬과 여러 개의 작은 섬으로 이루어져 있고, 땅 면적을 모두 합치면 제주도의 두 배 정도다. 비록 땅은 대부분이 빙하로 늘 덮여 있고 주변 바다에는 1년의 절반인 겨울 내내 얼어 있지만, 이곳의 땅과 바다에는 생명이 가득하다. 여름에는 이끼를 닮은 수백 가지 지의류가 산허리를 주황색, 노란색, 녹슨 붉은색으로 물들이고, 무수한 낭떠러지는 갈매기와 바다제비의 천국이다.

처음 1820년대에 영국 사냥꾼들을 사우스셰틀랜드 제도로 끌어들인 것은 이곳에 모여든 물개들이었다. 그다음으로는 고래잡이꾼들이 찾아왔다. 노르웨이가 1905년 스웨덴과의 연합이 해체된 직후에 이곳의 법적 상황을 명확히 알아보려고 했던 것도 고래잡이 관련 이권 때문이었다. 그때까지만 해도 남극 지방은 '테라 눌리우스terra nullius', 즉 주인 없는 땅으로 취급되었다. 노르웨이는 우선 큰형 격인 영국에 물어보았다. 영국은 버릇처럼 뜸을 들이며 곰곰이 생각하더니, 사우스셰틀랜드 제도는 영국 땅으로 보아야 한다고 선언했다. 하지만 영국은 영유권을 국제적으로 승인받기 위해 특별히 나서지는 않았다. 노르웨이 고래잡이꾼들은 이전처럼 조업을 계속하는 것이 허용되었다.

남극의 고래잡이 기지

어느 날 아침, 악셀 F. 마티센이라는 고래잡이꾼이 선교에 서서 한 무리의 고래들이 숨기둥을 뿜어 올리는 광경을 보며 이렇게 적었다. "얼어붙은 콧김이라! 이곳의 새하얀 풍경과 참으로 잘 어우러지는 구나."[38]

포경선은 하루 동안 잡은 고래의 사체들을 선체 양쪽에 단단히 붙들어 매고, 제도 남쪽의 디셉션섬으로 향한다. 디셉션섬은 작은 섬이지만 이 일대에서 항구로 가장 적합한 곳이다. 원래 화산섬으로서 분화구가 물에 잠겼고 한쪽이 바다로 널찍하게 트여 있어, 아무리 큰 배라도 드나들 수 있다. 섬 내부의 만은 면적이 30제곱킬로미터 남짓에 풍랑이 잔잔하여 일급 항구의 조건을 갖추고 있다. 짙은 잿빛의 산비탈은 허공을 향해 최고 500미터 높이로 솟아 있다. 연기와 김이 곳곳에서 피어오르고, 공기에 황 냄새가 희미하게 감돈다.

1913년 최초의 노르웨이 포경 기지 '헥토르'가 디셉션섬에 세워질 무렵, 해변엔 이미 흰색 고래 뼈가 어지러이 널려 있었다. 파도와 바닷새들에 깨끗이 발린 머리뼈며 등골뼈며 갈비뼈가 햇빛에 반짝거렸다. 건물들은 대규모 펭귄 서식지에서 멀지 않은 만 남쪽의 모래사장 위에 지어졌고, 일꾼들의 숙소, 식당, 돼지우리, 여러 채의 작업장과 공장 건물이 있었다. 그리고 이 모든 것이 내려다보이는 언덕 꼭대기에는 유니언잭을 휘날리는 조그만 붉은색 저택이 있었다. 그곳에서 영국 감독관 한 명이 고래잡이철인 11월부터 2월 말까지 묵묵히 파견 근무를 했다.

이곳에서 일하는 인원은 보통 2,000명 이상이었다. 우선 해안의 작업장에서 고래 사체를 큼직큼직하게 잘랐다. 그리고 살점을 벗겨내고 지방층을 가열해 고래기름을 만들었다. 일꾼들은 핏물 속을 철벅거리고 기름 속을 미끄러지며 일했다. 역한 악취가 코를 찔렀다.

선주들은 노르웨이에 앉아 돈을 세고 있었다. 돈이 점점 더 많이 들어왔다. 그러나 1930년 무렵 세계 경제가 대공황기에 접어들면서 고래기름 가격도 서서히 떨어지기 시작했다. 그러다가 모든 일이 갑작스럽게 중단되었다. 1931년, 헥토르 포경 기지는 폐쇄되어 모든 인원이 철수했다.

몇 년 후, 베른트 발켄이라는 노르웨이 비행사가 오스트레일리아인인 리처드 버드가 이끌던 남극 비행 탐험에 합류하기 위해 디셉션 섬에 들렀다. 섬은 인적이 전혀 없었으나, 건물들은 대부분 온전했고 조업 시설은 마음만 먹으면 언제든 재가동할 수 있을 듯했다. 장비들이 굳은 기름에 두껍게 덮인 덕분에 상태가 멀쩡했다. 반면 작업대와 해체대는 대변으로 거의 범벅이 되어 있었다.[39] 발켄은 이것이 노르웨이의 포경에 항의하기 위해 당시 이곳 제도를 점점 빈번히 방문하던 영국인이나 칠레인 또는 아르헨티나인이 저지른 짓이었을 것으로 짐작했다. 당시는 여러 연구팀의 탐사 결과 석유, 석탄, 구리의 매장 가능성이 제기되고 이곳 제도의 영유권 분쟁이 더 첨예해진 때였다.

1944: 포클랜드 제도에서 1938년에 발행된 우표에 가쇄.
도안은 해양조사선 윌리엄 스코어즈비호.

영유권 분쟁

1940년에는 칠레가 영유권 분쟁에 뛰어들었고, 1942년에는 아르헨티나가 끼어든다. 분쟁은 일단 상당히 점잖은 양상으로 전개된다. 칠레는 공식 성명을 내고, 아르헨티나는 사우스셰틀랜드 제도 전체의 영유권을 주장하는 표식이 새겨진 금속 원통을 디셉션섬에 설치한다. 영국은 이것을 뽑아서 되돌려 보낸다. 아르헨티나는 다시 자국국기를 섬에 꽂아 응수한다.

그사이 제2차 세계대전이 한창 진행되고 있었다. 영국은 독일이 친독 성향인 아르헨티나의 허락을 받아 이 지역에 해군 기지를 세울 것을 염려하기 시작한다.[40] 독일이 혼곶에서 멀지 않은 이 요충지를 점한다면 남대서양과 태평양 양쪽으로 신속하게 공격에 나설 수 있게 된다. 이에 따라 영국은 1944년 이른바 '타바린 작전'을 감행해 섬 몇 개에 병력을 주둔시킨다. 그러고는 메시지를 더 확실히 전하기 위해 우표를 발행한다. 포클랜드 제도의 우표들을 가쇄해 사용했는데, 도안에는 조지 6세의 얼굴이 공통으로 들어가고 몇 가지 그림이 하나씩 쓰였다. 내가 가진 우표는 타바린 작전에서도 활약한 해양조사선, 윌리엄 스코어즈비호의 모습을 담았다.

남극조약

종전 후, 영국은 섬들을 계속 순찰하면서 아르헨티나 또는 칠레가 남겨 놓은 막사와 장비를 모조리 제거했다. 또 1820년대의 물개 사냥꾼들을 근거로 이곳은 역사적으로 자신들의 땅이 맞다고 주장했다. 그러다가 칠레 연구팀이 이곳에서 화살촉 몇 개를 발견하면서 새로운 국면이 전개되었다. 화살촉은 남미 본토의 원주민들이 더 일찍 이곳에 왔다는 증거인 듯했다. 그러나 이 유물의 발견은 조작된 것으로 확인됐다.[41]

1959년 12월 1일, 남극 대륙에서 활동 중인 12개국이 모두 남극조약에 서명했다. 조약은 사우스셰틀랜드 제도와 그 외의 남극 지역을 누구든 영구히 이용할 수 있되, 평화적 목적으로만 이용해야 한다고 규정했다. 아르헨티나, 칠레, 영국은 모두 조약에 서명했지만, 그럼에도 저마다 사우스셰틀랜드 제도의 영유권을 계속 주장했다.

세월이 흐르면서 섬들을 연구 기지로 이용하는 나라가 하나둘 늘어갔다. 연구 기지는 주로 킹조지섬에 세워졌고, 디셉션섬은 1969년에 화산이 꽤 크게 폭발하면서 더는 이용되지 않았다. 디셉션섬은 이

제 인적이 거의 없는 섬이 되었지만, 남극 지역을 점점 많이 찾아오는 관광선들이 빼놓지 않고 들르는 기착지가 되었다. 건물들은 대부분 불타 없어졌거나 용암에 묻혀버렸다. 하지만 거대한 간유 탱크들은 지금도 비탈진 해안가에 마치 기사의 녹슨 투구처럼 당당히 놓여 있다.

책 피터 벡(Peter J. Beck), 클라이브 쇼필드(Clive H. Schofield), 『남극은 누구의 땅인가?: 지구 최후 대륙의 지배와 관리(Who Owns Antarctica?: Governing and Managing the Last Continent)』(1994)

1945~1975

눈이 크고 배가 불룩한 어린 여자아이는 그야말로 피골이 상접한 모습이다. 파리 떼가 경쟁하듯 입가와 눈가에 비집고 들어온다. 아이는 마지막 힘을 짜내 성가신 파리들을 쫓는다. 인상도 써보고 긁어도 보지만 이내 제풀에 지친다. 의료요원은 아이의 몸에 주삿바늘을 꽂고, 미약한 혈류 속으로 포도당액을 주입한다. 처음 며칠은 곱게 간 곡물로 열량을 공급하고 콩 페이스트로 단백질을 공급한다. 치료는 4주에서 8주가 걸린다. 성공할지는 장담할 수 없다.

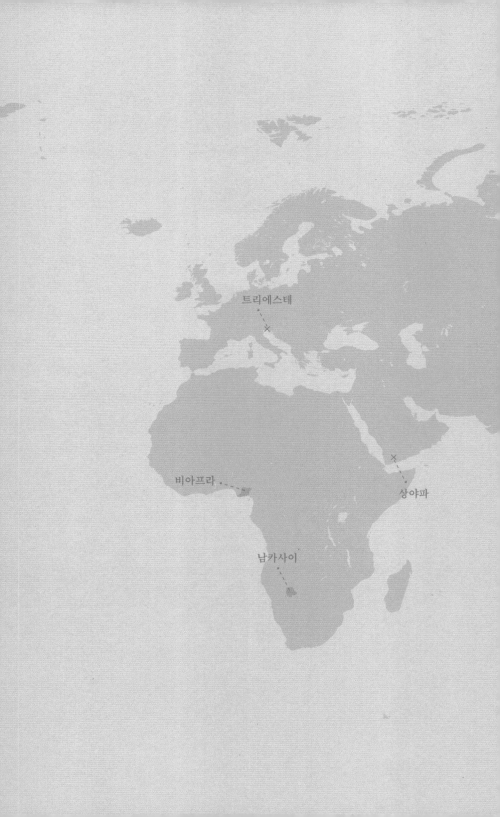

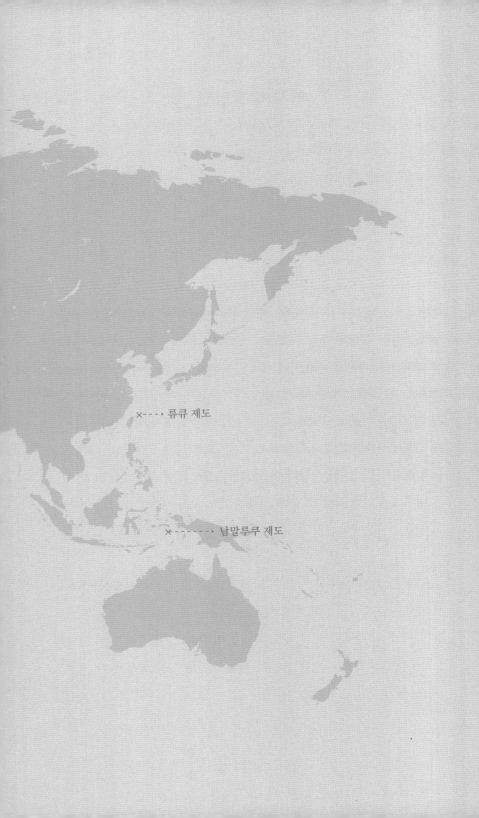

역사의 갈림길
Trieste

이탈리아 로맨스 영화 「트리에스테의 여인」(1982)[1]의 주인공 니콜은 조현병 환자다. 그녀의 모습은 자신이 사는 도시의 특징을 그대로 대변하고 있다. 아드리아해 북쪽 끝에 위치한 트리에스테는 그야말로 다양한 얼굴을 지닌, 내적 모순이 극심한 곳이다. 그리고 항상 그런 모습이었다. 이곳은 한마디로 말해 교차로이자 갈림길이다. 유사 이래 장군과 탈주자가 늘 넘나들던 곳으로, 발트해 모서리의 단치히 그리고 지중해 깊숙이 위치한 하타이와 사정이 비슷했다. 그렇게 보면 이런 경험적 결론을 내려도 무리가 아닐 것 같다. 조용히 살고 싶으면 반도나 어디 내륙으로 쑥 들어간 곳에서 살라. 어디가 되었든, 만에선 절대 살지 마라!

트리에스테는 로마인들이 2세기에 세운 도시로, 로마제국이 망하고 나서는 훈족의 수탈에 시달렸고, 그 뒤로는 비잔틴제국, 카롤루스 왕조, 베네치아공화국의 지배를 차례로 받았다. 그런 다음에는 오스트리아와 헝가리의 지배를 받았다. 나폴레옹도 한때 발을 들여놓았고, 제1차 세계대전 후에는 이탈리아가 지배했다. 이렇게 빈번히 지배 세력이 바뀌다 보니 온갖 문화가 난립했고 민족 구성이 유달리 다양했다. 이탈리아인이 가장 많긴 했지만 크로아티아인과 슬로베니아인도 상당히 많았고, 어느 민족이라고 딱히 꼬집어 말할 수 없는 사람들도 점점 늘어갔다. 이와 함께 품종을 딱히 알 수 없는 고양이들도 넘쳐났다.

그렇지만 이런 다양성이 결국 좋은 결과를 낳았다는 것이 영국의 여행작가 잰 모리스의 생각이다. 그녀가 1990년대에 트리에스테에 살면서 지켜본 이곳 시민들은 잘 웃고 고맙

국가	트리에스테
연대	1947~1954
인구	330,000명
면적	738km²

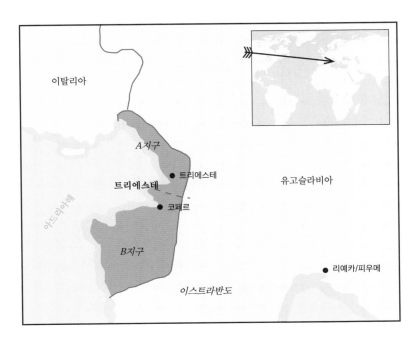

다는 말을 잘하며 악의가 없었다. 품성이 훌륭하고, 유행이나 여론에
도, 정치적 올바름에도 전혀 구애받지 않는다.[2]

　트리에스테에서 태어나 자란 작가 클라우디오 마그리스는 이 도
시의 독특한 분위기를 글로 그려낸다. 그곳은 당당하고 화려하고 국
제적인, 그러면서도 울적하고 다소 무력한 세기말적 기운이 흐르는
도시다. 에세이집 『작은 우주들』에서 작가는 트리에스테 도심의 '산
마르코' 카페에 앉아 이런저런 이야기를 들려준다. 카페 바로 옆의
공원에는 "마로니에, 플라타너스, 전나무가 드리우는 어두운 그늘의
바다에 가지와 잎이 떠다니고 새들이 돌멩이처럼 가라앉는다."[3] 작
가는 카페 단골인 오스트리아 작가 헤르만 바르의 말을 인용한다. 바
르는 트리에스테라는 도시가 자신과 무척 잘 맞는다고 했다. 그곳에
있으면 "어디에도 있지 않은" 느낌이 들기 때문이란다.

　마그리스는 아일랜드 작가 제임스 조이스 역시 트리에스테를 고향
처럼 편안하게 여겼다면서 아마 같은 이유였을 것이라고 한다. 조이
스는 1920년까지 여러 차례 트리에스테에서 지내며, 부유한 중산층
자녀들에게 영어를 가르쳐 생계를 유지했다. 그가 현대문학의 걸작으
로 꼽히는 『율리시스』의 집필을 시작한 것도 트리에스테에서였다. 작
품의 배경은 더블린이지만, 몇몇 등장인물은 트리에스테에서 참고한
것이 틀림없어 보인다. 트리에스테는 조이스의 개인적 정서에도 영향
을 많이 준 도시였다. 조이스는 다음의 말을 남겼다고 한다. "그리고
트리에스테. 아, 트리에스테는 내 애간장을 태웠어."[4]

철의 장막

거의 항상 불안하고 종잡을 수 없는 이 도시의 특징은 주변 정세에도 영향을 미쳤다. 제1차 세계대전 종전 이후 열강들이 이스트라반도 남쪽, 발칸반도와 이탈리아 사이에 피우메라는 완충국을 세운 것도 그 때문이었다. 앞서 살펴보았듯이 그 계획은 틀어지고 말았다.

제2차 세계대전이 끝나고 몇 년 후, 이번에는 이스트라반도 북쪽에 자리한 트리에스테에 관심이 집중되었다. 그 무렵 이 지역 안팎의 정치적 상황은 크게 달라져 있었다. 영국의 전 총리 윈스턴 처칠이 1946년 미국 미주리주의 웨스트민스터 대학에서 유명한 '철의 장막' 연설을 하고 난 후였다. 처칠은 이렇게 말했다. "발트해의 슈테틴에서 아드리아해의 트리에스테까지 유럽 대륙을 가로질러 철의 장막이 드리워졌다."[5]

1947년 1월, 유엔 안전보장이사회는 결의 제16호와 제24조에 의거해 '트리에스테자유지역'의 수립을 선언한다. 영토는 같은 해 9월에 확립되어, 738제곱킬로미터의 면적에 인구 33만 명에 달했다. 영토는 이른바 '모건 라인'을 기준으로 두 지구로 나뉘었다. 모건 라인은 이탈리아의 승복 이후 수립된 분계선이었는데, 북쪽으로 거의 오스트리아 국경선까지 그어져 있었다.

A지구는 트리에스테시를 포함한 북쪽의 좁다란 해안지대로 설정되었고, B지구는 인구 밀도는 낮지만 면적은 거의 두 배에 이르는, 이스트라반도 북서쪽 귀퉁이 부분으로 설정되었다. A지구는 총 1만 병력의 영국군과 미국군이 관리했고, B지구는 유고슬라비아군이 관

1948: A지구의 우표. 이탈리아에서 1945년
에 전후 재건 기념으로 발행한 우표에 가쇄.

1948: B지구의 우표. 노동절 기념.

리했다. 다시 말해 트리에스테자유지역은 실제로 단일한 국가 기구를 갖춘 자치 국가가 아니었다.

우표도 발행되었지만, 이 역시 두 지구가 각각 따로 발행했다. B지구가 먼저 특별 도안한 노동절 우표를 발행했다. 강인하고 환희에 찬 여성의 모습과 국가 공식 상징물인 도끼창이 닻과 쇠사슬을 배경으로 표현되어 있다. 우표는 세 가지 버전이 있었는데, "트리에스테자유지역 전시정부"라는 문구가 그림 밑에 각각 이탈리아어, 슬로베니아어, 크로아티아어로 표기되었다. 내가 가진 우표는 슬로베니아어 버전이고, 코페르의 소인이 찍혀 있다. 코페르는 지구 간의 경계선 바로 남쪽에 있던 인구 1만 명 남짓의 소도시로, 주민은 주로 이탈리아계였다.

A지구는 이탈리아 우표에 "AMG-FTT"라는 문구를 가쇄해 사용했다. '연합 군사정부-트리에스테자유지역Allied Military Government - Free Territory of Trieste'의 약자였다. 1945년에 발행된 이탈리아 우표에 가쇄한 것으로, 도안은 이탈리아를 의인화한 '투리타'였다. 투리타가 참나무 밑동에서 자라나고 있는 모습이다. 당시는 파시즘이 몰락한 지 얼마 되지 않았을 때였으니, 무척 시의적절한 메시지였던 셈이다.

역사상 가장 성숙한 도시

트리에스테를 자유국으로 유지하려는 노력은 곧바로 중단된다. 1954년, 유고슬라비아와 이탈리아는 내부적으로 협정을 맺고 영토를 나눠 갖기로 한다. 그러나 이 결정이 공식화된 것은 세월이 한참 흐른 후인 1975년 오시모조약을 통해서였다. 자연스럽게 이탈리아가 A지구를 가져갔고, B지구는 유고슬라비아가 가져갔다. A지구였던 땅은 현재도 트리에스테라는 지명으로 불린다. 한편 B지구였던 땅은 1990년대에 유고슬라비아가 붕괴한 후 슬로베니아와 크로아티아에 분할되었다.

이탈리아의 도시 트리에스테는 EU체제 내에서 자유무역항으로 지정되어 낮은 관세율을 적용받게 되었다. 트리에스테는 여전히 매우 다양한 문화가 공존하는 도시다. 그리고 계속 순조롭게 돌아가고 있다고, 잰 모리스는 전한다.

나는 평생을 여러 도시에 대해 글을 쓰며 그 도시들에 익숙해지려고 노력했다. 그리고 트리에스테는 특수한 역사와 위태로운 지리적 여건 덕분에 21세기에 이른 지금 세계에서 보기 드문 성숙한 도시가 되었다는 결론을 내리게 되었다. 이곳에선 여전히 정직이 상식이고, 예의는 정중히 지키는 것이 보통이며, 편협한 행동은 저지되는 것이 예사이고, 사람들은 적어도 외견상으로는 서로 친절하게 대하는 것이 일상이다.[6]

....

책 클라우디오 마그리스(Claudio Magris), 『작은 우주들(Microcosmi)』(2001)
   잰 모리스(Jan Morris), 『트리에스테, 그리고 '어디에도 있지 않다'는 것(Trieste and the Meaning of Nowhere)』(2001)

영화 파스콸레 페스타 캄파닐레(Pasquale Festa Campanile) 감독, 「트리에스테의 여인 (La Ragazza di Trieste)」(1982)

....

조직적인 집단 자결

Ryukyu

류큐 제도[7]에 가보면 이 지역에서 쓰이는 다양한 언어에 놀라게 된다. 아무리 적게 잡아도 여섯 가지 언어가 있고, 서로 거의 소통이 되지 않는다. 북쪽의 일본 본토에서 쓰는 언어와 통하지 않는 것은 물론이다. 마을 주민들은 섬의 온화한 겨울과 무덥고 습한 여름에 대해 이야기한다. 그리고 해변에서 좀 올라가면 나오는, 사탕수수·고구마·담배를 층층이 심은 계단밭으로 방문객을 안내하고, 엄청나게 큰 녹나무도 구경시켜준다. 조금 더 들어가면 누에 치는 뽕나무 밭도 있다. 화창한 날에는 예고 없이 들이닥쳐 섬들을 쑥대밭으로 만든다는 태풍 이야기가 실감나지 않는다. 그리고 바로 이곳에서 제2차 세계대전 중 일본의 조직적 세뇌로 집단 자살이 일어났다는 사실은 더욱 실감나지 않는다.

류큐 제도는 일본과 대만 사이에, 위도 몇 도에 걸쳐 위치한 열도다. 100개가 넘는 화산섬이 활꼴로 길게 이어져서 얕은 바다인 동중국해 그리고 동쪽의 마리아나 해구에 이르는 훨씬 깊은 바다인 필리

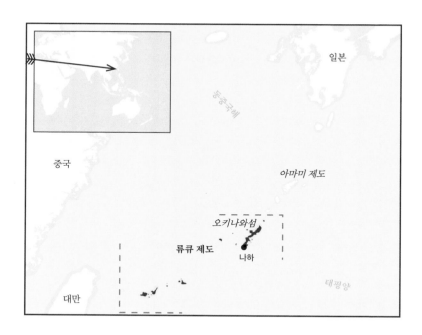

일본

동중국해

중국

아마미 제도

오키나와섬

류큐 제도

나하

태평양

대만

핀해의 경계를 이룬다.

류큐 제도는 수백 년간 독립된 왕국이었다. 1800년대에 중국과 일본이 이곳의 지배권을 놓고 맞붙은 결과, 1879년 류큐는 일본에 병합되었다. 일본은 류큐를 북쪽의 가고시마현

국가	류큐 제도
연대	1945~1972
인구	818,624명
면적	4,642km²

과 오시마현, 남쪽의 오키나와현으로 나누었다. 경계선은 아마미 제도와 오키나와섬(이곳에서 가장 큰 섬) 사이에 그어졌다. 잔혹한 압제의 역사가 시작되는 순간이었다.

일본은 이곳 고유문화의 흔적을 말살하기 위해 학교에서 일본어만 쓰게 했다. 한편 좀더 실제적인 말살 작업도 병행되었다. 들끓는

뱀을 퇴치하기 위해 여러 외래종, 특히 인도몽구스라는 이빨이 날카로운 동물을 풀었다. 그러나 몽구스가 뱀 이외의 동물도 잡아먹으면서 계획은 꼬이고 말았다. 몽구스는 섬 안에 천적이 없었기에 급속히 번식하여 또 다른 골칫거리가 되어버렸다.

세뇌가 부른 뜻밖의 걸림돌

일본의 류큐 지배는 제2차 세계대전 막바지까지 계속되었다. 1945년 3월 23일, 미국은 오키나와섬 서쪽 25킬로미터 근해의 작은 섬들로 이루어진 게라마 제도를 공격했다. 그곳을 점령하고 나서는 오키나와섬을 향해 진격했다. 이는 '빙산 작전Operation Iceberg'이라는 다소 기이한 작전명으로 진행되었는데, 일본 본토를 공격하기 전에 최종 공세를 퍼붓는다는 계획이었다.

미군은 류큐 주민들에게 해방군으로 환영받을 줄 알았다. 그러나 예상과 달리, 제2차 세계대전 중 다른 어디에서도 유례가 없을 만큼 완강한 민간의 저항에 부딪혔다. 일본이 대대적으로 벌인 세뇌 교육이 먹혀든 것이었다. 이제 주민들은 스스로를 일본인이라고 생각했고 그렇게 행동했다. 한편 이는 순전히 일본이 불안을 획책한 덕분이었다는 주장도 있다. 일본은 오랜 세월 팸플릿과 신문, 라디오 방송을 동원해 미국인을 야만인으로 묘사했다. 미국인은 참으로 무자비한 족속으로서 사람을 강간한 다음 죽인다고 했다.

이어지는 집단 자살

맹그로브 숲으로 뒤덮인 야에야마 제도의 한 섬에서는 주민 전체가 산속으로 대피한다. 그리고 몇 주 만에 절반 이상이 굶주림과 질병으로 죽는다. 또 게라마 제도의 자마미섬에서는 단 이틀 만에 한 마을 주민이 거의 전부 자살한다. 오키나와섬에서는 젊은 여자들이 섬 남쪽의 검은 바위 절벽에서 몸을 던진다.

그런가 하면 전장에 뛰어드는 이들도 있다. 나이가 열다섯 남짓인 여학생 수백 명이 히메유리('백합 아가씨') 학도대를 조직하여 간호요원으로 복무한다. 오키나와섬에서는 이들 거의 전원이 목숨을 잃는다. 전장에서 죽지 않은 여학도들도 스스로 목숨을 끊는다. 자살은 보통 집단으로 이루어졌다. 간호요원으로 활동했던 한 여학생은 나중에 이렇게 증언했다.

우리는 철저한 일본식 교육을 받았다. 그래서 포로로 잡히는 것은 반역자가 되는 것과 똑같았다. 우리는 포로로 잡힐 바에는 자살을 택하도록 교육받았다.[8]

집단 자살은 보통 수류탄으로 이루어졌고, 소수의 예외를 제외하면 일본군 장교들의 명령에 따라 진행되었다. 그 상황은 후에 노벨문학상을 수상한 오에 겐자부로의 에세이 『오키나와 노트』[9]에 상세히 기록되어 있다. 2005년에는 퇴역한 일본군 지휘관과 유족이 오에의 기록이 꾸며낸 것이라며 소송을 걸었으나 패소했다.

1957: 불교 신화에 나오는 압사라를 묘사.

전후 재건

미군이 만행을 저지른 것도 어느 정도는 사실이었다. 강간도 일어났고 전투 중에 많은 민간인이 피살당하기도 했다. 미군 병사들은 민간인들이 군복을 입고 전투에 나서서 어쩔 수 없었다고 진술하여 처벌을 면했다. 후에 베트남전쟁 때도 이러한 주장이 반복되었다.

1945년 여름에 오키나와 전투가 끝날 때까지 오키나와섬에서 희생된 민간인의 수는 15만 명이 넘었다. 주민 세 명 가운데 한 명이 목숨을 잃은 것이었다.

얼마 후에 일본이 항복하자 류큐를 누가 관할할지 결정해야 했다. 미국은 이미 두어 해 전에 중국에 이 문제를 이야기했었고, 중국은 두 나라가 공동으로 통치하는 방안을 제의했다. 하지만 그 안은 실현되지 않았다. 미국은 기존 오키나와현 지역을 차지하기로 결정했다. 그리고 이 결정은 1952년에 일본과 연합국이 맺은 강화조약에 따라 결국 공식화되었다.

미국 달러화가 도입되고, 차량 통행 방향이 우측으로 바뀐다. 1948년부터 우표도 발행된다. 우표의 도안과 문구에는 지역색이 완연하다.

1957년에 발행된 내 우표는 불교 신화에 나오는 압사라를 묘사했다. 압사라는 아름다운 외모와 피리 연주로 인간을 즐겁게 해주는 존재다. 소인은 "나하"로 찍혀 있다. 나하는 수백 년간 오키나와 최대의 도시였으나 제2차 세계대전 막바지에 처참히 파괴되었다.

나하는 급속한 재건을 거치면서 미국 중서부의 소도시를 빼닮은 모습으로 변모한다. 넓은 중심가를 따라 길 양쪽으로 뒤엉킨 전선줄이 늘어져 있고, 각양각색의 건물들과 요란한 광고판이 즐비하며, 광택이 흐르는 덩치 큰 차들이 부릉거리며 줄줄이 오간다.

중일의 영유권 다툼

미국은 오키나와에 재빨리 공군 기지와 해군 기지를 세웠다. 이후 1972년 이곳 섬들이 일본에 공식적으로 반환된 뒤에도 미군 기지는 그대로 남았다.

오늘날 오키나와에는 미군 병력 3만 명이 주둔하고 있고, 미군이 전체 땅의 19퍼센트를 점유하고 있다. 1978년 일본은 차량 통행 방향을 좌측으로 다시 바꾸었다. 그밖에는 큰 변화가 없다. 류큐 지역에서 반미 감정이 높아지고 있고, 중국이 최남단 센카쿠 제도의 영유권을 주장하고 나섰다. 이 때문에 중일 양국에서 민족주의 감정이 고조되고 있다. 센카쿠 제도 자체는 척박하고 쓸모없는 절벽투성이 땅

일지 몰라도, 그 주변 바다에는 막대한 양의 가스와 석유가 매장되어 있는 것으로 추정된다.

책 오에 겐자부로, 『오키나와 노트』(1970)

그레고리 스미츠(Gregory Smits), 『류큐의 이상: 근세의 사상과 정치에 나타난 정체성과 이념(Visions of Ryukyu: Identity and Ideology in Early-Modern Thought and Politics)』(1999)

아르네 뢰쿰(Arne Røkkum), 『일본 류큐 제도의 자연, 풍습, 사회(Nature, Ritual and Society in Japan's Ryukyu Islands)』(2006)

시련받는 발루바족, 값나가는 광물자원
South Kasai

벨기에의 보두앵 국왕은 공항에서 리무진 무개차를 타고, 이제 벨기에의 손을 떠나는 콩고의 독립 선포식장으로 이동 중이었다. 그런데 웬 괴한이 나타나 국왕이 차고 있던 의장용 검을 훔쳐갔다. 도둑은 검을 국왕의 옆구리에서 잡아채고는 자동차 보닛 위에 보란 듯이 올라탄 다음 도망갔다. 보두앵 국왕은 심기가 불편했다. 이 모든 것을 어서 끝내고 싶은 마음뿐이었다. 그러면서 한편으로는 선왕 레오폴 2세에 대한 존경의 마음을 금할 수 없었다. 레오폴 2세는 1800년대에 당시 '콩고자유국'으로 불렸던 이곳 식민지를 이루 말할 수 없이 잔학하게 통치한 왕이었다. 한편 콩고의 초대 총리 파트리스 루뭄바는 행사장에서 벨기에의 폭정에 품고 있던 분노를 터뜨렸다. 그는 보두앵 국왕에게 이렇게 일갈했다고 전해진다. "우리는 이제 당신들의 원숭이가 아니오."[10]

1959년을 기준으로, 벨기에령 콩고의 광물 생산량은 세계 구리 생산량의 10퍼센트, 세계 코발트 생산량의 50퍼센트, 세계 공업용 다이아몬드 생산량의 70퍼센트를 차지했다. 그러니 콩고의 지식인들이 1960년 봄에 즉각적인 독립을 한목소리로 요구하자 벨기에가 강경하게 나온 것은 당연했다. 그러나 벨기에는 이미 몇 년 전에 독립과 민족자결의 원칙을 천명한 유엔 조약에 서명했기에 어쩔 도리가 없었다.

새 나라는 몇 주에 걸쳐 국가체제를 정비했다. 그러나 콩고의 영토는 방대했고, 대부분 울창한 정글이었다. 언어가 200개가 넘었고, 부족의 수는 더 많았다. 이전 식민 정부는 그런 사정을 전혀 고려하지 않고 행정구역을 나

국가 남카사이

연대 1960~1962

인구 1,000,000명

면적 30,000km²

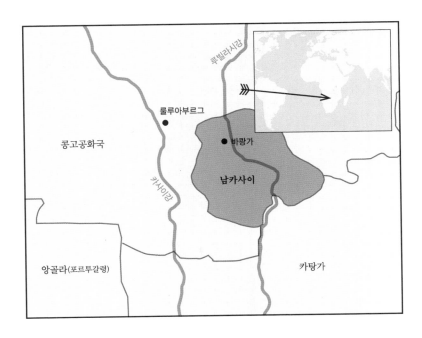

누고 권력기구를 편성했다. 새 국가의 출범은 순탄할 수 없었다.

카탕가주가 떨어져나가면서 자치를 선언한다. 1960년 8월 8일, 남카사이주가 그 뒤를 잇는다. 주도자인 알베르트 칼론지는 유력 부족인 발루바족의 수장이다. 그는 스스로에게 왕에 해당하는 '물로풰'라는 칭호를 부여하고, 강압적·권위적 통치에 나선다. 다른 부족은 철저히 냉대 및 배제하고, 반대파 정치인들은 암살하거나 추방한다. 남카사이의 수도는 바쾅가(오늘날의 음부지마이)에 세워진다. 1900년대 초에 발견된 대규모 다이아몬드 매장지에서 멀지 않은 곳이다. 그후 몇 주 동안 일대의 발루바족이 밀물처럼 바쾅가로 유입된다. 그중에는 앙심을 품은 룰라족의 공세에 쫓겨온 이들이 많다.

놀랍도록 질서정연한

발루바족은 1800년대까지만 해도 원래 터전인 루알라바강과 루빌라시강 사이의 땅에서 대대로 살았지만, 1900년대 초 레오폴 2세의 군사적·행정적 탄압에 이리저리 찢어지고 말았다. 그래서 1960년대 초의 발루바족 마을들은 방대한 지역에 흩어져 있다. 그럼에도 여전히 마을은 매끄럽게 운영되고 놀랍도록 질서정연하다. 스칸디나비아어로 '난장판'을 뜻하는 '풀 발루바'라는 말이 무색할 정도다(이 부족의 이름에서 유래한 표현임이 분명하지만[1]). 마을에 단 하나 있는 거리가 마을 사람들의 생활공간이다. 거리 양쪽에는 다진 흙벽돌로 지은 직사각형 집들이 늘어서 있다. 골함석으로 올린 지붕이 열대의 폭우를 튼튼하게 막아준다. 출입문 앞에는 화려한 천이 걸려 있다. 풍요와 환대의 상징일 뿐만 아니라 각 집을 구분해주는 역할을 한다. 아이들은 거리에 모여서 신기할 정도로 조용히 논다. 여자아이들은 머리에 물건을 이는 연습을 하고 소꿉놀이도 한다. 남자아이들은 활을 만들어 뒤뜰에서 사냥놀이를 한다. 나뭇잎과 향초 냄새가 감돌아 공기가 상쾌하다.

바쾅가에 다다른 발루바인들을 맞는 것은 턱없이 부족한 물과 허물어져가는 건물들이다. 이 도시에는 도로도 전기도 하수 시설도 없다. 땅은 척박해서 카사바 뿌리나 근근이 먹고살 수 있을 정도다. 그 결과 콰시오커 병이 도시를 휩쓴다. 얼굴이 붓고 배가 부푸는, 영양실조로 인한 병이다. 특히 아이들이 수없이 죽어나간다.

노르웨이 선교사의 상륙

1900년대 카사이 지역에서는 기독교 선교사들의 활동이 활발했다. 노르웨이인 군네리우스 톨레프센은 밑이 평평한 배를 타고 이 지역을 찾아왔다. 힘센 덴마크인 선장이 대나무 장대를 들고 뱃머리에 서서, 좌초의 위험이 도사린 모래톱을 피해가며 뱃길을 찾았다.

톨레프센은 발루바족이 흉포하다는 이야기에 답답해하며, 그렇지 않다고 반박했다. "발루바족은 오히려 평화로운 사람들이고, 콩고의 다른 부족들보다 더 복음에 개방적입니다."[12]

톨레프센과 동료 선교사들의 노력으로, 1960년 크리스마스에는 카사이 주민들에게 비행기 한 대 분량의 노르웨이산 건대구가 전달되기도 했다.

1961: 표범의 머리와 V자 심벌.

승리의 V

남카사이 정권은 벨기에 회사들에 채굴권을 넘겨주는 대가로 얼마간의 재정 지원을 받았다. 이 돈은 식량과 의약품보다는 무기 구입에 더 많이 쓰였다. 그리고 우표를 발행하는 데에도 쓰였다. 처음에는 벨기에 식민지 시절 우표에 "남카사이자치국Etat Autonome du Sud Kasai"이라는 문구를 가쇄해 쓰다가, 이후에 표범 얼굴이 들어간 자체 우표를 발행했다. 도안이 전하는 메시지는 선명하다. 작업은 쿠르부아지에라는 스위스 인쇄업체에 의뢰했고, 막판에 승리의 V자를 도안에 추가했다. 제2차 세계대전 중 연합국이 이 심벌을 이용하고 승리했으니, 여기서도 효과가 있을지 모른다고 생각했을 것이다.

그사이 루뭄바 총리가 이끄는 콩고 중앙정부는 남카사이라는 분리독립 정권을 괴멸하기로 결정했다. 그리고 유엔에 도움을 청했다. 유엔은 이미 일대에 평화유지군을 주둔시키고 있었지만, 무력 사용은 불가능하다며 선을 그었다. 그다음으로는 소련을 찾아갔다. 소련은 기꺼이 돕겠다고 했고, 1961년 가을 콩고 정부군에 항공 수송을 제공하기로 약속했다.

곧이어 벌어진 전투에서 발루바인 3,000명이 사망하고 수십만 명이 피란길에 올랐다. 칼론지는 투옥되었다가 겨우 탈출해 임시정부를 다시 세웠다. 그러다가 1962년 10월 마침내 두 손을 들고 만다.

풀리지 않은 갈등

1961~1962년에 남카사이 경계선 부근의 룰루아부르그에서 유엔 민사처장으로 근무했던 에릭 패컴은 당시의 경험을 이렇게 회상했다.

콩고에서 대단히 흥미로웠던 것은 황당함과 진지함, 섬뜩함과 아름다움, 순진함과 사악함, 비열함과 관대함, 무시무시함과 우스꽝스러움이 한데 공존하는 모습이다. 다음에 또 무슨 일이 일어날지 알 수 없으니 한순간도 지루할 새가 없었다. 아기의 얼굴 표정처럼 분위기가 순식간에 바뀌곤 했다.[13]

남카사이는 다시 콩고공화국에 귀속되어 21개 주 가운데 하나가 되었지만, 1965년의 분규 이후 행정구역 조정을 거쳐 동카사이로 이름이 바뀌었다. 그렇게 이 지역은 통합된 콩고의 일부가 되었지만 극심한 내부 갈등은 아직 해결되지 않았다. 갈등은 유혈 충돌로 거듭 불거지곤 한다.

한편 서서히 그러나 확실히, 금과 다이아몬드를 비롯한 값진 광물 자원이 콩고에서 빠져나가고 있다. 곳곳의 후미진 숲가에 자리 잡은 비행장에서 주민들은 이방인들과 조용히 협상을 벌이고, 작은 흰색 비행기에서는 의복, 약품, 돈이 담긴 꾸러미들이 바삐 내려진다. 이후 두바이, 브뤼셀, 홍콩, 런던 등지로 돌아가는 비행기에는 먹고사는 데는 그다지 쓸모없는 보물이 가득 실려 있다.[14]

책 에릭 패컴(Eric Packham), 『자유와 무정부 상태(Freedom and Anarchy)』(2006)

M. W. 힐턴심프슨(M. W. Hilton-Simpson), 『토지와 카사이의 민족들(Land and the Peoples of the Kasai)』(1912)

향신료와 테러
The South Moluccas

1975년 12월 2일 새벽, 몇 명의 사내가 승객이 가득한 열차에 올라탄
다. 손에는 각기 화려한 포장지로 싼 기다란 짐을 들고 있다. 열차가 베
이에스터르 역을 지나자 사내들은 무기를 풀고 비상 브레이크를 작동시
킨다. 열차는 들판 한복판에 멈춰 선다. 기관사가 곧바로 이들의 총격에
쓰러진다. 그 후 며칠 동안 인질 몇 명이 살해당하고, 시신은 열차 밖으
로 내던져진다. 괴한들이 무엇을 원하는지 처음에는 분명치 않았다. 결
국 드러나는 이들의 목적은, 남말루쿠의 상황에 대한 세상의 관심이다.[15]

남말루쿠 제도는 뉴기니섬과 술라웨시섬 사이의 반다해에 자리한
섬들이다. 육두구와 정향 등 이곳에서만 나는 몇 가지 향신료 때문
에 남말루쿠 제도는 일대에서 열강들이 가장 탐내는 곳이었다. 이곳
의 향신료는 유럽 시장에 건너가면 금값에 팔려나갔다. 1500년대에
포르투갈인이 유럽인 중 처음으로 발을 들였으나, 다른 식민 열강들
의 공세가 그치지 않았다. 결국 외교와 무력을 동원한 네덜란드 동인

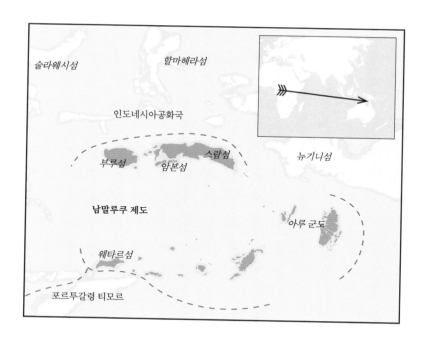

도회사가 승자가 되어, 남말루쿠 제도의 모든
향신료 수출을 독점했다.

국가 남말루쿠 제도

네덜란드 동인도회사는 용의주도하게 향
신료 재배 산업을 효율화하고 통제해나갔다.
육두구를 재배하는 섬과 정향을 재배하는 섬

연대 1950

인구 1,090,000명

면적 46,914km²

을 나누었다. 원주민들을 쫓아낸 땅을 회사 관료들이 차지하고는 수
입해온 노예들을 부려서 농장을 굴렸다. 시장이 줄어들기 시작한 것
은 1800년대 중반에 이르러서였다. 모종과 씨앗이 밀반출되어 나가
더니, 세이셸 제도와 마다가스카르섬에 농장이 생겨나 경쟁을 벌였
다. 게다가 이제는 유럽인들이 인도산과 아프리카산 향신료에도 맛

을 들여가고 있었다.

동인도회사가 파산한 후 네덜란드는 남말루쿠를 식민지로 삼고, 믈라카 해협에서 오스트레일리아까지 이어진 방대한 제도, 이른바 네덜란드령 동인도에 편입시켜 관리했다. 이 일대는 제2차 세계대전 중에 잠깐 일본에 점령되었지만, 1945년 네덜란드에 재점령되었다. 네덜란드는 다시 이전처럼 식민 지배를 이어가려 했다.

현지의 저항 운동가들은 즉각 반발하여, 완전한 자치를 요구하며 독립 전쟁을 벌였다. 국제사회의 압력에 몰린 네덜란드는 결국 1949년에 항복했다. 강화조약은 이 일대의 제도 전체를 자치국들의 연방으로 구성할 것을 규정했다. 바로 이 일대 여러 지역의 주민이 간절히 바라는 바였고, 남말루쿠인들의 바람도 다르지 않았다.

네덜란드 국왕에게 충성하는 원주민들

그러나 서쪽 끝의 거대한 섬 자바의 권력자들은 생각이 달랐다. 조약을 지킬 생각이 없었던 그들은 대신 인도네시아공화국을 세우고, 제도 전체를 아우르는 중앙집권 국가로 만들려고 했다. 그리고 모든 요직은 자신들이 당분간 맡는다고 했다. 무엇보다도 이들은 무슬림이었다. 남말루쿠인들이 1950년 4월 25일 남말루쿠공화국을 수립하고 완전한 독립을 선언한 가장 큰 이유였다. 네덜란드의 횡포에도 불구하고, 수세기 동안 남말루쿠에서 네덜란드 선교사들이 성공적으로 전도한 결과, 다수의 주민이 기독교 신자가 되어 있었던 것이다. 또 네덜란드는 교묘하게도 많은 장정들을 식민 정부군에 징병해두었다. 하루아침에 동원 해제된 군인들은 여전히 네덜란드 국왕에 대한 충성심을 품고 있었다. 그들을 이끌던 크리스 소우모킬도 네덜란드에서 법학을 공부했고, 네덜란드 국왕에 대한 충성심이 있었다. 그러나 소우모킬과 그의 동지들은 국가행정에 대해서는 전혀 지식이 없었다. 더구나 네덜란드 장교들이 본국으로 돌아간 후 병사들의 기강은 급속히 풀어진 상태였다. "소파쿠아, 타하파리, 시와베시, 그렇게 부관이 세 명 있었고 나머지는 부사관, 병장, 상병이었다. 아무도 남 밑에 들어가려고 하지 않았다. 하나같이 자기가 더 낫다고 생각했다."[16]

많은 어려움에도 불구하고 암본섬에 행정 중심지가 꾸려진다. 암본섬은 남말루쿠 제도의 북쪽, 스람섬 바로 밑에 붙어 있는 작은 섬이다(스람섬은 땅은 크지만 무인도에 가까웠다). 두 섬 모두 해안선까지 밀림이 울창하고, 스람섬의 산은 높이가 3,000미터에 이른다.

이들은 자체 우표도 발행한다. 1949년에 발행된 네덜란드 식민 정부의 우표에 가쇄한 것이다. 내가 가진 우표에는 박공지붕을 몇 개 올린 튼튼한 집이 그려져 있다. 이것은 수마트라섬의 가옥으로, 남말루쿠와는 별 관계가 없다. 대나무와 야자 잎으로 지은 남말루쿠의 집은 훨씬 더 임시 가옥의 느낌이다. 이곳은 지반이 워낙 연약해 마을을 계속 옮겨야 하기 때문이다. 그래서 독특한 문화도 뿌리 내렸다. 고령 등으로 죽은 마을 사람이 일정 수에 이르면 때가 된 것으로 보고 마을을 옮긴다. 20년 이상 한곳에 머무는 경우는 드물다. 그리고 터를 옮기고 나면 옛터에는 머물렀던 기간만큼 발길을 끊는다. 이런

1950: 네덜란드 치하의 인도네시아에서 1949년에 발행된
우표에 가쇄. 도안은 수마트라섬 미낭카바우족의 가옥을 묘사.

이유 때문에 네덜란드도 보다 영구적인 형태의 주택을 도입하려고
했지만 번번이 실패했다.

난민의 삶

인도네시아공화국의 수카르노 대통령은 이 분리독립국을 인정하
지 않았으므로, 대규모의 해군 병력을 보내 암본섬을 공격했다. 훈련
이 잘되어 있던 남말루쿠의 군대였지만 결국 1950년 9월 28일, 패배
를 인정해야 했다. 작은 섬나라 남말루쿠공화국이 세워진 지 6개월
만이었다.

연방 모델을 지지했던 네덜란드는, 남말루쿠의 군인들과 그 가족
들에게 네덜란드에 임시 피란처를 제공하겠다고 제의했다. 총 1만
2,500명의 남말루쿠인이 제의를 받아들였다. 하지만 그들은 이는 임

시 대책일 뿐이고 언젠가 고향으로 돌아갈 것이라고 굳게 믿고 있었다.

네덜란드는 자국에 건너온 남말루쿠인들에게 이전에 나치 포로를 가두던 벽지의 수용소 시설을 내주었다. 이곳에서 남말루쿠인들은 네덜란드 사회와 격리된 삶을 살았다. 학교도 자체적으로 운영했다. 네덜란드는 이들을 통합하려는 노력을 전혀 하지 않았다. 네덜란드 시민권을 줄 생각도 물론 없었다. 이들이 어떤 식으로든 당연히 본국으로 돌아가리라 생각했기 때문이었다. 물론 그들이 남말루쿠 제도를 다시 정복하여 돌아갈 가능성은 기대하기 어려웠다.[17]

한편 크리스 소우모킬은 스람섬의 정글 속에서 병력 1,000명의 게릴라 부대를 이끌고 계속 항전했지만, 결국 1963년 12월 인도네시아군에 투항하고 말았다. 그는 3년 동안 옥고를 치른 후 처형되었다. 네덜란드의 남말루쿠인들은 이에 분연히 일어나 망명정부를 수립했다. 그러나 남말루쿠를 다시 찾을 가능성에 회의하는 사람도 늘어갔다. 서서히 절망감이 커져갔고, 답답한 상황을 도저히 벗어날 길이 없다는 무력감이 팽배했다.

사라진 귀향의 꿈

1970년 이후, 네덜란드에는 다소 극렬한 테러가 여러 건 일어난다. 테러는 인도네시아 대사 관저의 습격으로 시작해, 베이에스터르의 열차 납치로 이어진다. 베이에스터르의 테러범들은 12일 만에 투항한다. 강추위 속에서 여러 날 밤을 견디는 것도 무리였고, 인도네시아가 말루쿠 제도에서 보복에 나섰다는 소문이 돌기도 했다. 이후에(이번에는 5월에) 열차 납치 사건이 한 번 더 일어난다. 그리고 학교 한 곳과 시청 한 곳이 습격당해 몇 명의 사망자가 나온다. 테러범들은 아무런 성과를 얻지 못하고 이곳저곳에서 사고를 치며 갈팡질팡할 뿐이었다.

결국 네덜란드 당국은 이들의 통합이 피할 수 없는 선택임을 깨닫는다. 수용 시설은 폐쇄된다. 남말루쿠인들은 대부분 네덜란드 시민권을 얻고, 테러는 점차 사라진다.

남말루쿠 망명정부는 오늘날까지 이어져오고 있으며, 대통령도 정기적으로 선출한다. 이제 남말루쿠로 돌아갈 희망이 있다고 생각하는 사람은 없지만, 이들은 기회가 있을 때마다 무력을 행사하겠다며 으름장을 놓곤 한다. 2010년에 인도네시아 대통령의 네덜란드 국빈 방문 일정이 잡히자, 망명정부의 대통령 존 와틸레테는 그를 전범으로 구속하라고 공개적으로 요구했다. 네덜란드 당국은 물론 거부했지만, 인도네시아 대통령은 겁을 먹고 방문을 취소했다.

책 윔 마누후투(Wim Manuhutu), 『네덜란드의 말루쿠인들: 정치적 소수집단?(Moluccans in the Netherlands: A Political Minority?)』(1991)

기아와 대리전쟁

Biafra

눈이 크고 배가 불룩한 어린 여자아이는 그야말로 피골이 상접한 모습이다. 파리 떼가 경쟁하듯 입가와 눈가에 비집고 들어온다. 아이는 마지막 힘을 짜내 성가신 파리들을 쫓는다. 인상도 써보고 긁어도 보지만 이내 제풀에 지친다. 의료요원은 아이의 몸에 주삿바늘을 꽂고, 미약한 혈류 속으로 포도당액을 주입한다. 처음 며칠은 곱게 간 곡물로 열량을 공급하고 콩 페이스트로 단백질을 공급한다. 치료는 4주에서 8주가 걸린다. 성공할지는 장담할 수 없다.

서구인들의 뇌리에 '비아프라 아기Biafran baby'라는 말은 오래전부터 기아의 대명사로 각인되어 있다. 어느 정도 나이 든 사람은 비아프라 아기라고 하면 무슨 뜻인지 안다. 오랫동안 단백질을 제대로 섭취하지 못해 콰시오커 병을 앓고 있는 아이다.

콰시오커 병은 아주 오래전부터 아프리카 대륙의 숱한 전쟁을 따라다녔다. 그러나 그 참상은 1968년에야 프랑스 의사들에 의해 서구에 알려졌다. 나이지리아에 내전이 일어나고 곧 극심한 기아가 닥쳤을 때였다. 프랑스 의사들은 적십자에 도움을 요청했지만 소용이 없었다. 결국 이들은 직접 '국경 없는 의사회'를 만들고는 유럽과 북미 사람들의 인식을 높이기 위해 병든 아이들의 충격적인 모습을 사진으로 전하며 치열한 캠페인을 폈다. 이를 접한 수많은 서구인들이 크게 안타까워했다.

자원과 종교로 갈가리 나뉜 나라

나이지리아는 1960년에 영국 식민 치하에서 독립했다. 그러나 이미 오래전부터 나

국가 비아프라	
연대 1967~1970	
인구 13,500,000명	
면적 77,306km²	

이지리아는 자원과 종교를 둘러싼 여러 민족 간의 다툼으로 갈등의 골이 깊었다. 북부 지역은 무슬림들이 확연히 우세했고, 남부 해안 지역은 기독교 아니면 애니미즘을 믿었다. 결국 기독교를 믿는 남동부의 이그보족 출신 장교들이 쿠데타를 일으켰다. 북부에서는 이에 맞선 반反쿠데타 작전이 벌어지면서 이그보족 수천 명이 학살당했다.

1967년 5월 30일 새벽 6시에 방송된 라디오 연설에서 나이지리아 동부주의 군정장관이던 추쿠에메카 오두메구 오주쿠는 이그보족의 독립된 주권국, 비아프라의 수립을 선포한다. 국명은 비아프라만에서 따온 것이었고, 영토는 서쪽으로 나이저강에서 동쪽으로 오늘날 나이지리아와 카메룬의 경계를 이루는 산맥에 이르렀다. 그리고 영토에는 연안의 대륙붕도 포함되는 것으로 규정했다. 그 배경에는 석유가 있었다. 영국 회사들이 일대에서 유전을 발견하고 이미 몇 년 전부터 채굴을 하면서 석유는 나이지리아의 주수입원으로 급부상하고 있었다.

비아프라 아이를 도와주세요

비아프라의 기후는 여름에는 폭우가 내리고 겨울에는 내내 가뭄이 드는 것이 특징이었다. 면적은 아일랜드 정도였고 인구는 한때 1,350만에 이르렀다. 주민들은 주로 농사를 생업으로 삼았다. 그들은 예부터 야자 잎으로 지붕을 이은 나지막한 정사각형 흙집에서 살았다. 원래 이곳 사회는 작은 마을들로 이루어졌고, 마을의 통치는 민주적 원칙을 따랐다. 여러 가족의 대표들이 모인 회의체에서 공동으로 결정을 내리는 방식이었다. 그러나 1800년대에 영국의 식민지가 된 후 모든 것이 바뀌었다. 영국은 사실상의 지역 통치자인 '위임촌장warrant chief'을 수장으로 하는 봉건 모델을 도입했고, 이와 함께 마을의 크기도 급속히 커지기 시작했다.

비아프라는 신속히 국가도 제정했다. 가사는 영어였고 제목은 '떠오르는 태양의 나라'였다.

> 떠오르는 태양의 나라, 아끼고 사랑하는 나라
> 용감한 영웅들을 낳은 사랑하는 우리 조국
> 우리가 삶을 지키지 않으면 우리는 사라지고 없으리
> 모든 적들로부터 우리의 마음을 지켜야 하리
> 그러나 소중한 모든 것을 죽음으로 지켜야 한다면
> 한 점 두려움 없이 우리 기꺼이 죽으리[18]

'떠오르는 태양의 나라'는 원래 일본이 오래전부터 써온 표현이었다. 그리고 아무래도 일본에 더 어울리는 말이었다. 비아프라는 아무리 봐도 아프리카 대륙에서 해가 지는 위치에 있었다. 따라서 중요한 것은 상징적 의미였다고 이해하는 편이 좋겠다. 그래도 곡까지 핀란드의 국가로 쓰이는 장 시벨리우스의 「핀란디아 송가」를 가져다 붙인 것을 보면, 나라를 급히 세우느라 너무 많이 서둘렀다는 느낌이든다.

1968: 비아프라 독립 1주년 기념우표. 도안은
국기와 연구자들의 모습을 묘사.

우표가 나오는 데는 시간이 좀더 걸렸다. 1968년 4월에 처음 나온
우표들은 나이지리아 우표에 "비아프라 독립국Sovereign Biafra"이라
고 가쇄한 것이었다. 나중에 결국 자체 우표를 냈는데, 인쇄는 포르
투갈 업자의 손을 거쳤다.

내가 가진 우표는 독립 1주년 기념일에 나온 것이다. 소인은 판독
하기 어렵지만, 같은 봉투에 붙었던 것으로 보이는 다른 세 우표를
연결해 놓고 보면 '우무아히아'라는 도시명이 드러난다. 에누구에
이어 비아프라의 두 번째 수도가 되었던 도시다. 도안은 만화『캘빈
과 홉스』[19]에 나오는, 온통 난장판인 아이의 방을 연상시킨다. 그리
고 가쇄된 "비아프라 아이들을 도와주세요Help Biafran Children"라는

문구에 이르면 어이없는 느낌이 든다.

물론 웃을 일은 아니었다. 비아프라가 그토록 막대한 유전을 혼자 차지하는 것을 나이지리아 정부는 용납할 수 없었기에 내전은 피할 수 없는 수순이었다. 한동안 양쪽이 치열한 공방을 주고받은 후 전세는 분리독립국 비아프라에 불리하게 기울어갔고, 비아프라는 결국 나이지리아 정부에 휴전을 요청했다.

1970년 1월 15일, 오주쿠는 코트디부아르로 도주했고, 비아프라는 다시 나이지리아에 병합되었다. 이미 100만 명 이상이 사망한 후였다. 대부분은 굶주림과 병으로 죽었다.

배후의 열강들

소설 『태양은 노랗게 타오른다』에서 작가 치마만다 응고지 아디치에는 비아프라전쟁이 국제전의 성격도 띠었음을 지적한다. 양 진영 모두 열강들과 깊이 관련되어 있었기 때문이다. 국제적 위기를 이용해 영향력을 높이는 데 점점 재미를 붙여가던 소련은 나이지리아 쪽에 섰다. 그리고 무기 전문가, 전투기, 폭격기를 동원해 신속히 전쟁에 뛰어들었다. 한편 옛 식민 지배국이었던 영국은 소련이 이 지역에서 영향력을 확대할 것을 우려해 역시 나이지리아 쪽에 무기를 공급하기로 했다. 그러나 해럴드 윌슨 영국 총리는, 지원되는 무기는 방어용에 국한되며, 폭격탄이나 첨단 무기는 포함되지 않는다고 했다.[20]

영국 정부가 안고 있던 딜레마는 이뿐만이 아니었다. 그 이전이나 이후에도 번번이 그랬듯이, 문제는 석유였다. 프랑스가 이미 비아프라 편에 가세한 상황이었다. 만약 전쟁에서 비아프라가 승리한다면 영국의 브리티시페트롤륨British Petroleum과 셸Shell 두 회사가 갖고 있던 채굴권을 프랑스 경쟁사들에 빼앗길 가능성이 컸다. 여기에 중국까지 군사 전문가들과 함께 무기를 들고 비아프라에 나타나자 상황은 더욱 복잡해졌다.

아프리카인들에게 교훈을

영국이 이리저리 재는 동안 유럽 다른 곳에서는 비아프라의 편을 드는 이들이 생겨났다. 기독교 단체들이 대표적이었다. 그들은 주민들을 기아에서 구제하기 위해 구호품을 공중에서 투하했다.

또 유럽에서는 군 장교들과 기타 인원이 소규모의 군대를 꾸려 참전하는 것이 허용되었다. 초기 병력은 3,000명에 불과한 데다 무기를 다루는 훈련조차 거의 되어 있지 않았다. 그중 칼 구스타프 본 로센이라는 스웨덴인은 직접 소규모의 공군 부대를 편성하고 부대명을 '비아프라 아기들'이라고 붙였다. 스웨덴 훈련기들을 프랑스에서 위장 도색하고 대장갑 로켓탄을 장착한 다음 전장으로 돌격했다.

어찌 보면 이 모든 지원은 전쟁을 질질 끄는 데만 일조했을 뿐이었다. 내전은 끝났지만, 어떤 문제도 해결되지 않았다. 또 한편으로 이 전쟁은 이 지역에 대한 옛 식민 열강들의 끝없는 관심을 여실히 드러낸 사건이었다. 그들과 엮여서 득이 되었건, 실이 되었건(전반적

으로 후자겠지만) 아프리카인들이 그들의 속성에 관해 또 한 번의 교훈
을 얻었길 바랄 수밖에 없을 것 같다.

책 치누아 아체베(Chinua Achebe), 『모든 것이 산산이 부서지다(Things Fall Apart)』
(1958)

칼 구스타프 본 로센(Carl Gustaf von Rosen), 『비아프라: 체험의 기록(Biafra: som jeg
ser det)』(1969)

치마만다 응고지 아디치에(Chimamanda Ngozi Adichie), 『태양은 노랗게 타오른다
(Half of a Yellow Sun)』(2006)

흙벽돌집과 현란한 우표

Upper Yafa

아덴만에서 120킬로미터 정도 내륙으로 들어간 곳, 해발 2,000미터에 위치한 좁다란 협곡에 마흐자바라는 마을이 자리 잡고 있다. 요즘 지도나 통계 자료 어디를 보아도 잘 나오지 않는 마을이다. 인구가 얼마나 될지는 추정만 할 뿐이지만, 아마 수백 명 정도일 것이다. 이곳은 1800년대 초 이래로, 북부의 야파 부족들을 통합한 상 야파 술탄국의 수도였다.

마흐자바는 6~7층 이하의 직사각형 건물 20여 채가 빼곡히 모여 있는, 마치 맨해튼의 축소판과도 같은 모습이다. 건물은 돌 기반 위에 다진 흙벽돌로 벽을 쌓아 올려 지었다. 벽돌 두께는 아랫부분은 80센티미터, 지붕마루 쪽은 15센티미터다. 현지에서 나는 점토 모르타르로 지은 건물들이라 메마른 주변 풍경 속에 자연스럽게 어우러진다. 이곳엔 콘크리트가 발을 붙이지 못했다. 그럴 수밖에 없었다. 낮 기온이 최고 섭씨 50도까지 오르는 뜨거운 여름에 실온을 낮게 유지하려면 열용량이 높고 습도 조절력이 우수한 흙만큼 유리한 재료는 없었기 때문이다. 마흐자바에서는 여자들이 집을 짓는다. 건물 안의 계단을 '아루스'라고 부르는데, '신부'라는 뜻이다.[21] 건물 외관을 보면 창틀은 선명한 청색으로 예쁘게 칠했고, 층과 층 사이에는 흰색 가로줄을 구분선처럼 그어놓았다. 건물들 틈바구니의 그늘진 산비탈에는 아카시아와 타마린드를 심은 계단밭 사이로 길이 이리저리 나 있고, 수수를 심은 밭뙈기들도 듬성듬성 보인다.

　　상야파 술탄국의 면적은 약 1,600제곱킬로미터로 제주도 면적과 비슷했고, 인구는 3만

국가 상야파	
연대 1800~1967	
인구 35,000명	
면적 1,600 km²	

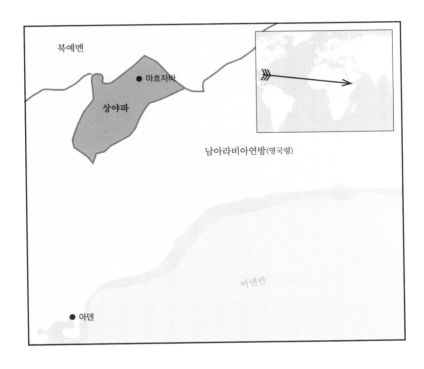

에서 4만 사이였다. 주민들은 모두 정통파 무슬림이면서도 의외로 마법의 북, 기우제 등 미신과 초자연적 현상도 믿었다.

외부인에게 적대적인 부족들

영국은 1800년대 초에 일대의 해적을 소탕한다는 구실로 아덴을 식민지화하고는 내륙에 위치한 술탄국들까지 집어삼켰다. 1903년에 상야파의 술탄 '카탄 이븐 우마르 이븐 알후사인 알 하르하라'는 상호방위조약에 조인했고, 이로써 일대의 야파족 지역은 영국 아덴 보호령의 일부가 되었다. 적어도 서류상으로는 그랬다. 하지만 1960년까지도 이 지역을 찾은 유럽인은 소수에 불과했다. 이곳에 다녀온 이들에 따르면 주민들은 적대적이고, 길은 당나귀나 낙타를 타야 겨우 다닐 수 있다고 했다. 그리고 술탄의 호위병들에게 끊임없이 시달려야 한다고 했다.

부족 지역 내부에서도 충돌이 없지 않았다. 1950년대에 마찰이 잇따라 불거지더니, 급기야 거센 반란이 일어나 1948년부터 하르하라 왕조의 술탄으로 재위하고 있던 '무함마드 이븐 살리 이븐 우마르 알 하르하라'의 자리를 위협했다. 술탄은 결국 영국에 도움을 청했고, 영국은 호커헌터 폭격기를 보내 반란 세력에 연신 폭격을 퍼부었다. 많은 마을이 잿더미가 되었다. 공습 작전에 참여했던 한 영국 장교는 당시 작전 결과를 이렇게 요약했다. "(영토는) 정복되지 않은 채 저항이 거셌고, 골짜기마다 야파족들이 오만하게 활개를 치고 다녔다."[22]

1967: 에드가 드가의 작품 「발레 무용수들」
(1874)을 도안으로 사용.

국고를 채우기 위해 발행된 우표

영국이 1963년에 일대의 술탄국들을 통합해 '남아라비아연방'을
수립할 때, 상야파의 술탄은 더 동쪽의 작은 몇 나라와 함께 좀더 구
속력이 약한 '남아라비아 보호령'에 귀속되는 것을 택했다. 영국의
관할 지역에 묶여 들어간다는 점에선 똑같았지만, 상야파는 이제 주
권국이라도 된 듯한 분위기였다. 1967년 9월 30일에 상야파는 독립
기념우표 열 종을 발행한다. 적색과 녹색 바탕에 초승달과 굽은 칼이
그려진 국기가 펄럭이는 도안이었다. 그런데 우표 발행은 좀 의아해
보일 수밖에 없었다. 나라 안에서나 다른 나라와의 사이에서나 우편
배달이 거의 전무했기 때문이다. 상야파에는 우편제도가 전혀 운영
되지 않아, 그 이전에도 이후에도 마흐자바에 우체통이라는 것은 존

재한 적이 없었다. 사실 모든 것은 해리슨 & 선스Harrison & Sons라는 영국 우표회사가 꼬드긴 결과였다. 이 회사는 술탄에게 접근해 전 세계의 우표 수집가들을 대상으로 엄청난 판매고를 올림으로써 돈이 나라 금고에 곧바로 들어올 거라고 유혹했다. 술탄은 여기에 넘어갔던 것이다.

그 기이함이 절정에 이른 것은 국기 시리즈가 나오고 몇 주 만에 더 큰 판형으로 세계 명화 시리즈가 나오면서다. 우표에는 미국 케네디 대통령 서거 5주기를 추모하는 이미지도 들어갔고, 네덜란드 풍차 이미지도 들어갔다. 내가 가진 우표는 프랑스 인상주의 화가 에드가 드가의 유명한 무희 그림을 담고 있다. 물론 그림 속의 여인들은 이슬람식과 거리가 먼 옷차림을 하고 있다. 술탄은 이 우표가 나라 안에 돌아다니지 않아 다행이라고 생각했을 것이다. 우표는 아마 아덴의 우체국 선반 위에나 가만히 보관되어 있었을 테니까. 상야파는 후에 아덴에 우체국을 두었다.

영국이 이 일대에서 잔학한 짓을 일삼자 당시 중동을 휩쓸고 있던 반식민주의와 국민주의 흐름에 차츰 불이 지펴졌다. 그 와중에 가말 압델 나세르라는 인물이 영웅으로 떠올랐다. 이집트에서 집권한 그는 1956년 이스라엘·영국·프랑스 연합의 침공을 물리쳤다. 그때까지 유례가 없던 일이었다. 독립 열풍은 결국 아덴 지역으로도 퍼졌다. 영국은 반대파들을 조직적으로 숙청했지만 이는 불에 기름을 부은 격이었다. 1967년 11월, 한때 충성을 바치던 식민 정부군이 반란을 일으키자 상황은 되돌릴 수 없었다. 영국은 하룻밤 사이에 철수했다.

이 일대의 친영 성향 군주들은 모두 폐위되었고, 상야파의 술탄은 1967년 11월 29일에 암살당했다. 곧이어 상야파 술탄국은 해체되어 새로 수립된 '남예멘인민공화국'의 관할이 되었다. 몇 년 후 이 공화국은 '예멘인민민주공화국'으로 이름을 바꾸었고, 소련의 든든한 지원 아래 중동에서 처음이자 마지막인 마르크스주의 국가가 되었다.

예멘인민민주공화국은 이념적 노선이 차츰 희미해지더니, 결국 1990년 북예멘과 통합하여 예멘을 이루었다. 그 후 예멘 지역은 유혈 분쟁과 내전에 계속 시달리고 있다. 여기에는 야파족도 연루되었다. 미국의 드론들이 하늘을 날아다니는 가운데, 각기 다른 이슬람 세력이 세운 토후국들이 이따금씩 생겼다 없어졌다 하며 끊임없이 주도권 다툼을 벌이고 있다.

잊을 만하면 엄청난 파괴 행위가 거듭되는 가운데, 주민들은 깊은 절망 속에서 살아가고 있다. 그나마 위안이 되는 것은, 주민들의 터전인 정교한 흙벽돌집이 수선과 재건이 비교적 쉽다는 사실이다. 흙은 흙일 뿐이다. 폭격에 가루가 된 흙이건, 천 년간의 자연 침식으로 만들어진 흙이건, 그 특성에는 변함이 없다.

책 스티븐 W. 데이(Steven W. Day), 『예멘의 지역주의와 반란: 난국에 처한 나라(Regionalism and Rebellion in Yemen: A Troubled Nation)』(2012)

살마 사마르 담루지(Salma Samar Damluji), 『예멘의 건축양식: 야피에서 하드라마우트까지(The Architecture of Yemen: From Yafi to Hadramut)』(2007)

| 미주 |

머리말

1. Jared Diamond (2012): *Collapse: How Societies Choose to Fail or Succeed.*

2. Terje Bongard & Eivin Røskaft (2010): *Det biologiske mennesket.*

3. Steven Pinker. Harald Høiback (2014): *Krigskunstens historie fra 1500 til i dag.*

1840~1860

1. Charles Edward Barrett-Lennard (1862): *Travels in British Columbia: with a narrative of a yacht voyage round Vancouver's Island.*

2. Ibid.

3. Robin Fisher (1992): *Contact and Conflict: Indian-European Relations in British Columbia.*

4. Ibid.

5. Edwin Ernest Rich (1959): *The History of the Hudson's Bay Company.*

6. Robin Fisher (1992): *Contact and Conflict: Indian-European Relations in British Columbia.*

7. Susan Sontag (1992): *Volcano Lover: A Romance.*

8. Julia Kavanagh (1858): *A Summer and Winter in the Two Sicilies.*

9. Giuseppe Tomasi de Lampedusa (2007): *The Leopard*, trans. Archibald Colquhoun.

10. Ibid.

11. Tacitus (98): *Germania.*

12. M. L'Estrange & Anna Maria Wells (1850): *Heligoland Or Reminiscences of Childhood: A Genuine Narrative of Facts.*

13. Ibid.

14. L. 폰 자허마조흐(Von Sacher-Masoch)가 우편엽서에 적은 시구에서 인용: '*Grün ist das Land. Roth ist die Kant. Weiss ist der Sand. Das sind die Farben von Heligoland.*'

15. John Gribbin (1985), 'Uncertainty that settled many a doubt', *New Scientist* 6.

16. Stuart Cameron & Bruce Biddulph (2015): *SS Hungarian.*

17. M. H. Perley (1857): *A Hand-Book of Information for Emigrants to New-Brunswick.*

18. Ibid.

19. Alexander Monro (1855): *New Brunswick: With a Brief Outline of Nova Scotia and Prince Edward Island. Their History, Civil Divisions, Geography and Productions.*

20. Ibid.

21. Øvre Richter Frich (1912): *Kondoren: en Landflygtigs roman.*

22. Georg Wedel-Jarlsberg (1913): *Da jeg var cowboy.*

23. Jack Child (2008): *Miniature Messages: The Semiotics and Politics of Latin American Postage Stamps.*

24. Patricia Fernández-Kelly & Jon Shefner (2006): *Out of the Shadows: Political Action and the Informal Economy in Latin America.*

25. Captain Keppel. St John, Spenser(1879): *The Life of Sir James Brooke, Rajah of Sarawak.*

26. Adolf Erik Nordenskiöld (1881): *Vegas färd kring Asien och Europa.*

27. Ibid.

28. Emilio Salgari (1900): *Sandokan: Le Tigri de Mompracem*, trans. Anna Cancogni in Umberto Eco's *Open Work* (1989).

29. Umberto Eco (1989): *Open Work*, trans. Anna Cancogni.

30. 제4연의 일부.

31. Arne Lochen (1900): *J. S. Welhaven: liv og skrifter.*

32. Christopher Bruun (1964): *Soldat for sanning og rett. Brev frå den dansk-tyske krigen 1864.*

33. Joachim Toeche-Mittler (1971): *Die Armeemarschsammlung.*

34. Christopher Bruun (1964): *Soldat for sanning og rett. Brev frå den dansk-tyske krigen 1864.*

35. Thorkild Hansen (1969): *Slavenes skip.*

36. 작자 미상(1792): *Om livet på plantagerne.*

37. Thorkild Hansen (1970): *Slavenes øyer.*

38. Ibid.

39. Jonathan Swift (1726): *Gulliver's Travels.*

40. Sidsel Wold (1999): *Warra! Warra! Da de hvite kom til Australia.*

41. Ibid.

42. Basset Hull (1890): *The Stamps of Tasmania.*

43. James Boyce (2010): *Van Diemen's Land.*

44. Mary Henrietta Kingsley (1897): *Travels in West Africa. Congo Français, Corisco and Cameroons.*

45. Per Arne Aasen (1954): *Alfred Saker: Bantu-Afrikas Apostel.*

46. Mary Henrietta Kingsley (1897): *Travels in West Africa. Congo Français, Corisco and Cameroons.*

47. Ibid.

48. Benita Sampedro Vizcaya (2012), 'Routes to Ruin', Article in *LL Journal*, Vol. 7, No. 2.

49. Ibid.

50. *Der Spiegel* (28 August 2006).

1860~1890

1. 당시 은 230킬로그램의 가치에 해당하던 금액. 오늘날 화폐가치로 약 4억 원이다.

2. 다나킬은 일대에 위치한 사막의 이름.

3. Wyatt Alexander Mason (2003): *I Promise to be Good: the Letters of Arthur Rimbaud.*

4. Ibid.

5. Ibid.

6. Per Buvik (2001): *Dekadanse.*

7. Luisa María Mora. Juan Salamanca Uribe (2007): *La Gruta Simbólica: Una anécdota en sí misma.*

8. Julio Floréz, 'Mis flores negras'. 전체 5연 중 제1연.

9. 다음을 예로 들 수 있다. Carlos Gardel, 'Mis flores negras', new recording,

1999.

10. G. B. Malleson (1875): *A Historical Sketch of the Native States of India.*

11. Eliza Ruhamah Scidmore (1903): *Winter India.*

12. Ibid.

13. Olle Strandberg (1961): *Tigerland og sydlig hav.*

14. Margaret Bourke-White (1949): *Halfway to Freedom.*

15. Erling Bjol (1986): *Imperialismen.*

16. A. J. P. Taylor (1972): *The Struggle for Mastery in Europe 1848–1918.*

17. Ingvald Schrøder-Nilsen (1925): *Blant boerne i fred og krig.*

18. Ibid.

19. Ibid.

20. Ibid.

21. Andrea Lollini (2011): *Constitutionalism and Transitional Justice in South Africa.*

22. Ingvald Schrøder-Nilsen (1925): *Blant boerne i fred og krig.*

23. Martin Meredith (2008): *Diamonds, Gold and War: The British.*

24. Robin Clarke (1991): *Water: The International Crisis.*

25. William Edmundson (2011): *The Nitrate King: A Biography of 'Colonel' John Thomas North.*

26. Ibid.

27. Ibid.

28. Eduardo Galeano (2009): *Open Veins of Latin America*, trans. Cedric Belfrage.

29. Eduardo Galeano (1985): *Memory of Fire 3: Century of the Wind*, trans. Cedric Belfrage.

30. Carsten Jensen (1999): *Jeg har hørt et stjerneskud.*

31. Tariq Ali (1985): *An Indian Dynasty: the Story of the NehruGandhi Family.*

32. Anne-Marie Schimmel (1980): *Islam in the Indian Subcontinent.*

33. Iqubal A. Nanjee & Shaid Zaki, 'Bhopal Puzzle'.

34. Nawab Sultan Jahan Begam (1912): *An Account of My Life*, trans. C. H. Payne.

35. Ibid.

36. Hugh Clifford (1906): *Heroes in Exile.*

37. Ibid.

38. Jan Dodd & Mark Lewis (2008): *Rough Guide to Vietnam.*

39. 1800년대 말에 성행한 미아즈마 이론에 따르면 콜레라, 클라미디아, 흑사병 등의 질병은 부패한 물질에서 나오는 역겹고 불결한 공기가 원인이 되어 발병한다고 했다.

40. Isabella L. Bird (1883): *The Golden Chersonese.*

41. 현재 이름은 말레이반도.

42. H. Conway Belfield (1902): *Handbook of the Federated Malay States.*

43. Isabella L. Bird (1883): *The Golden Chersonese.*

44. Ibid.

1890~1915

1. Bjarte Breiteig (2013): *Ile Sainte-Marie.*

2. Charles Johnson (1724): *A General History of the Pyrates.*

3. Peter Hawkins (2007): *The Other Hybrid Archipelago: Introduction to the Literatures and Cultures of the Francophone Indian Ocean.*

4. R. V. Russell (1916): *The Tribes and Castes of the Central Provinces of India.*

5. *American Journal of Philately* (1891).

6. Laxmibai Tilak (2007): *Sketches from Memory.*

7. Ibid.

8. Ernest F. Ward & Phebe E. Ward (1908): *Echoes from Bharatkhand.*

9. Laxmibai Tilak (2007): *Sketches from Memory.*

10. 의회 토론(1897년 12월 6일) 중 발언. Gilbert Krebs and Bernard Poloni (1994): *Volk, Reich und Nation: Texte zur Einheit Deutschlands in Staat, Wirtschaf und Gesellschaf 1806–1919.*

11. Philip Alcabes (2010): *Dread: How Fear and Fantasy Have Fuelled Epidemics from the Black Death to Avian Flu.*

12. S. C. Hammer (1915): *Wilhelm II.*

13. Ibid.

14. 이른바 '훈족 연설'의 일부. S. C. Hammer (1915): *Wilhelm II.*

15. Joachim Schultz-Naumann (1985): *Unter Kaisers Flagge, Deutschlands Schutzgebieteim Pazifik und in China einst und heute.*

16. Otto Hornung (1982): *The Man from Tierra del Fuego.*

17. Captain Cook 1769. John C. Beaglehole (1961): *The Journals of Captain James Cook: The Voyage of the Endeavour 1768–1771.*

18. Patricio Manns (1996): *Cavalier seul.*
19. Robert Baden-Powell (1933): *Lessons from the Varsity of Life.*
20. Solomon Plaatje (1990): *The Mafeking Diary.*
21. Hope Hay Hewison (1989): *Hedge of Wild Almonds: South Africa, the Pro-Boers & the Quaker Conscience, 1890–1910.*
22. Sarah Isabella Augusta Wilson (1909): *South African Memories. Social Warlike & Sporting, from diaries written at the time.*
23. William Hillcourt (1964): *Baden-Powell: Two Lives of a Hero.*
24. James Lawrence (2006): *The Middle Class: A History.*
25. William Furness (1910): *The Island of Stone Money.*
26. Paul Rainbird (2003): *The Archaeology of Micronesia.*
27. Lawrence Klingman & Gerald Green (1952): *His Majesty O'Keefe.*
28. Dennis M. Powers (2010): *Tales of the Seven Seas: The Escapades of Captain Dynamite Johnny O'Brien.*
29. Joe Race (2010): *The Royal Headley of Pohnpei: Upon a Stone Altar.*
30. *The Canal Record* (6 December 1911), 'Villages Antedating Settlement of US Lie Buried Under Waters of Gatun Lake'.
31. 현재 이름은 쿨레브라 수로.
32. David du Bose Gaillard. 미국 제3자원공병단(the 3rd United States Volunteer Engineers)에서 펴낸 서한집(1916)에서 인용.
33. Noel Maurer & Carlos Yu (2010): *The Big Ditch: How America Took, Built, Ran, and Ultimately Gave Away the Panama Canal.*

1915~1925

1. T. E. Lawrence (1927): *Revolt in the Desert.*
2. '막카 알 무카라마(Makkah al-Mukarramah)'는 메카의 공식 명칭이기도 함.
3. Philip Knightly & Colin Simpson (1969): *The Secret Lives of Lawrence of Arabia.*
4. Alexander Solzhenitsyn (1972): *August 1914.*
5. 연합국과 독일 간의 강화조약(1919년 6월 28일).
6. 현재 이름은 루부프(Lubów).
7. Reha Sokolow, Al Sokolow & Debra Galant (2003): *Defying the Tide: An Account of Authentic Compassion During the Holocaust.*
8. 1999년부터는 바르미아마주리주(Warmia-Masurian voivodeship) 소속.

9. Thor Heyerdahl (1970): *Ra*.

10. Arthur Cotton (1894/2012): *The Story of Cape Juby*.

11. Antoine de Saint-Exupéry (1929): *Courrier Sud*.

12. Antoine de Saint-Exupéry (1939): *Terres des Hommes*.

13. Ibid.

14. Ibid.

15. Ibid.

16. Carl Eric Bechhofer (1923): *In Denikin's Russia and the Caucasus, 1919–1920*.

17. Chris Wrigley (2002): *Winston Churchill: A Biographical Companion*.

18. Gwyneth Hughes (1991): *Red Empire: The Forbidden History of the USSR*.

19. Carl Eric Bechhofer (1923): *In Denikin's Russia and the Caucasus, 1919–1920*.

20. Ibid.

21. Gwyneth Hughes (1991): *Red Empire: The Forbidden History of the USSR*.

22. A. I. Denikin (1920): *The Russian Turmoil, Memoirs, Military, Social and Political*.

23. Knut Hamsun (1903): *I Æventyrland. Opplevet og drømt i Kaukasien*.

24. Eric Linklater (1941): *The Man on my Back*.

25. Fridtjof Nansen (1927): *Gjennom Armenia*.

26. Ibid.

27. Brita Asbrink (2010): *Ludvig Nobel: 'Petroleum har en lysande framtid': En historia om eldfängd och olja och revolution I Baku*.

28. Anthony Sampson (1975): *The Seven Sisters*.

29. Hermann Rauschning (1939): *Hitler Speaks*.

30. Günter Grass (2009): *The Tin Drum*, trans. Breon Mitchell.

31. Hermann Rauschning (1939): *Hitler Speaks*.

32. Jan H. Landro (1998): *Günter Grass*.

33. Boris Pasternak (1959): *Doctor Zhivago* (trans. Max Hayward & Manya Harari).

34. Roman Brackman (2001): *The Secret File of Joseph Stalin: A Hidden Life*.

35. Nicholas Griffin (Ed.) (2002): *The Selected letters of Bertrand Russell, Volume 2: The Public Years 1914–1970*.

36. Roman Brackman (2001): *The Secret File of Joseph Stalin: A Hidden Life*.

37. Michael Scammell (2014): *The CIA's: 'Zhivago'*.

38. Lisa Anderson (1982): *The Tripoli Republic*.

39. Anna Baldinetti (2014): *The Origins of the Libyan Nation*.

40. Ali Abdullatif Ahmida (2011): *Making of Modern Libya: State Formation, Colonization and Resistance*.

41. Anna Baldinetti (2014): *The Origins of the Libyan Nation*.

42. Khalid I. El Fadli et al. (2013): 'World Meteorological Organization Assessment of the Purported World Record 58°C Temperature Extreme at El Azizia, Libya (13 September 1922)'.

43. Kalevala. Lars Huldén과 Mats Huldén의 스웨덴어 번역판에서 인용.

44. Jussi Niinistö (2001): *Bobi Sivén – Karjalan puolesta*.

45. Kim Leine (2015): *Avgrunnen*.

46. 현재 이름은 쿠이토(Kuyto)호.

47. 단눈치오의 연설(1919). Lucy Hughes-Hallett (2013): *The Pike: Gabriele D'Annunzio, Poet, Seducer and Preacher of War*.

48. 프란체스코 니티(Francesco Nitti) 이탈리아 총리의 연설(1919). Enzo Biagi (1964): *Storia del fascism, Volum 1*.

49. Edvard Nilsen & Hans Vatne, Ed. (1955): *Verden i bilder*.

50. Fred Licht (1982): *The Vittoriale degli Italiani*.

51. Rebecca West (1941): *Black Lamb and Grey Falcon*.

1925~1945

1. Simon Winchester & Aisin-Gioro Pu Yi (1987): *From Emperor to Citizen. The Autobiography of Aisin-Gioro Pu Yi*.

2. Gregory Dean Byrd (2005): General Ishii Shiro: 'His Legacy Is that of Genius and Madman', Electronic Theses and Dissertations. Paper 1010. http://dc.etsu.edu/etd/1010

3. Ibid.

4. 오늘날의 난징(南京).

5. Hassoldt Davis (1952): *The Jungle and the Damned*.

6. Henri Charrière (1970): *Papillon*.

7. 베트남 안남주 출신의 사람.

8. Hy V. Luong (1992): *Revolution in the Village*.

9. Comité Français de L'Union Internationale pour la Conservation de la

Nature (2003): *Guyane.*

10. Tim Severin (1987): *The Ulysses Voyage.*

11. David Abulafia (2011): *The Great Sea: A Human History of the Mediterranean.*

12. Caterina Gerardi (2013): *L'Isola di Rina: Ritorno a Saseno*에서 재인용.

13. Otto Mänchen-Helfen (1931): *Reise ins asiatische Tuwa.*

14. Ibid.

15. Samuel M. Blekhman (1997): *The Postal History and Stamps of Tuva.*

16. Johnny Haglund (2003): *Forunderlige steder.*

17. Graham Stuart (1931): *The International City of Tangier.*

18. Paul Bowles (1958): *The World of Tangier.*

19. Greg Mullins (2002): *Colonial Affairs: Bowles, Burroughs and Chester Write Tangier.*

20. Paul Bowles (1958): *The Worlds of Tangier.*

21. Ibid.

22. Stacey A. Suver (2012): *A Dream of Tangier: Revolution and Identity in Post-War Expatriate Literature.*

23. Michael K. Walonen (2010): *Lamenting Culture and Coke: Paul Bowles and Brian Gysin on the Changing Spaces of Postcolonial Morocco.*

24. Paul Bowles (1958): *The Worlds of Tangier.*

25. Franz Werfel (1934): *The Forty Days of Musa Dagh.*

26. Hans-Lukas Kieser (2006): *Turkey Beyond Nationalism: towards Post-Nationalist Identities.*

27. Sverre Rødder (1990): *Min ære er troskap: om politiminister Jonas Lie.*

28. Jonas Lie (1940): *I 'fred' og ufred.*

29. Franz Werfel (1934): *The Forty Days of Musa Dagh.*

30. Jonas Lie (1940): *I 'fred' og ufred.*

31. Ibid.

32. Robert D. Kaplan (1996): *The Ends of the Earth. A Journey at the Dawn of the 21st Century.*

33. Ewan W. Anderson (2014): *Global Geopolitical Flashpoints: An Atlas of Conflict.*

34. Simon Hamon (2015): *Channel Islands Invaded: The German Attack on the British Islands in 1940 Told Through Eye-Witness Accounts, Newspaper*

Reports, Parliamentary Debates, Memoirs and Diaries.

35. Robert Fisher (2013): *German Occupation of British Channel Islands.*

36. Simon Hamon (2015): *Channel Islands Invaded.*

37. Dan Bortolotti (2008): *Wild Blue: A Natural History of the World's Largest Animal.*

38. *Aftenposten* (30 July 1919).

39. Leo Oterhals (2000): *Hvite horisonter.*

40. Erland Kolding Nielsen, Arild Hvidtfeldt, Axel Andersen & Tim Greve (1982): *Australia, Oceania og Antarktis.*

41. Ruben Stehberg & Liliana Nilo (1983): 'Procedencia Antarctica inexacta de dos puntas de proyectil'

1945~1975

1. *La Ragazza di trieste* (1982).

2. Jan Morris (2001): *Trieste and the Meaning of Nowhere.*

3. Claudio Magris (2001): *Microcosms* (trans. Iain Halliday)

4. Ibid.

5. Winston Churchill (1946): *The Sinews of Peace.*

6. Jan Morris (2001): *Trieste and the Meaning of Nowhere.*

7. 오늘날 난세이 제도의 일부.

8. Katsu Moriguchi (1992): *Fukki ganbo.*

9. Kenzaburō Ōe (1970): *Okinawa Notes.*

10. Leo Zelig (2008): *Lumumba: Africa's Last Leader.*

11. Toril Opsahl, University of Oslo.

12. Gunnerius Tollefsen (1963): *Men Gud gav vekst. En pionermisjonær ser seg tilbake.*

13. Eric Packham (1996): *Freedom and Anarchy.*

14. Juakali Kambale (2011): *Who is stealing DRC's gold?*

15. Antoine M. Hol & John A. E .Vervaele (2005): *Security and Civil Liberties: The Case of Terrorism.*

16. J. A. Manusama(소우모킬의 동지). Richard Chauvel (2008): *Nationalists, Soldiers and Separatists: The Ambonese Islands from Colonialism to Revolt, 1880–1950.*

17. Wim Manuhutu (1991): *Moluccans in the Netherlands: A Political Minority?*

18. 비아프라 국가「떠오르는 태양의 나라」의 제1절. 은남디 아지키웨(Nnam di Azikiwe) 작사.

19. By Bill Waterson, 1985–1995.

20. Kwasi Kwarteng (2011): *Ghosts of Empire: Britain's Legacies in the Modern World.*

21. Salma Samar Damluji (2007): *The Architecture of Yemen: From Yafi to Hadramut.*

22. Donald S. Foster (1969): *Landscape with Arabs.*

Aasen, Per Arne (1954): *Alfred Saker: Bantu-Afrikas apostel.* Stavanger, Misjonsselskapets forlag.

Abulafia, David (2011): *The Great Sea: A Human History of the Mediterranean.* Oxford, Oxford University Press.

Achebe, Chinua (1958): *Things Fall Apart.* New York, Anchor Press.

Adichie, Chimamanda Ngozi (2006): *Half of a Yellow Sun.* New York, Anchor Books.

Ahmida, Ali Abdullatif (2011): *Making of Modern Libya: State Formation, Colonization and Resistance.* New York, State University of New York Press.

Alcabes, Philip (2010): *Dread: How Fear and Fantasy Have Fueled Epidemics from the Black Death to Avian Flu.* ReadHowYouWant.com.

Ali, Tariq (1985): *The Nehrus and the Gandhis, An Indian Dynasty.* London, Chatto & Windus.

Andelman, David A. (2014): *A Shattered Peace: Versailles 1919 and the Price We Pay Today.* Hoboken, John Wiley & Sons, Inc.

Anderson, Ewan W. (2014): *Global Geopolitical Flashpoints: An Atlas of Conflict.* New York, Routledge.

Anderson, Lisa (1982): *The Tripoli Republic.* Wisbeck, Menas Press.

Anderssen, Justus & Henrik Dethloff (1915): *Frimerkesamlerens ABC.* Kristiania, Aschehoug.

Anonymous (1792): 'Om livet på plantagerne'. *Minerva* magazine, Copenhagen.

Anonymous (1875): *Sketch of the Orange Free State*. Bloemfontein, Brooks & Fell, Printers.

Åsbrink, Brita (2010): *Ludvig Nobel: "Petroleum har en lysande framtid": En historia om eldfängd olja och revolution i Baku*. Stockholm, Wahlström & Widstrand.

Awa, Okonkwo Okuji (2009): *My Journey from Stamp Collecting to Philately*. Lulu.com.

Baden-Powell, Robert (1933): *Lessons from the Varsity of Life*. London, C. A. Pearson.

Baldinetti, Anna (2014): *The Origins of the Libyan Nation*. New York, Routledge.

Baldus, Wolfgang (1970): *The Postage Stamps of the Kingdom of Sedang*. *History and Background Stories of Unusual Stamps, No. 4*.

Barrett-Lennard, Charles Edward (1862): *Travels in British Columbia: With a Narrative of a Yacht Voyage Round Vancouver's Island*. London, Hurst and Blackett, Publishers.

Beaglehole, John C. (1961): *The Journals of Captain James Cook: The Voyage of the Endeavour 1768–1771*, Cambridge, Hakluyt Society.

Bechhofer, Carl Eric (1923): *In Denikin's Russia and the Caucasus 1919–1920*. London, W. Collins Sons & Co, Ltd.

Beck, Peter J. & Clive H. Schofield (1994): *Who Owns Antarctica? Governing and Managing the Last Continent*. Durham, University of Durham.

Begum, Nawab Sultan Jahan (1912): *An Account of My Life*, trans. C. H. Payne. London, John Murray.

Belfield, H. Conway (1902): *Handbook of the Federated Malay States*. London, Edward Stanford.

Berrichon, Paterne (1899): *Lettres de Jean-Arthur Rimbaud – Égypte, Arabie, Éthiopie*. Paris, Société du Mercure de France.

Biagi, Enzo (1964): *Storia del fascismo*, Vol. 1. Rome, Sadea della Volpe Editori.

Bird, Isabella Lucy (1883): *The Golden Chersonese*. New York: G. P. Putnam's Sons.

Bjøl, Erling (1986): *Imperialismen*. Oslo, Cappelen.

Blekhman, Samuel Markovich (1997): *The Postal History and Stamps of Tuva*.

Woodbridge, Scientific Consulting Services International.

Bongard, Terje & Eivin Røskaft (2010): *Det biologiske mennesket*. Trondheim, Tapir forlag.

Bortolotti, Dan (2008): *Wild Blue: A Natural History of the World's Largest Animal*. Toronto, Thomas Allen Publishers.

Bourke-White, Margaret (1949): *Halfway to Freedom*. New York, Simon & Schuster.

Bowles, Paul (1958): 'The Worlds of Tangier'. *Holiday* 23, no. 3.

Boyce, James (2010): *Van Diemen's Land*. Melbourne, Black Inc.

Brackman, Roman (2001): *The Secret File of Joseph Stalin: A Hidden Life*. London, Frank Cass.

Brebbia, Carlos A. (2006): *Patagonia, a Forgotten Land*. Southampton, WIT Press.

Breiteig, Bjarte (2013): *Ile Sainte-Marie*. Oslo, Flamme forlag.

Brochmann, Georg (1948): *Panamakanalen*. Oslo, Dreyers forlag.

Bruun, Christopher (1964): *Soldat for sanning og rett. Brev frå den dansk-tyske krigen 1864*. Oslo, Samlaget.

Buvik, Per (2001): *Dekadanse*. Oslo, Pax.

Cameron, Stuart & Bruce Biddulph (2015): *SS Hungarian*. The Clyde built ships database.

Caulk, Richard Alan (2002): *Between the Jaws of Hyenas: A Diplomatic History of Ethiopia*. Wiesbaden, Harrassowitz Verlag.

Cavling, Henrik (1894): *Det danske Vestindien*. Copenhagen, Reitzel.

Charrière, Henri (1970): *Papillon*, trans. Patrick O'Brian. London, Hart-Davis.

Chauvel, Richard (2008): *Nationalists, Soldiers and Separatists: The Ambonese Islands from Colonialism to Revolt, 1880–1950*. Leiden, KITLV Press.

Child, Jack (2008): *Miniature Messages: The Semiotics and Politics of Latin American Postage Stamps*. Durham, Duke University Press.

Churchill, Winston (2014/1946): *The Sinews of Peace*, e-book. Rosetta Books.

Clarke, Robin (1993): *Water, The International Crisis*. Cambridge, MIT Press.

Clifford, Hugh (1906): *Heroes in Exile*. London, Smith, Elder & Co.

Cotton, Arthur (1894/1912): *The Story of Cape Juby*. London, Waterlow & Sons.

Criscenti, Joseph (1993): *Sarmiento and His Argentina*. Boulder, Lynne Rienner Publishers.

Damluji, Salma Samar (2007): *The Architecture of Yemen: From Yafi to Hadramut*. London, Laurence King Publishing.

Davis, Hassoldt (1952): *The Jungle and The Damned*. New York, MA Duell/ Sloan/Pearce/Little B.

Day, Steven W. (2012): *Regionalism and Rebellion in Yemen: A Troubled Nation*. Cambridge, Cambridge University Press.

Debo, Richard K. (1992): *Survival and Consolidation: The Foreign Policy of Soviet Russia 1918–1921*. Montreal, McGill-Queen's University Press.

Denikin, Anton I. (1922): *The Russian Turmoil, Memoirs, Military, Social and Political*. London, Hutchinson.

Denikin, Anton I. (1975): *The Career of a Tsarist Officer: Memoirs 1872–1916*. Minneapolis, University of Minnesota Press.

Diamond, Jared (2005): *Collapse: How Societies Choose to Fail or Succeed*. New York, Viking.

Dodd, Jan & Mark Lewis (2008): *Rough Guide to Vietnam*. Rough Guides UK.

Dowson, E. M. (1918): *A Short Note on the Design and Issue of Postage Stamps Prepared by the Survey of Egypt for His Highness Husein Emir & Sherif of Macca & King of the Hejaz*. Survey of Egypt.

Duly, Colin (1979): *The Houses of Mankind*. London, Thames & Hudson.

Eco, Umberto (1962): *Opera aperta*. Milan, Bompiani.

Edmundson, William (2011): *The Nitrate King: A Biography of 'Colonel' John Thomas North*. New York, Palgrave Macmillan.

Evans, Stephen R., Abdul Rahman Zainal & Rod Wong Khet Ngee (1996): *The History of Labuan Island*. Singapore, Calender Print.

Falk-Rønne, Arne (1975): *Reisen til verdens ende*. Oslo, Luther.

Fernández-Kelly, Patricia & Jon Shefner (2006): *Out of the Shadows: Political Action and the Informal Economy in Latin America*. Pennsylvania, Pennsylvania State University Press.

Fisher, Robert (2013): *German Occupation of British Channel Islands*. Stamps. org.

Fisher, Robin (1992): *Contact and Conflict: Indian-European Relations in British Columbia*. Vancouver, UBC Press.

Foster, Donald S., *Landscape with Arabs*, London, Clifton Books, 1969.

Friberg, Eino (1989): *The Kalevala*. Helsinki, Otava.

Frich, Øvre Richter (1912): *Kondoren, En Landflygtigs roman.* Kristiania, Narvesen.

Furness, William (1910): *The Island of Stone Money.* Philadelphia, J. B. Lippincott Company.

Galeano, Eduardo (1973): *Open Veins of Latin America,* trans. Cedric Belfrage. Monthly Review Press.

Galeano, Eduardo (1999): *Memory of Fire III: Century of the Wind,* trans. Cecil Belfrage. New York, Pantheon.

Gerardi, Caterina (2013): *L'Isola di Rina. Ritorno a Saseno.* Roma, Milella.

Gold, Hal (2004): *Unit 731: Testimony.* Boston, Tuttle Publishing.

Grannes, Alf, Kjetil Rå Hauge & Siri Sverdrup Lunden (1981): *Som fugl Føniks, Bulgaria gjennom 1300 år.* Lysaker, Solum.

Grass, Günter (2009): *The Tin Drum,* trans. Breon Mitchell. Boston, New York, Houghton Mifflin Harcourt.

Gribbin, John (1985): 'Uncertainty that settled many a doubt'. *New Scientist* 6.

Griffin, Nicholas, ed. (2002): *The Selected Letters of Bertrand Russell, Volume 2: The Public Year 1914–1970.* London, Routledge.

Haglund, Johnny (2002): *Forunderlige steder.* Oslo, Orion.

Hammer, S. C. (1917): *William the Second as Seen in Contemporary Documents and Judged on Evidence of His Own Speeches.* London, Heinemann.

Hamon, Simon (2015): *Channel Islands Invaded: The German Attack on the British Islands in 1940 Told Through Eye-Witness Accounts, Newspaper Reports, Parliamentary Debates, Memoirs and Diaries.* Barnsley, Frontline Books.

Hamsun, Knut (1903): *I Æventyrland, Oplevet og drømt i Kaukasien.* Copenhagen, Gyldendal.

Hansen, Thorkild (1969): *Slavenes skip,* trans. Harald Sverdrup. Oslo, Gyldendal.

Hansen, Thorkild (1990): *Slavenes øyer,* trans. Georg Stang. Stabekk, Den norske bokklubben.

Harding, Les (1998): *Dead Countries of the Nineteenth and Twentieth Centuries, Aden to Zululand.* Lanham, Scarecrow Press.

Hawkins, Peter (2007): *The Other Hybrid Archipelago: Introduction to the*

Literatures and Cultures of the Francophone Indian Ocean. Lanham, Lexington Books.

Hewison, Hope Hay (1989): *Hedge of Wild Almonds: South Africa, the Pro-Boers & the Quaker Conscience, 1990–1910*. London, James Currey.

Heyerdahl, Thor (1970): *Ra*. Oslo, Gyldendal.

Hickey, Gerald Cannon (1988): *Kingdom in the Morning Mist. Mayréna in the Highlands of Vietnam*. Pennsylvania, University of Pennsylvania Press.

Hillcourt, William (1964): *The Two Lives of A Hero*. London, Heinemann.

Hilton-Simpson, M. W. (1912): *Land and the Peoples of the Kasai*. London, Constable.

Høiback, Harald (2014): *Krigskunstens historie fra 1500 til i dag*. Oslo, Cappelen Damm akademisk.

Hol, Antoine M. & John A. E. Vervaele (2005): *Security and Civil Liberties: The Case of Terrorism*. Cambridge, Intersentia.

Hornung, Otto (1982): 'The Man from Tierra del Fuego', *Stamp Collecting*, July.

Horsfield, Margaret & Ian Kennedy (2014): *Tofino and Clayoquot Sound: A History*. Madeira Park, Harbour Publishing.

Hughes, Gwyneth (1990): *Red Empire: The Forbidden History of the USSR*. New York, St. Martin's Press.

Hughes-Hallett, Lucy (2013): *The Pike: Gabriele d'Annunzio, Poet, Seducer and Preacher of War*. London, Fourth Estate.

Hull, Basset (1890): *The Stamps of Tasmania*. London, Philatelic Society.

Idsøe, Olav (1978): *Et folkemord, Tasmanernes undergang*. Oslo, Dreyer.

Jensen, Carsten (1999): *Jeg har hørt et stjerneskud*, trans. Bertil Knudsen. Oslo, Forlaget Geelmuyden Kiese.

Johnson, Charles (1724): *A General History of the Pyrates*. London, T. Warner.

Kamal, Mohammad Arif (2014): 'The Morphology of Traditional Architecture of Jeddah: Climate Design and Environmental Sustainability'. *GBER* 9, no. 1.

Kaplan, Robert D (1996): *The Ends of the Earth: A Journey at the Dawn of the 21st Century*. New York, Random House.

Kavanagh, Julia (1858): *A Summer and Winter in The Two Sicilies*. London, Hurst and Blackett Publishers.

Khan, Shaharyar M. (2000): *The Begums of Bhopal: A History of the Princely*

State of Bhopal. London, I. B. Tauris Publishers.

Kieser, Hans-Lukas (2006): *Turkey Beyond Nationalism: Towards Post-Nationalist Identities*. London, I. B. Tauris Publishers.

Kingsley, Mary Henrietta (1897): *Travels in West Africa. Congo Français, Corisco and Cameroons*. London, Macmillan & Co.

Klingman, Lawrence & Gerald Green (1952): *His Majesty O'Keefe*. New York, Scribner.

Knightley, Philip & Colin Simpson (1969): *The Secret Lives of Lawrence of Arabia*. London, Thomas Nelson & Sons.

Krebs, Gilbert & Bernard Poloni (1994): *Volk, Reich und Nation: Texte zur Einheit Deutschlands in Staat, Wirtschaft und Gesellschaft 1806–1918*. Asnières, Presses de la Sorbonne Nouvelle et CID.

Kwarteng, Kwasi (2011): *Ghosts of Empire: Britain's Legacies in the Modern World*. London, Bloomsbury.

Landro, Jan H. (1998): *Günter Grass*. Stabekk, De norske bokklubbene.

Lawrence, James (2006): *The Middle Class: A History*. London, Hachette Digital.

Lawrence, T. E. (1927): *Revolt in the Desert* (abridged version of *The Seven Pillars of Wisdom*). New York, Doran.

Leighton, Ralph (1991): *Tuva or bust!* New York, W. W. Norton.

Leine, Kim (2015): *Avgrunnen*. Oslo, Cappelen Damm.

L'Estrange, M. & Anna Maria Wells (1850): *Heligoland Or Reminiscences Of Childhood: A Genuine Narrative Of Facts*. London, John W. Parker.

Licht, Fred (1982): 'The Vittoriale degli Italiani'. *Journal of the Society of Architectural Historians*, Vol. 41, no. 4.

Lie, Jonas (1940): *I 'fred' og ufred*. Oslo, Steenske Forlag.

Linklater, Eric (1941): *The Man on My Back*. London, Macmillan & Co.

Løchen, Arne (1900): *J. S. Welhaven: liv og skrifter*. Kristiania, Aschehoug.

Lollini, Andrea (2011): *Constitutionalism and Transitional Justice in South Africa*. New York, Berghahn Books.

Luff, John N. (1899): *What Philately Teaches*. New York, A Lecture Delivered in 1899 before the Section on Philately of the Brooklyn Institute of Arts and Sciences, February 24.

Luong, Hy V. (1992): *Revolution in the Village. Tradition and Transformation in North Vietnam 1925–1988*. Honolulu, University of Hawaii Press.

Macfie, Matthew (1865): *Vancouver Island and British Columbia: Their History, Resources and Prospects*. London, Longman, Green, Longman, Roberts & Green.

Magris, Claudio (2001): *Microcosms*, trans. Iain Halliday. London, The Harvill Press.

Malleson, G. B. (1875): *A Historical Sketch of the Native States of India*. London, Longmans, Green & Co.

Malraux, André, *La Voie Royale*, Paris, Grasset, 1930.

Mänchen-Helfen, Otto (1931): *Reise ins asiatische Tuwa*. Berlin, Verlag Der Bücherkreis GmbH.

Manns, Patricio (1996): *Cavalier seul*. Paris, Phébus.

Manuhutu, Wim (1991): 'Moluccans in the Netherlands: A Political Minority?' *Publications de l'École française de Rome* 146, no. 1.

Mason, Francis Van Wyck (1949): *Dardanelles Derelict: A Major North Story*. New York, Doubleday.

Mason, Wyatt (2003): *I Promise to be Good: The Letters of Arthur Rimbaud*. New York, Modern Library, Random House.

Maurer, Noel & Carlos Yu (2010): *The Big Ditch: How America Took, Built, Ran, and Ultimately Gave Away the Panama Canal*. Princeton, Princeton University Press.

Melville, Fred. J. (1923): *Phantom Philately*. London, The Philatelic Institute.

Meredith, Martin (2008): *Diamonds, Gold and War: The British, the Boers, and the Making of South Africa*. New York, Public Affairs.

Monro, Alexander (1855): *New Brunswick; With a Brief Outline of Nova Scotia, Their History, Civil Divisions, Geography, and Production*. Halifax, Richard Nugent.

Morris, Jan (2001): *Trieste And The Meaning Of Nowhere*. New York, Simon & Schuster.

Mullins, Greg (2002): *Colonial Affairs: Bowles, Burroughs and Chester Write Tangier*. Madison, University of Wisconsin Press.

Murakami, Haruki (1998): *The Wind-up Bird Chronicle*, trans. Jay Rubin. New York, Vintage International.

Nanjee, Iqbal A. & Shahid Zaki (year of publication unknown): '*Bhopal*

Puzzle. Karachi, Stamp Society of Pakistan.

Nansen, Fridtjof (1927): *Gjennom Armenia*. Oslo, Jacob Dybwads Forlag.

Nassau, Robert Hamill (1910): *Corisco Days. The First Thirty Years of the West Africa Mission*. Philadelphia, Allen, Lane & Scott.

Nielsen, Erland Kolding, Arild Hvidtfeldt, Axel Andersen & Tim Greve (1982): *Australia, Oceania og Antarktis*, trans. Eldor Martin Breckan. Oslo, Cappelen.

Nielsen, Aage Krarup (1939): *Helvete hinsides havet: En straffanges opptegnelser fra Guyana*, trans. Alf Harbitz. Oslo, Gyldendal.

Niinistö, Jussi (2001): *Bobi Sivén–Karjalan puolesta*. Helsinki, Suomalaisen Kirjallisuuden Seura.

Nilsen, Edvard & Hans Vatne, eds (1955): *Verden i bilder*. Oslo, Norsk faglitteratur.

Nordenskiöld, Adolf Erik (1881): *Vegas färd kring Asien och Europa*, trans. B. Geelmuyden. Kristiania, Mallings boghandel.

Norman, Henry (1895): *The Peoples and Politics of The Far East*. New York, Charles Scribner's Sons.

Ōe, Kenzaburō (1970): *Okinawa Notes*. Tokyo, Iwanami shinsho.

Olsson, Hagar (1965): *The Woodcarver and Death: A Tale from Karelia*, trans. G. C. Schoolfield. Madison, University of Wisconsin Press.

Oterhals, Leo (2000): *Hvite horisonter*. Molde, Lagunen.

Packham, Eric (1996): *Freedom and Anarchy*. New York, Nova Science Publishers.

Pasternak, Boris (1957): *Doctor Zhivago*. New York, Pantheon.

Perley, M. H. (1857): *A Hand-Book of Information for Emigrants to New-Brunswick*. London, Edward Stanford.

Plaatje, Solomon (1990): *The Mafeking Diary*. Cambridge, Meridon.

Powers, Dennis M. (2010): *Tales of the Seven Seas: The Escapades of Dynamite Johnny O'Brien*. Lanham, Taylor Trade Publishing.

Race, Joe (2010): *The Royal Headley of Pohnpei: Upon a Stone Altar*. Bloomington, Trafford Publishing.

Rainbird, Paul (2004): *The Archaeology of Micronesia*. Cambridge, Cambridge University Press.

Rauschning, Hermann (1939): *Hitler Speaks*. London, Butterworth.

Ricaurte, José Vicente Ortega & Antonio Ferro (1981): *La Gruta Simbólica*. Bogotá, Bogotá Banco Popular.

Rich, Edwin Ernest (1959): *The History of the Hudson's Bay Company*. London, Hudson's Bay Record Society.

Ritsema, Alex (2007): *Heligoland, Past and Present*. Lulu.com.

Rødder, Sverre (1990): *Min ære er troskap: om politiminister Jonas Lie*. Oslo, Aschehoug.

Røkkum, Arne (2006): *Nature, Ritual and Society in Japan's Ryukyu Islands*. Abingdon, Routledge.

Rossiter, Stuart & John Flower (1986): *World History Stamp Atlas*. London, Macdonald & Co Publishers.

Russel, R. V. (1916): *The Tribes And Castes Of The Central Provinces Of India*. London, Macmillan & Co.

Saint-Exupéry, Antoine de (2000/1952): *Wind, Sand and Stars*, trans. William Rees. London, Penguin Modern Classics.

Saint-Exupéry, Antoine de (2016/1954): *Night Flight*, trans. David Carter. Richmond, Alma Classics.

Salamanca Uribe, Juana (2007): 'La Gruta Simbólica: Una anécdota en sí misma'. *Revista Credencial Historia* 216.

Salgari, Emilio (2007): *Sandokan: The Tigers of Mompracem*, trans. Nico Lorenzutti. ROH Press, rohpress.com, Genoa, Donath.

Sampson, Anthony (1975): *The Seven Sisters: The Great Oil Companies & the World They Shaped*. New York, Viking Press.

Scammell, Michael (2014): 'The CIA's "Zhivago"'. *New York Review of Books*, 10 July.

Schimmel, Annmarie (1980): *Islam in the Indian Subcontinent*, Leiden, E. J. Brill.

Schrøder-Nilsen, Ingvald (1925): *Blandt boerne i fred og krig*. Oslo, Steenske forlag.

Schultz-Naumann, Joachim (1985): *Unter Kaisers Flagge: Deutschlands Schutzgebiete im Pazifik und in China einst und heute*. München, Universitas.

Scidmore, Eliza Ruhamah (1903): *Winter India*. London, T. F. Unwin.

Severin, Tim (1987): *The Ulysses Voyage*. New York, Dutton Adult.

Smedal, Gustav (1938): *Nordisk samarbeide og Danmarks sydgrense*. Oslo, Fabritius.

Smits, Gregory (1999): *Visions of Ryukyu: Identity and Ideology in Early-Modern Thought and Politics*. Honolulu, University of Hawaii Press.

Sokolow, Reha, Al Sokolow & Debra Galant (2003): *Defying the Tide: An Account of Authentic Compassion During the Holocaust*. Jerusalem, Devora Publishing.

Solzhenitsyn, Aleksander (2000): *August 1914*, trans. H.T. Willetts. New York, Farrar, Straus and Giroux.

Sontag, Susan (1992): *Volcano Lover: A Romance*. New York, Farrar Straus and Giroux.

Stehberg, Ruben & Liliana Nilo (1983): 'Procedencia antartica inexacta de dos puntas de proyectil'. *Serie Cientifica del Instituto Chileno Antàrtico* 30.

Stiles, Kent B. (1931): *Geography and Stamps*. New York, Whittlesey House.

St. John, Spenser (1879): *The Life of Sir James Brooke, Rajah of Sarāwak, From His Personal Papers and Correspondence*. Edinburgh. W. Blackwood & Sons.

Strandberg, Olle (1961): *Tigerland og sydlig hav*. Bergen, Eide.

Stuart, Graham (1931): *The International City of Tangier*. Redwood City, Stanford University Press.

Suver, Stacey A. (2012): *A Dream of Tangier: Revolution and Identity In Post-War Expatriate Literature*. Tallahassee, Florida State University.

Tacitus, Cornelius (1935): *Germania*, trans. Trygve With. Oslo, Johan Grundt Tanum.

Taylor, Alan J. P. (1971): *The Struggle for Mastery in Europe 1848–1918*. Oxford, Oxford University Press.

Tilak, Laxmibai (2007): *Sketches from Memory*. New Delhi, Katha.

Tollefsen, Gunnerius (1963): *Men Gud gav vekst: En pionermisjonær ser seg tilbake*. Oslo, Filadelfiaforlaget.

Tomasi Di Lampedusa, Giuseppe (2007): *The Leopard*, trans. Archibald Colquhoun. London, Vintage.

Vizcaya, Benita Sampedro (2012): 'Routes to ruin'. *LL Journal*, Vol. 7, no. 2.

Von Rosen, Carl Gustav (1969): *Biafra. Some jeg ser det*, trans. Øyvind Norstrøm. Oslo, Cappelen.

Wallis, Wilson D. & Ruth Sawtell Wallis (1955): *The Micmac Indians of Eastern*

Canada. Minneapolis, University of Minnesota Press.

Walonen, Michael K. (2010): *Lamenting Concrete and Coke: Paul Bowles and Brion Gysin on the Changing Spaces of Postcolonial Morocco*. Helsinki, University of Helsinki.

Ward, Ernest F. & Phebe E. Ward (1908): *Echoes From Bharatkhand*. Chicago, Free Methodist Pub. House.

Wedel-Jarlsberg, Georg (1913): *Da jeg var cowboy og andre opplevelser*. Kristiania, Norli.

Weicker, Hans (1908): *Kiautschou, Das deutsche Schutzgebiet in Ostasien*. Berlin, A. Schall.

Werfel, Franz (1934): *The Forty Days of Musa Dagh*, trans. G. Dunlop. New York, The Viking Press.

West, Rebecca (1941): *Black Lamb and Grey Falcon*. New York, The Viking Press.

Wilson, Sarah Isabella Augusta (1909): *South African Memories, Social, Warlike & Sporting, From Diaries Written at the Time*. London, E. Arnold.

Winchester, Simon & Aisin-Gioro Pu Yi (1987): *From Emperor to Citizen: The Autobiography of Aisin-Gioro Pu Yi*. Oxford, Oxford University Press.

Wold, Sidsel (1999): *Warra! Warra! Da de hvite kom til Australia*. Oslo, Omnipax.

Wrigley, Chris (2002): *Winston Churchill: A Biographical Companion*. Santa Barbara, ABC-CLIO.

Zelig, Leo (2008): *Lumumba: Africa's Lost Leader*. London: Haus.

『오래된 우표, 사라진 나라들』은 참 독특한 책이었습니다.

우표, 역사, 지구상에서 사라진 듣도 보도 못한 나라들에 대한 책이었죠. 50개 나라의 이야기가 똑같은 포맷과 분량으로 나뉘어 있고 시대별로 테마색이 다른 편집이 눈에 띄었습니다. 노르웨이인 아마추어 역사가가 쓴 책이라는 점도, 세상 속의 자기 위치를 알고 싶어 하는, 이 지구의 모든 땅과 문명과 역사를 오감을 동원해 직접 체험하고 느껴보고 싶어 하는 저자도 특이하게 다가왔습니다.

다락방 같은 책이었습니다. 먼지 쌓인 물건들이 저마다 잊혔던 사연과 추억을 솔솔 풍기며 시간여행으로 이끄는 공간 같았습니다. 이태원의 어느 골동품 가게 같았습니다. 주인장이 세계 곳곳을 돌아다니며 모은 특이하고 희귀한 장식품이며 생활용품이 가득한, 이국적이고 신기한 공간 같았습니다.

작업 시간이 꽤 걸릴 듯했습니다. 만만치 않은 작업이라는 생각에 고민했습니다. 출판사에 미리 양해를 구하고, 번역 의뢰를 수락했습니다.

짐작은 했지만, 이 책이 들려주는 역사는 책의 첫인상만큼 낭만적이지 않았습니다. 특히 나라가 생겨나고 사라진 이야기들은 권력욕과 지배욕, 야만과 기만으로 점철되어 있었습니다. 식민열강들의 침략과 수탈, 민족 간의 집단학살이 흔했고, 부귀를 꿈꾸며 새로운 땅을 찾아다니는 한탕주의자들의 모험담이 있었습니다. 지정학적으로 좋은 위치에 자리한 섬과 만들에는 참으로 파란만장한 역사가 있었습니다.

그리고 작업이 생각보다 더 어려웠습니다. 이 책은 강연이 아닙니다. 역사를 이해시키려는 목적의 책도 아니었습니다. 귀에 쏙쏙 들어오게 이해시키려면 매끈한 내러티브가 있고, 뚜렷한 메시지가 있어야지요. 친절한 설명이 있어야지요.

이 책은 스케치였습니다. 조망하면서 묘사하면서 서술하는데, 함축적이고 간결합니다. 곡절 많은 이야기를 훑어나가지만, 감정을 싣지 않습니다. 구구절절한 설명도, 거창한 담론도, 뚜렷한 교훈도 없습니다. 저자는 분명히 연륜이 깊은 사람입니다.

그렇다 보니 짧은 서술, 짧은 묘사를 번역하는 데도 많은 조사가 필요했습니다. 저자는 독자에게 표면적으로 하나의 정보만을 전하려고 했다 해도, 그 정보를 새로운 언어의 독자에게 전하는 번역자는 둘, 셋, 다섯의 정보를 알지 않으면 그 하나조차 제대로 전할 수 없기 때문입니다. 더군다나 부족한 소양으로 적절치 않은 용어나 표현을 사용해 독자들에게 어색함이나 불편함을 끼치지 않을까 조심스럽게 작업했습니다.

또 인물, 지형, 풍경, 건축물 등의 묘사가 많았습니다(저자는 본업이 건축가입니다). 이미지를 찾고 또 찾았습니다. 원문과 사진을 번갈아 눈에 담으며 그 공간 속으로 이동합니다. 어느 장소에 서서 주위를 조망하는 묘사에 이르면, 구글 어스에서 3차원으로 렌더링된 지형을 이리저리 입체적으로 스크롤해 가며 그곳에 서있는 느낌을 최대한 느껴봅니다. 땅과 강과 산과 바다는 예나 지금이나 별 변화가 없습니다.

아프리카 북서쪽 끝 스파르텔곶의 등대에서 지중해 초입을 내려다보았고, 독일 낙하산병이 되어 채널 제도에 뿌려진 초록색 섬들을 향해 강하했습니다. 만주국에서 자행된 끔찍한 만행을 조사한 새벽 작업 후에는 꿈자리가 뒤숭숭했습니다.

무덥던 2018년의 여름, 석 달에 마치겠다고 약속했던 원고를 결국 넉 달이 훌쩍 넘어서 마쳤습니다. 50개 나라로 산뜻하게 나뉜 구성이 아니었으면 더 오래 걸렸을지도 모릅니다.

그렇지만 긴 세계 여행을 다녀온 풍성함과 뿌듯함, 아련함이 있습니다. 아프리카와 중동과 태평양 섬나라의 작열하는 태양 밑에서 작업한 기분이었습니다. 혀끝에는 곰팡내 나면서 달콤쌉싸름한 우표의 고무풀 맛이 아직 감도는 듯합니다.

의미 깊은 책을 기획 및 제작해 주시고 원고를 꼼꼼히 다듬어주신 흐름출판사의 편집부와 직원 여러분께 감사드립니다.

2019년 8월
홍한결

지은이 비에른 베르예 Bjørn Berge
1954년생 건축가로, 건축학 및 생태건축 분야의 전문서적을 다수 썼다. 개인적으로 오랫동안 희귀한 우표들을 수집해 왔다. 이 책에서 그는 풍부한 이미지, 누구도 생각하지 못했을 접근 방식의 이야기를 통해 사라진 나라들의 역사를 생생하게 되살려 냈다.

옮긴이 홍한결
서울대학교 화학공학과와 한국외대 통번역대학원 한영과를 졸업했다. 통번역사로 활동했고 현재 책 번역가로 일하고 있다. 옮긴 책으로 『인듀어런스』, 『소금차 운전사』 등이 있다.

오래된 우표, 사라진 나라들

초판 1쇄 인쇄 2019년 8월 26일
초판 1쇄 발행 2019년 9월 11일

지은이 비에른 베르예
옮긴이 홍한결
펴낸이 유정연

주간 백지선
책임편집 조현주 **기획편집** 장보금 신성식 김수진 김경애 **디자인** 안수진 김소진
마케팅 임충진 임우열 이다영 **제작** 임정호 **경영지원** 전선영

펴낸곳 흐름출판(주) **출판등록** 제313-2003-199호(2003년 5월 28일)
주소 서울시 마포구 월드컵북로5길 48-9
전화 (02)325-4944 **팩스** (02)325-4945 **이메일** book@hbooks.co.kr
홈페이지 http://www.hbooks.co.kr **블로그** blog.naver.com/nextwave7
출력·인쇄·제본 (주)상지사 **용지** 월드페이퍼(주) **후가공** (주)이지앤비(특허 제10-1081185호)

ISBN 978-89-6596-338-7 03900

이 도서의 국립중앙도서관 출판예정도서목록(CIP)은 서지정보유통지원시스템 홈페이지(http://seoji.nl.go.kr)와 국가자료공동목록시스템(http://www.nl.go.kr/kolisnet)에서 이용하실 수 있습니다.(CIP제어번호: CIP2019031512)